夏尔巴人
与高原适应

主　编　康龙丽
副主编　刘丽军　马利锋　李　靖
　　　　宋东霁　杨美盼

西北大学出版社
·西安·

图书在版编目(CIP)数据

夏尔巴人与高原适应 / 康龙丽主编. —— 西安：西北大学出版社，2022.12

ISBN 978-7-5604-5087-2

Ⅰ.①夏… Ⅱ.①康… Ⅲ.①夏尔巴人—研究 Ⅳ.①K35

中国版本图书馆 CIP 数据核字(2022)第 257207 号

夏尔巴人与高原适应
XIAERBA REN YU GAOYUAN SHIYING

主　　编	康龙丽
出版发行	西北大学出版社
地　　址	西安市太白北路 229 号
邮　　编	710069
电　　话	029-88302590
网　　址	http：//nwupress.nwu.edu.cn
电子邮箱	xdpress@nwu.edu.cn
经　　销	全国新华书店
印　　装	陕西瑞升印务有限公司
开　　本	787mm×1092mm　1/16
印　　张	14.25
字　　数	280 千字
版　　次	2022 年 12 月第 1 版　2022 年 12 月第 1 次印刷
书　　号	ISBN 978-7-5604-5087-2
定　　价	160.00 元

本版图书如有印装质量问题，请拨打 029-88302966 予以调换。

前　言

夏尔巴人，藏语意为"来自东方的人"，散居在喜马拉雅山的两侧。作为我国特殊高原群体，夏尔巴人无疑进化出了对高寒缺氧环境最有效的生理适应，特别是以他们在世界最高山峰上的杰出表现而闻名，具有"高原第三肺"和"珠峰上班族"的美名。从20世纪20年代的第一次珠穆朗玛峰探险开始，夏尔巴人就以他们的登山能力而闻名，直到今天他们还经常作为向导，带领着那些准备征服喜马拉雅山的登山探险队勇往直前。在1953年，人称"雪山之虎"的夏尔巴人丹增·诺盖，与新西兰登山家艾德蒙·希拉里一同首次登上了珠穆朗玛峰，从此引起了全世界对夏尔巴人在高原上特殊表现的关注。此后，被称为"雪豹"的夏尔巴人安格丽塔，在1983年至1996年间，在没有补充氧气的情况下攀登了珠穆朗玛峰十次。在过去的六七十年里，夏尔巴人对缺氧的非凡耐受力一直是科学界，特别是生理学家关注的焦点，夏尔巴人也因此成为高原适应和高原病研究的重点人群。随着高原旅游业的快速发展，旅居高原的人越来越多，进而使高原适应、高原病成为当前医学、分子生物学、遗传学领域研究的热点、焦点。但是，关于夏尔巴人与高原适应的研究著作稀少，尤其是系统介绍夏尔巴人与高原适应的研究著作几乎没有。

《夏尔巴人与高原适应》紧紧围绕夏尔巴人与高原适应的基础与临床研究，瞄准分子生物学、遗传学在夏尔巴人与高原适应、高原病相关领域的研究前沿，分别从语言、文化、居住地理环境、体质人类学的形态学标记、分子人类学的遗传标记、高原适应的特殊遗传物质标记及夏尔巴人常见疾病角度，展示了国内外众多知名专家的研究成果，包括作者所领导团队的大量原创性、专业性、科学性的研究成果，对于促进夏尔巴人及其他高原人群高原适应性研究乃至高原医学的发展具有重要的理论意义和实践意义，将弥补国内外在夏尔巴人与高原适应研究领域未有专业著作出版的遗憾。同时，本著作将为涉足相关领域的研究人员、科学工作者及有志青年学者提供重要的学术研究和知识传播材料，具有重要的指导价值。更重要的是，本著作对于增进中华民族同宗同源意识，促进民族团结有积极的意义。

毫无疑问，如果没有众多同人的大力相助，本著作是不可能完成的，感谢本著作的所有编者及在编写过程中提出宝贵意见的专家、学者。对于高原医学、生物学、人类学、遗传学等专业的大学生、研究生及相关领域的教学和科研工作者，以及对高原医学、高原旅游感兴趣的业余爱好者来说，本著作无疑是一部资料丰富且专业水平较高的参考书。

由于作者水平所限，虽经努力，文中仍难免有疏漏之处，希望得到大家的批评和指正。

康龙丽
2022 年 4 月

目 录

第1章 夏尔巴人的社会习性 ……………………………………… 1
  1.1 夏尔巴概述 ………………………………………………… 1
  1.2 夏尔巴人的族源 …………………………………………… 2
  1.3 夏尔巴人的信仰 …………………………………………… 3
  1.4 夏尔巴人的婚丧嫁娶 ……………………………………… 5
  1.5 夏尔巴人的经济与贸易 …………………………………… 8
  1.6 夏尔巴人的食物 …………………………………………… 11
  1.7 夏尔巴人的居住条件 ……………………………………… 12
  1.8 夏尔巴人的民族服饰 ……………………………………… 13
  1.9 夏尔巴人的语言和文化艺术 ……………………………… 14
    1.9.1 夏尔巴人的语言 …………………………………… 14
    1.9.2 夏尔巴人的文化 …………………………………… 15
    1.9.3 夏尔巴人的节日 …………………………………… 15
    1.9.4 夏尔巴人的音乐与舞蹈 …………………………… 16
    1.9.5 夏尔巴人的游艺活动 ……………………………… 18
    1.9.6 夏尔巴人的登山文化 ……………………………… 19
  参考文献 ………………………………………………………… 19

第2章 夏尔巴人的体质人类学研究 …………………………… 21
  2.1 概述 ………………………………………………………… 21
    2.1.1 体质人类学概述 …………………………………… 21
    2.1.2 夏尔巴人体质人类学概述 ………………………… 23
  2.2 人体测量学指标 …………………………………………… 23
    2.2.1 头面部测量 ………………………………………… 24
    2.2.2 体部测量 …………………………………………… 29

	2.2.3	头面部指数及分型	36

    2.2.4　体部指数及分型　40
  2.3　夏尔巴人人体测量结果　45
    2.3.1　夏尔巴人头面部测量结果　45
    2.3.2　夏尔巴人体部测量结果　46
    2.3.3　夏尔巴人头面部、体部各项指数及分型　48
    2.3.4　夏尔巴人族群与其他族群的聚类分析和主成分分析　50
  2.4　夏尔巴人体质特征浅析　55
  2.5　夏尔巴人的体型　57
    2.5.1　体型的概述　57
    2.5.2　Heath-Carter 体型法　58
    2.5.3　夏尔巴人的体型研究　58
    2.5.4　夏尔巴人的体型特点　62
    2.5.5　夏尔巴人等汉藏语系 11 个族群的体型比较、体型三因子的主成分
        分析及体型散点图　65
    2.5.6　夏尔巴人体型形成浅析　69
    2.5.7　从体型特征探讨我国夏尔巴人的族源　70
  参考文献　72

第3章　夏尔巴人的分子人类学研究　77
  3.1　夏尔巴人的祖先起源和遗传历史的研究现状　78
    3.1.1　夏尔巴人与藏族旧石器时代、新石器时代的人口历史　81
    3.1.2　夏尔巴人与藏族之间不同的人口历史和适应性差异　85
    3.1.3　夏尔巴人在喜马拉雅山脉的北向渗透　97
    3.1.4　夏尔巴人和藏族的遗传特征　120
  3.2　有关夏尔巴人遗传多样性研究　130
    3.2.1　夏尔巴人血型系统的遗传多样性研究　130
    3.2.2　夏尔巴人常染色体 STR 的遗传多样性　132
    3.2.3　夏尔巴人的 Y 染色体多样性　137
    3.2.4　夏尔巴人的 mtDNA 多样性　138
  3.3　夏尔巴人与邻近尼泊尔人的遗传结构比较　142
  参考文献　152

第4章　夏尔巴人的高原适应相关研究　155
  4.1　夏尔巴人高原适应概述　155
  4.2　高海拔环境对人类健康的影响　156

  4.2.1　高海拔环境对人体温度觉的影响 …………………………………… 156
  4.2.2　高海拔环境对呼吸系统的影响 ………………………………………… 156
  4.2.3　高海拔环境对血液循环的影响 ………………………………………… 156
  4.2.4　高海拔环境对视觉听觉的影响 ………………………………………… 157
  4.2.5　高海拔环境对营养消化的影响 ………………………………………… 157
  4.2.6　高海拔环境对肾功能的影响 …………………………………………… 157
  4.2.7　高海拔环境对夜间睡眠的影响 ………………………………………… 158
  4.2.8　高海拔环境对记忆认知的影响 ………………………………………… 158
4.3　低氧训练对运动的影响 ……………………………………………………………… 159
  4.3.1　高住高训模式 …………………………………………………………… 160
  4.3.2　低住高训模式 …………………………………………………………… 160
  4.3.3　高住低训模式 …………………………………………………………… 160
4.4　夏尔巴人与高原适应相关的生理特征 ……………………………………………… 162
  4.4.1　夏尔巴人的低氧通气反应 ……………………………………………… 162
  4.4.2　夏尔巴人的血红蛋白指标 ……………………………………………… 163
  4.4.3　夏尔巴人的氧饱和度 …………………………………………………… 164
  4.4.4　夏尔巴人的肺部生理功能 ……………………………………………… 164
  4.4.5　夏尔巴人的心功能 ……………………………………………………… 164
  4.4.6　夏尔巴人的脾脏大小和功能 …………………………………………… 165
  4.4.7　夏尔巴人的微循环 ……………………………………………………… 166
  4.4.8　夏尔巴人的脑功能 ……………………………………………………… 166
  4.4.9　夏尔巴人骨骼肌的结构和代谢 ………………………………………… 167
  4.4.10　夏尔巴人的神经肌肉疲劳性 …………………………………………… 168
  4.4.11　夏尔巴人的运动能力和运动效率 ……………………………………… 169
  4.4.12　夏尔巴人的一氧化氮代谢 ……………………………………………… 169
  4.4.13　夏尔巴人的妊娠、子宫胎盘血流与出生体重 ………………………… 170
  4.4.14　夏尔巴人的成长、体重和基础代谢率 ………………………………… 170
4.5　夏尔巴人与高原适应相关的遗传特征 ……………………………………………… 171
  4.5.1　多基因转录因子低氧诱导因子家族 …………………………………… 171
  4.5.2　内皮 PAS 区域蛋白 1 …………………………………………………… 173
  4.5.3　EGL-9 家族低氧诱导因子 1 …………………………………………… 174
  4.5.4　血管紧张素转化酶基因 I/D 多态性 …………………………………… 175
  4.5.5　促红细胞生成素相关基因 ……………………………………………… 176
  4.5.6　过氧化物酶体增殖物激活型受体 A …………………………………… 176
  4.5.7　夏尔巴人一氧化氮代谢适应相关遗传特征 …………………………… 176
  4.5.8　夏尔巴人血氧饱和度适应相关遗传特征 ……………………………… 177

  4.5.9 夏尔巴人妊娠相关遗传特征 ………………………………………… 177
  4.5.10 线粒体与夏尔巴人高原低氧适应 …………………………………… 177
  4.5.11 夏尔巴人口腔和肠道菌群与高原适应相关的遗传特性 …………… 178
  4.5.12 其他与高原适应相关基因 …………………………………………… 180
 参考文献 …………………………………………………………………………… 181

第 5 章　夏尔巴人的常见疾病 …………………………………………………… 191
5.1 夏尔巴人的生存环境 ……………………………………………………… 191
  5.1.1 夏尔巴人的聚居地 …………………………………………………… 191
  5.1.2 独特的高原自然环境 ………………………………………………… 191
5.2 低压缺氧及其生理学效应 ………………………………………………… 192
  5.2.1 低压缺氧 ……………………………………………………………… 192
  5.2.2 低压缺氧的生理学效应 ……………………………………………… 193
  5.2.3 通气适应的生理机制 ………………………………………………… 194
5.3 高原族群对低压缺氧的适应 ……………………………………………… 195
  5.3.1 高原族群的通气适应 ………………………………………………… 195
  5.3.2 高原族群的形态学适应 ……………………………………………… 197
  5.3.3 高原族群的机能适应 ………………………………………………… 198
  5.3.4 高原族群的体成分适应 ……………………………………………… 199
  5.3.5 高原适应的相关基因 ………………………………………………… 200
5.4 高原病 ……………………………………………………………………… 203
  5.4.1 急性高原病 …………………………………………………………… 203
  5.4.2 急性轻症高原病 ……………………………………………………… 204
  5.4.3 高原脑水肿 …………………………………………………………… 205
  5.4.4 高原肺水肿 …………………………………………………………… 206
  5.4.5 慢性高原病 …………………………………………………………… 206
  5.4.6 高原衰退症 …………………………………………………………… 207
  5.4.7 高原红细胞增多症 …………………………………………………… 207
  5.4.8 高原心脏病 …………………………………………………………… 208
  5.4.9 慢性高山病 …………………………………………………………… 209
5.5 夏尔巴人的生理特征和临床相关报道 …………………………………… 212
  5.5.1 夏尔巴人的生理特征 ………………………………………………… 212
  5.5.2 夏尔巴人的临床相关报道 …………………………………………… 212
 参考文献 …………………………………………………………………………… 216

第1章 夏尔巴人的社会习性

1.1 夏尔巴概述

　　夏尔巴（Sherpa）是散居在中国、尼泊尔、不丹、印度等国边境——喜马拉雅山脉两侧的跨境人群。其主体部分居住在尼泊尔境内，位于尼泊尔东北部珠穆朗玛峰脚下昆布、帕拉和索卢河谷，约有4万人。我国境内约有4600人[1]。西藏自治区聂拉木县樟木镇、定结县陈塘镇等地，是我国境内的夏尔巴主要定居点。陈塘镇位于喜马拉雅山南麓，与尼泊尔一江之隔，平均海拔2020m，1989年被划入珠峰自然保护区，属河谷湿润气候，被称为喜马拉雅山中的"桃花源"。作为一个存在于喜马拉雅云端上的民族，夏尔巴不仅被珠穆朗玛峰滋养，更被其赋予一种神秘而浪漫的色彩。

　　尼泊尔的夏尔巴被识别为独立的民族。但由于我国境内的夏尔巴人口较少，20世纪中期在进行民族认定时，夏尔巴的民族属性未定，没有正式的族称和身份划定，属于我国未识别民族之一，被列为藏族的一个分支，身份证上民族种类一栏填写的是"其他"或"藏族（夏尔巴）"[2]。

　　夏尔巴人有自己的语言——夏尔巴语，无自己的文字，通用藏文。由于政治、历史、地理等因素，夏尔巴人过去几乎与外界隔绝，后来由于为攀登珠穆朗玛峰的各国登山队当向导或搬运工而闻名于世，具有"珠峰上班族"的美称[3]。由于多方面因素影响，我国境内的夏尔巴人与外界接触特别少，其社会发育程度较低，直到中华人民共和国成立后，夏尔巴人才慢慢被揭开神秘的面纱，逐渐被外界所了解[1]。由于特殊的地理环境和复杂的社会因素，夏尔巴人向世人展示着他们与藏族、尼泊尔等其他人群不尽相同的独特风格和民族特性。随着时代的变迁与社会的发展，这支别具一格的队伍，其规模也越来越壮大。同时，特殊的历史渊源和族群来源，也造就了夏尔巴人别具特色的人文景观和历史文化，这些在夏尔巴人的生活习俗、宗教信仰、日常劳作、文化艺术等方面都有具体的表现。

1.2 夏尔巴人的族源

在 20 世纪五六十年代进行了民族大调查之后，越来越多的学者开始慢慢关注夏尔巴人的传统文化及社会发展历程。学术界对夏尔巴人正式展开研究始于 20 世纪 70 年代。学术界普遍认为，夏尔巴名称源于藏文"sar-pa"一词的音译，意为"东方人"或"从东方来的人"[4]，英文写作"Sharpa"或"Sherpa"，旧译也作"舍尔巴""舍帕""谢尔巴"等。

切排和桑代吉在《夏尔巴人的历史与现状调查》[5]一文中总结，关于夏尔巴人的族源问题，目前学术界大致有三种观点：①我国境内的夏尔巴人认为他们的祖先是从尼泊尔索卢-昆布地区迁来的；②根据藏文史书《西藏通史》《藏族史略》等的记载，学术界有人提出夏尔巴人的祖先是从四川省甘孜藏族自治州一带迁来的；③我国境外的夏尔巴人则认为他们的祖先由观世音加持的猕猴菩萨和度母化身的罗刹女结合繁衍而来，他们就是猕猴菩萨和罗刹女慢慢演变成的藏人六氏族中的"冬氏"等。

西藏自治区樟木镇雪布岗村是我国境内夏尔巴人聚居的最大村落。切排在文中记载：传说中他们是为了躲避战争才从东方进入西藏自治区的。而有关这方面的历史，尼泊尔境内夏尔巴人的经书里明确记载他们是从尼泊尔迁移过去的。据藏文史料记载，居住在西康塞木岗的木雅日芝地区的土著，西夏王朝前称为党项木雅人，是历史上曾建立过西夏政权的党项羌人的后裔。藏文《夏尔巴教法史和祖源》一书中记载，夏尔巴人的祖先来自康区（西藏自治区东部、四川省西部、青海省玉树藏族自治州、云南省香格里拉市等地的藏族地区）木雅地区，经拉萨市、定日县，最后在索卢-昆布定居。此后逐渐向尼泊尔西北部地区和西藏自治区聂拉木县樟木镇雪布岗村、立新村，定结县的陈塘镇一带迁移。这部分人在漫长的历史过程中不断转移，因而在不同时期、不同地点有过不同名称，唐宋时期的文献里记载为"木雅人"，西夏王朝前称之为"党项羌"，西夏灭亡后称之为"夏尔巴""谢尔巴""舍尔巴"等。受不同时期不同地区自然条件和邻近民族的变化和影响，他们在生活习俗、语言文字、服饰等方面经历过多次变化。但由于他们与藏族同源，因此始终保持着强烈的藏文化气息。历史的事实也说明了他们与藏区同源文化的特殊关系。夏尔巴人的语言文字、宗教信仰、生活习俗、音乐兴趣等都与康区人有内在的联系和共同点。夏尔巴人所选定的居住区的环境，夏尔巴人的性格特征、人群特点也与康区和康巴人极其相似。他们信仰藏传佛教，婚姻习惯与内地的宁夏、甘肃一带保持一致。这也是他们的身份披上西夏党项人后裔外衣的又一例证。从上述资料我们可以得知，夏尔巴人的祖先源于我国康区的土著人(在西康塞木岗的木雅日芝地区,西夏王朝前称之为党项木雅人)的后裔,与藏族先民"冬氏"出自一源,因历史战争和地方灾害等客观原因,他们不得不离开家乡,寻找一处新的栖息地,其中大部分夏尔巴人从四川省西部木雅地区启程,辗转来到西藏自治区樟木镇和尼泊尔交界的地方,少数老弱病残在此停留,另一部分夏尔巴人继续向西迁徙,最终发现昆布平原,并在那里定居。从商贸交往、文化交流、民间嫁娶和生活习俗等方面的互动交流来看,这里早就成了多民族迁徙的走廊。史料记载,从定日县到尼泊尔的索卢-昆布,有一条传统的"珠穆朗玛商道",多民族互通有无。

1.3 夏尔巴人的信仰

夏尔巴人在宗教信仰上与藏族一致,始终保持着藏传佛教的虔诚信仰。我国境内夏尔巴人的居住地区均有寺庙(图1.1)。同样,尼泊尔境内的夏尔巴人居住地区也保留着很多藏传佛教古老教派如宁玛派和噶玛派的寺院。寺庙作为他们共同的信仰空间,大凡婚丧嫁娶、求医治病、乔迁等重大仪式都会邀请驻寺僧人。此外,村民平时还会以寺庙为中心举行转经、供酥油等活动[6]。

图1.1 夏尔巴寺庙[6]

绝大多数夏尔巴人信奉萨迦派(花教)和噶举派(白教),也有少数信奉格鲁派(黄教)和宁玛派(红教)。萨迦派和噶举派的信徒们戒律并不是很严格,他们不住寺庙，可以居家结婚，还可以耕种寺庙的土地，平时只是轮流去寺庙参与烧香、摆供和念经等宗教活动，与民间百姓的关系非常密切[7]。夏尔巴人的行为准则是佛教教规，他们的理想是成为喇嘛。如有盖房、结婚、出远门等重要的仪式，喇嘛会受到群众的热情邀请去念经占卜。夏尔巴人认为，一切吉凶祸福都是由因果所致，所以平时要多修福德。他们始终相信轮回转世之说，认为人生的苦乐都是神意的安排。夏尔巴人崇尚鬼怪，相信星算决定吉凶，凡有重大事情都要先占卜再作决定，以图吉利[5]。因此，喇嘛在夏尔巴人中享有特殊地位，普遍受到大家的尊敬[8]。

即便如此，也很少有人愿意真正地终身为僧。多数青少年进寺出家是为学习文化知识和宗教礼仪，而少数是想通过宗教这个阶梯进入更高的社会阶层，并且得到较高的社会地位，以发挥其才能。他们在学到一定知识后，认识到现实并没有想象中那么完美，很难继续忍受苦行僧生活，就会产生返家还俗娶妻生子的想法。但是也有一些人觉得看透了世俗生活的苦闷与无奈，想进寺出家超脱世俗，远离尘世间的陈杂与烦恼。除此之外，还有少部分人先出家后还俗，然后再要求进寺从事宗教活动，但是这种情况只能学习经书和参加宗教活动，不能享受正式喇嘛的礼遇和优待[9]。

夏尔巴人在宗教活动中有特殊的仪式，包括赎罪仪式、供养仪式和驱魔仪式。这与其特殊的社会构架及发展方向有着密切关系。美国学者谢丽·B.奥特纳（Sherry B. Ortner）的代表作《通过仪式认识夏尔巴人》对夏尔巴人的仪式进行了全面的总结与描述。央卓在《夏尔巴人的宗教实践、社会结构与精神气质——对〈通过仪式认识夏尔巴人〉的讨论》[10]一文中对这些仪式进行了详细的解读，具体总结大致如下。

赎罪仪式是通过强调某种特殊规则来获得功德并得到救赎。家庭是夏尔巴人的核心单位。家庭成员之间互相依赖，无论是在经济上还是在日常生活中。但是这种状态会在子女婚后被打乱，家庭构架和行为习惯上出现不同程度的矛盾。此时，赎罪仪式能够帮助父母从与子女在婚姻上的矛盾与冲突中解脱出来，或者帮助他们与冲突保持一定距离，转而关注自身的个体救赎。

供养仪式是在很多年度性仪式中都会出现的一个特定环节。供养仪式的期望是祈求神灵能够继续保护村民并帮助村民驱逐恶魔。其重点不是战胜恶魔，而是要获取神灵作为人类盟友的支持。

驱魔仪式总是与葬礼相关，是介于赎罪仪式和供养仪式之间的。夏尔巴人认为，死亡是最大的污染之一，因此驱魔仪式被称为"为了清洁所有的脏东西"有关净化的仪式。在驱魔仪式中，重点在于要直接面对恶魔。

1.4　夏尔巴人的婚丧嫁娶

受尼泊尔的影响，夏尔巴人也有"种姓制"，它是一种区分血缘关系的姓氏制度。按照规定，同种姓内部不得通婚[11]，否则就要被赶走，而异种姓则无限制。夏尔巴人是有名有姓的，五大姓分别是色尔巴、格尔兹、撒拉嘎、茄巴、翁巴。如果没有姓就不能被认定为夏尔巴人。传说，当初夏尔巴人为了躲避追杀，在逃亡中隐瞒了自己的姓。夏尔巴人有一个不成文的传统就是姓要记在心里，只有在结婚的时候才能说。夏尔巴人不能与同姓的人结婚，青年男女在恋爱期，父母就会提前通过了解对方的姓来确定是否允许他们恋爱以及结婚。由于夏尔巴人口本来就少，加之不能同姓结婚，极少数夏尔巴人就会找藏族人结婚，久而久之，纯正的夏尔巴人就越来越少[12]。

夏尔巴人的婚俗文化丰富多彩，很有特色。大致的流程为：首先听命于父母，遵从媒妁之言订立婚约，即男方请别人去女方家里说亲、送酒、献哈达，经双方同意，便可结婚。结婚时若路程较远，女方则会由父亲送去男方家，近者则由哥姐弟妹送去。熊庆元曾在《做客夏尔巴人新村》[13]一文中描述夏尔巴人有抢婚和试婚两种古老的婚俗。抢婚就是当男方喜欢女方，这时会请人去女方家说亲，如果出现女方同意而父母不同意或者其父母同意而女方本人不同意的情况，就会采取抢婚的形式。若是第一种情况，即女方同意而父母不同意，则男方会将女方抢到山上藏起来，再以各种方式去找女方父母求情，直至对方同意后才将女方领回家举办婚礼仪式。若是第二种情况，即父母同意而女方不同意，就会直接把女方抢回家举行婚礼。夏尔巴人也曾有试婚习俗，即女孩14岁时，父母就会允许她出门自由结交朋友，同时分一间小屋给她，有钱人家还会单独修建一座小木楼，让女儿晚上一个人住在那里。女孩可以将她相中的男子引至小屋来夜宿，父母从来不会干涉。过去的夏尔巴人认为，青年男女之间了解和熟悉的最好方式就是在一张床上睡觉。共宿一段时间后，如果双方满意，便由男方托媒向女方父母送去米酒，算作正式订婚。这样未婚夫就可以公开地住在女孩的小屋里。在此期间，如果任何一方感到不满意，招呼一声就可以解除婚约。甚至，有的会在有了孩子后，男方才会向女方正式求婚，以确定夫妻关系。抢婚和试婚都是夏尔巴人过去特有的古老婚俗，现在大都已经消失了。

传统的夏尔巴人婚姻形态基本为一夫一妻制，历史上也曾有少量的一夫多妻和一妻多夫的情况。一夫多妻的现象，主要存在于夏尔巴上层社会和一些生活富裕的家庭。相比其他地区，夏尔巴人的一夫多妻家庭的妻妾们都有自己的家和财产，他们互不往来，各自生儿育女，安排生计，相安无事，只由男性轮流同居，同时掌管家产支出，以及子女教育。而一妻多夫的婚姻现象是一种非主流的婚姻制度，一般只是少数家庭为了避免兄弟分家、财产流失而采取的一种自我保护措施。一妻多夫的婚姻形式有一些特殊，例如妻子有单独的卧室，室内设有双人大床，而丈夫两兄弟也有各自的卧室，通常由两夫商量决定谁与妻同宿，有时也可由妻子来决定，一般不会发生错乱。如果一家有弟兄4人，他们习惯老大与老二娶一妻，老三与老四娶一妻。婚礼则是2个新郎与1个新娘3个人一起举行[7]。

夏尔巴人的婚礼仪式仍然保留着一些抢婚的痕迹。廖东凡在《藏地风俗》[14]一书中讲到，举办婚礼时，新娘实行"三不"原则，即不骑马、不坐车、不走路，新郎要将新娘背回家。到了家门口，不能开门，先要对山歌。唱着歌，新郎一脚踢开大门，把新娘背进院落，热闹而隆重的夏尔巴人婚礼便开始了。有的时候新郎踢不开门，则会在院墙上搭一架梯子，新郎背着新娘爬墙而过，然后再继续举行典型的夏尔巴人婚礼仪式。

不论是哪种婚姻，都是靠双方关系平等维系着。夫妻双方都是共同劳动、共同享有劳动成果，在家庭中是平等的，并没有谁依附于谁。随着社会的不断发展，夏尔巴人的婚俗受到了汉、藏民族和现代文化的影响，现在既保留着古朴的礼俗，又不断呈现出多姿多彩的新风貌[15]。

长期以来，由于特殊的地理位置和双边政策的影响，中、尼两国边民和睦相处，互通往来，交往非常密切。血缘关系往上推3代，很多家庭都存在跨国婚姻[16]。夏尔巴人在中尼边境成为典型的跨界族群。我国境内的樟木镇夏尔巴人几乎每个家庭都与尼泊尔有亲缘关系，且这种关系大多是通过联姻与通婚而建立的。王思亓在《跨界婚姻与"困境"的消解——基于中尼边境夏尔巴人的调查》[17]中曾对跨界婚姻做过研究。她指出，夏尔巴边民跨界通婚呈现的特点有：跨界婚姻的家庭多数为夏尔巴族群内部的通婚，而跨民族通婚的为极少数；跨界通婚后选择在我国居住占多数，少部分在两个国家轮换居住，而且以尼籍女性嫁入为主，也有少量的入赘尼籍男性；据夏尔巴边民自己反映，近年来边民入境通婚人数相较过去并没有减少，而且通婚有从边境区域不断向内地延伸扩散的趋势；跨界婚姻的结合大都只是办理了结婚仪式，而没有办理合法的结婚登记手续。

王思亓认为，中尼边境夏尔巴社会人群结合的重要纽带是夏尔巴人的"骨系"认同观念。骨系最重要的功能就是决定人们的禁婚范围，而同一骨系的人禁止通婚和发生性关系，一旦违背将会受到严厉的惩罚[18]。在复杂的自然环境和社会环境中，夏尔巴人在日常生活中通过形成多层次亲属网络来不断适应边境环境，并且将族群认同与地域认同加以延续。国家的政治边界等外在因素并没有阻断边境两边夏尔巴人的情感交流。跨界通婚就是对基于历史渊源、文化传统、价值观念、生活习惯等基础的族群认同。在婚姻对象的选择上，夏尔巴人较少与藏族人通婚。西藏自治区樟木镇村落的夏尔巴人存在一些与藏族婚姻失败的例子，导致夏尔巴人认为与藏族人不太适合通婚，而很多年轻人认为只有与夏尔巴人结合才能使家庭稳定。尽管他们认为跨界与尼泊尔夏尔巴人结合属于"非法"行为，但是近些年这种跨界通婚的现象仍在逐渐增多。在夏尔巴人中流传着一种说法：第一次的婚姻是菩萨赐给的，而第二次的婚姻是鬼给的。因而再婚的夏尔巴人较少，有些女性即使配偶去世也不愿改嫁，而是选择与子女相依为命，度过余生。在骨系血亲禁婚制的限制下，我国夏尔巴人不仅会在紧邻边界的尼泊尔几个村落区域中择偶，如今跨国界的通婚区域还包括距离边境更远的尼泊尔加德满都附近[17]。

陈立明在《西藏民俗文化》[15]一书中对夏尔巴人的生育有详细记载。夏尔巴妇女在怀孕后，仍要继续从事日常劳作，直到临产前才休息。按照夏尔巴人习惯，新生儿在出生后1个月内不见生人，满月后才可带孩子出家门；产妇三四天内不能见生人，如果不遵守的话，这些都会对产妇和婴儿产生不利影响。同时，需在家门入口处挂红布条，作为禁止外人进入的信号。产妇则会受到细心照料，家人会专门为产妇熬肉汤、煮肉粥等富含营养的食物滋补身体。

在夏尔巴人的观念中，生育会带来污秽，是一种不洁的行为，只能通过宗教仪式除去污秽，使孩子健康成长。婴儿出生3天后（一般不能超过7天），需请喇嘛到家中举行仪式，念经焚香，以消除因生育带来的污浊和晦气。举行仪式时，还需清扫房屋，清理完毕，将一白色旗幡系在房屋附近的旗杆上，表示去污仪式完成。喇嘛还会给产妇和婴儿系根红色或白色的护身线，寓意保佑母子平安。

夏尔巴人的命名习俗与藏族相同，取名方式也丰富多样。对夏尔巴人来说，给孩子取名是一件大事。命名时，亲友要携带礼品前往祝贺，主人则备酒饭盛情款待前来祝贺的亲朋。夏尔巴人会请喇嘛给孩子取名。名字多与宗教有关，也经常会用一些象征吉祥如意的词语，如丹增（圣法）、次仁（长寿）、扎西（吉祥）等。此外，家中的长辈也可以为孩子取名，多以出生日期命名以作纪念，常见的有巴桑（星期五）、拉巴（星期三）、边巴（星期六）等，都表达了美好的祝福和心愿。夏尔巴人的名字多为四个音节两组词结合而成的复合名字，如索朗多吉（福泽兴旺）、扎西次仁（吉祥长寿）、德吉卓嘎（幸福白度母）等，均承载了夏尔巴人对后代美好的情感寄托。

过去普遍存在妇女分娩时卫生和医疗护理条件差，没有医疗卫生保障等情况，造成夏尔巴婴儿死亡率高。加之大多数人严重缺乏生育卫生方面的知识，很多产妇在家中分娩，接生方法不当等现象也很突出。随着医疗水平的提高、医学常识的逐步普及以及环境的改变，这种状况已得到了根本改善。现代文明的春风已吹拂在偏远的喜马拉雅山山谷，古老的夏尔巴社会正发生着可喜的变化。夏尔巴人聚居地建有医院，村医都受过系统而专业的培训。过去孕妇怀孕期无保健，尤其是生育后一星期就下地干活的旧习惯已经改变，孕妇和产妇都得到较好的护理和休养。国家不断加强卫生系统建设，帮助孕妇更好地获得孕期保健方面的关心和指导，她们可以不定期进行检查。生产时到医院或者由医生、护士到家接生，产妇和婴儿都得到了精心而科学的护理，有效解决了新生儿死亡率高的根本问题，特别是性别不平等和营养不良的状况。生活条件的改善、科学知识的普及和卫生保健意识的增强，夏尔巴人传统的生育习俗正发生着巨大的变化。

夏尔巴人的丧葬方式主要有火葬、土葬和水葬3种。最为常见的是火葬，水葬和土葬较少见，水葬一般用于孤寡贫困者，而土葬则多用于未成年的孩子。根据文献记载[19]，佛教、苯教、卡卓玛三教会合才能处理遗体。处理方法有2种：一种是在外面死亡者，不准进房，放在外面火葬；另一种是对死在家里者，放在屋里，三教一同念经、唱经，然后将死者火葬。

汪庆欢通过实地考察，在论文《夏尔巴民间舞蹈的传承研究》[20]中对夏尔巴人的丧葬方式进行了研究。文中记载，夏尔巴人去世后，要请喇嘛或洛班做法事，诵经以超度逝者灵魂，期待早日进入极乐世界。同时要请人占卜，确定死者与火、土、水的缘分来决定葬法。夏尔巴人的丧葬仪式较为独特，亲人、邻居要给逝者亲属献哈达以示安慰。夏尔巴人认为，家人去世是脱离凡尘，走向极乐世界，因此亲属不能哭泣，否则会阻碍逝者的轮回之路。出葬时一般只有亲人、家属及亲近的朋友参加葬礼，外人非请是不能到场的。尸体火化后的次日，喇嘛在死者家里举行"纳布尔"仪式，目的是劝导亡灵到属于自己的地方去，祈求神灵保佑死者顺利往生。同时，会将死者生前的衣服、首饰整理好，放在1个架子上作为祭台，在祭台前摆放供品，喇嘛一边念经一边发出声音以驱赶鬼魂。举行仪式时将写有死者名字的纸烧掉，表示死者的名字从此消失，忌讳再有人提及。仪式完毕后，会将烧尸时的骨灰、死者名字的纸灰连同糌粑拌和泥巴制成的泥坯放入寺庙、石崖或山洞中。

1.5 夏尔巴人的经济与贸易

日常生活中，夏尔巴人通常以核心家庭为单位进行劳作[10]。姚兆麟在《西藏民族志》[21]中对夏尔巴人的经济生活作了详细的记载。据书中描述："夏尔巴的传统经济主要以牧业和农业为主，兼从事一些商业。就一家一户而言，均农牧兼有，区别是侧重农业或牧业。种植玉米、土豆、青稞、小麦、大麦及蔬菜，牧业供给奶、肉、酥油。一般来说，每家都有一两人放牧，其他人从事农业、商业或为人帮工。因为当地的土地很少，人均不到1亩，且多为坡地，大量的雨水将土壤中的养分带走，土地较贫瘠，加上耕种技术落后，农作物的产量较低。相反，牧业在夏尔巴经济中占有比较重要的地位，牧畜主要为牦牛、黄牛和水牛，以及少量的山羊和绵羊，水牛一般在海拔较低的河谷地饲养。牧场分夏、冬两季，冬季牧场主要在低海拔的河谷地带，从春天开始随着气温的升高逐步向高海拔处迁移，盛夏时节主要在高山草甸牧场，最高处海拔在4000m以上，在高山草场的时间相对固定在1个月以上，然后再根据气候的变化逐步向下迁移，在秋季庄稼收割后牧场迁到村子周围的土地上，晚上把牧畜赶到农田里'卧地'，以此进行施肥。"

姚兆麟在书中记载，夏尔巴人的农业耕作方法比较简单，主要为备耕，犁地一般用2头公犏牛采取二牛抬杠牵引木犁，因土地中的石头较多，所以木犁没有犁铧，只在犁头处包有一铁尖。土地地块很小，且多为坡地和梯田，耕地回弯比较困难，所以在拐弯时扶犁人往往一手扶犁柄，一手抓住牛的尾部让其拐弯。地耕完后，以人工方式将翻起来的土块用锄头砸碎平整好，然后犁第二遍下种，在犁第二遍时，一人跟在犁后撒种，然后再用脚或锄头平好，播种即算完毕。夏尔巴人没有耙地的习惯，这可能与土地块小、不平，耙地较危险有关。庄稼出苗后长到20cm左右，玉米要稍高一些，开始锄草培土，一年锄草只有1~2次。收割前或收割后的剩余时间，多数人主要来搞一些手工副业，如编竹席、竹筐、纺毛线、织氆氇等[21,22]。竹编除自用外，多数出售给其他地区。夏尔巴人普遍歧视铁匠，此习俗与藏族相同，木工较受人尊重，但从事木工者不多，更谈不上什么技术高超。因为夏尔巴社会轻视所有从事金属制造的工匠，所以没有工业，生产工具也因此非常简陋。农具中只有一种小锄头和木犁，运输工具也很少。我国境内的夏尔巴人家中的少量铁锹和手推车都是在民主改革后在支农的情况下才开始引进的。运送货物完全靠人背，畜驮的情况很少见，这可能是坡陡路险的原因。工具还包括成年男子人手必备的尼泊尔产的戈戈刀和劈柴用的斧头。夏尔巴人在贸易上处于我国西藏自治区人民和尼泊尔人民之间的桥梁地位。多年来，两地商人不断往返于西藏自治区的定日县、聂拉木县与尼泊尔加德满都之间。在1965年公路通车之前，夏尔巴人经常被商人们雇佣背运货物，从而他们也学会了做生意。他们从尼泊尔进货，主要是粮食、布匹及其他纺织品，到西藏自治区的聂拉木县和定日县等市场出售，然后再从西藏自治区市场上买回食盐、佛珠和佛像等运到尼泊尔去卖，从中赚取利润。商道沿途地势险要，要翻越几座四五千米的高山，跨越数百米长的栈道，跋涉十几条河流，商业利润赚得也是非常艰辛，有时甚至还会为此付出生命的代价。夏尔巴人搬运货物时习惯把背带勒在额头上，用腾出的两手扫清道路上的障碍，在险陡处攀抓，所以很多人头上留下了一道深深的沟痕。

1965年中尼公路修通，才算基本结束了大量靠人背畜驮货物往返于商道的历史。我国境内的夏尔巴人在各级政府帮助下生活有了根本的好转，慢慢地不再是为商人们运送货物的背夫，而更多地成了雇佣他人的商人。夏尔巴人的传统商品主要是当地产的畜牧产品和活畜，皮毛一般出售给尼泊尔的商人，活畜则出售给聂拉木县、定日县等附近藏族农业区作耕畜。民主改革之后，特别是中尼公路通车之后，经济贸易有了快速发展，内地大量轻工业品运到夏尔巴人的居住地，商品也由传统的食盐、粮食转变为服装、暖水瓶、电池、棉毯、火柴等。改革开放后，商品更是愈加丰富，除各种日用消费品外，还增加了各种电子产品和小型机电产品。进口的货物主要为农副产品，如水果、蔬菜、禽蛋等，各种饰品、化妆品也成了消费者青睐的商品。目前，我国境内夏尔巴人的经济生活虽然仍为农牧业和商业兼有，但主要经济来源已经发生了明显变化，商业已逐渐成为主要经济来源，农业和牧业由主导地位变成了经济生活的补充。夏尔巴人生活水平和质量得到了很大的改善，很多家庭过上了幸福美满的生活[21]。

随着经济的发展，中尼边境的自由贸易发展得如火如荼。据周健伟在《藏在喜马拉雅山深处的"桃花源"——揭开西藏夏尔巴人的神秘面纱》[23]中叙述，他们在陈塘镇采访的时候，中尼边境在冬季只有星期三和星期六才通关，允许边民互市贸易。陈塘镇山脚下的嘎玛藏布是中尼边境上的一个天然分界线，山脚下的比塘村还有一座"中尼友谊桥"——乌布其桥，1962年立的中尼69号界碑分处两端。每天最多有200个尼泊尔人从尼方到陈塘镇来，把药材、鸡爪谷、菩提手串等手工艺品带来卖出，然后买些大米、方便面、被子等物品回去。人民币已成为边民互市贸易通用的货币。我国在这条简易的互市贸易通道上修建了水泥石头的步梯，改善步行条件，提高边民往来的便利性。据统计，2011—2015年，陈塘镇通道承担的中尼进出口额由715万元增加到1865万元，出入境人员由2953人次增加到7700人次，增长约1.6倍。我国更大的基础设施投资和口岸规划也在进行。2017年8月，国务院批准位于西藏自治区日喀则市吉隆县吉隆镇的吉隆口岸扩大开放为国际性口岸（图1.2）。专家称，随着互联互通条件的改善，在保护自然环境的前提下，陈塘镇等镇会逐渐形成中尼印孟的贸易新通道。

第1章 夏尔巴人的社会习性

图1.2 吉隆口岸

1.6 夏尔巴人的食物

夏尔巴人生活在喜马拉雅山南坡的高山峡谷地区，境内可种植玉米、青稞、小麦和土豆等粮食作物，并以此作为主食。因此，夏尔巴人的食物主要有玉米、大米、糌粑，其次有土豆、面条、油饼、鸡蛋、牛肉、羊肉、猪肉[7]。与西藏自治区其他地区相比，夏尔巴人比较偏爱吃菜，常以炒菜佐食，几乎每顿都炒两三个菜。由于土豆产量比较高，食用方法简单，夏尔巴人特别喜欢吃土豆。土豆作主食时只需煮熟去皮拌上辣椒粉，作为菜时可切成块或片炒食。饮品方面喜喝酥油茶、甜茶、一种叫做"巴露"的玉米酒，还喜欢喝青稞酒。夏尔巴人喜欢吃一种比较特别的食物叫"萨布"。它是一种绿色一年生草本植物，茎、叶布满细毛刺，人的皮肤接触后，刺痛难忍，叶子经加工可食用。喜马拉雅山地区野生动物种类繁多，但夏尔巴人一般不打猎，也不吃野兽肉。

早期夏尔巴人吃饭时不用餐具，习惯用手抓着吃。传统的就餐方式是全家席地而坐，围着饭盆和菜锅用手抓着吃。平常他们习惯用左手干脏活，吃饭时只用右手抓。随着社会的不断发展，现在已经习惯在就餐时使用碗、筷及其他餐具。据贡波扎西[7]记载，夏尔巴人的炒菜比较讲究佐料。辣椒是夏尔巴人的主要佐料之一，是家家不可或缺的调味必需品。其原因可能是受环境影响，辣椒有助于防寒除湿，或者是受尼泊尔边民的影响，也可能是传统生活习惯。常用佐料还有咖喱粉、大蒜和洋葱等，此类佐料一般都用石臼或木舂捣碎，和菜或饭团拌着吃[7]。受藏族的影响，夏尔巴人过去在庆贺新年时吃一种叫做"酷热"的油炸米粉饼[2]。圆饼盛放在盘子中，盘子下面撒1层扁米，扁米上面放3

个饼子,再往饼子上点些酥油,然后配着酒吃。现在夏尔巴人延续了藏族的传统习俗,即在藏历新年前一天晚上吃"谷突"。过去夏尔巴人很少吃风干肉,现在春节、藏历年等重大节日中,风干肉也成为必备的食物。

夏尔巴人的夜晚属于鸡爪谷酒。鸡爪谷在西藏自治区陈塘镇播种面积大,占陈塘镇农作物播种总面积的90%以上,产量较高。如今,随着生活质量的提高,大米已经逐渐替代鸡爪谷作为主食,而鸡爪谷主要用于酿酒。鸡爪谷酒类似于醪糟,夏尔巴人几乎每家每户都会酿,并用竹管"吸"着喝。周健伟在《藏在喜马拉雅山深处的"桃花源"——揭开西藏夏尔巴人的神秘面纱》[23]中详细描述了传统制作鸡爪谷酒的过程:加了酒曲的鸡爪谷在发酵后,装在木桶里,倒上温开水,用竹管上下舂几下。吸饮前,用手指压住吸嘴,然后插进去舂几下倒过来,被吸起的酒浆就会流出,因为竹吸管是重复利用的,在当地人看来,这样操作是可以消毒的。发酵好的鸡爪谷,能连续多次加水,搅一搅,又是一壶酒,直到饮酒者觉得口味变淡。陈塘镇传统的酿制鸡爪谷酒工艺已经被列入西藏自治区非物质文化遗产代表性项目名录,当地政府也在不断推进鸡爪谷酒产业化,让鸡爪谷酒实现生产标准化,力争提高酒的附加值,充分利用当地资源和区位优势带动当地经济发展。

1.7 夏尔巴人的居住条件

夏尔巴人长期从事半农半牧的生产活动,为适应其农耕和牧业生产,他们的住房分为两种。一种为固定的居住房屋,修建在海拔较低、条件较好、离农田较近的地方。另一种为临时住房,分别建在夏季牧场和冬季牧场,以适应因季节变化而不断迁移的游牧生活。

汪庆欢通过实地考察,在《夏尔巴民间舞蹈的传承研究》[20]中对两种住房进行了深入的研究。文中介绍,永久性住房建筑分为上、下两层,为阁楼式的石木结构,总高度为6m左右。一层用于储放杂物或圈养牲畜,二层则供人居住。由于山的坡度相对较大,底层后面着地,前面就需要支起一层楼的高度。大门一般设于底层房子的一边,楼梯设在大门一侧室内,底层相对黑暗潮湿。他们注重卫生,一般家庭都将厕所建在二层,直通地面,如果没有厕所,大小便也会远离房舍四周。二层大多是通间,室内陈设简朴,厨房设在中间,有酥油桶、铝锅和各种炊具等。每家都有一个用石板砌成的火炕,支架做饭,席地就餐。一家人生火做饭、吃饭等都在一起,一般家庭所有人口都睡在一个房间里,条件好的家庭则会分成两三个单间,用作厨房、客厅、卧室。屋内设置比较简朴,木床、沙发亦是床铺,上铺有靠垫,摆设有棉被,晚上睡觉时把靠垫收起,铺上被褥。以前是没有木床的，大家都是在地上铺些茅草，盖着被子或者茅草睡觉。炉灶设在靠后墙的位置，多是用长方形的铁锅架做饭，支架中间呈十字弓形，离地十几厘米，锅具放在支架上，下面可以烧些柴火，下雨天可以烧储藏的牛粪。也有家庭用的是铁制炉灶，炉内可放些引火的干柴，烧饭的同时可以在炉上温水，灶桶通向房屋外面，可将烧火生成的烟尘排向外面，这种炉灶相对于支架来说操作较快，且不容易产生烟灰。炉灶旁边的藏式家具上大多摆满了餐柜或餐架，有各式铝锅、酥油桶及炊具碗杯等。屋内的陈设还有水缸和粮食、蔬菜以及一些家中常备日用品。夏尔巴人的器皿用具多为铜铁制品，质量上乘，造型美观。房梁上会挂一些待风干的牛肉、羊肉和玉米，以有效防止食物在潮湿的气候下变质腐烂，竹编的背篓也会放在梁架上。当地人未雨绸缪，用这样的方式来储存粮食，这也预示着来年的大丰收，金玉满堂。此外，在灯的旁边会挂些水袋，据当地人讲，夏季会有很多飞虫围着灯转，水袋的作用是为了吸引虫子，在天气寒冷时可以起到保护虫子的作用，这充分体现了夏尔巴人不杀生的宗教信仰。

陈立明[15]在《西藏民俗文化》一书中记载，夏尔巴人称夏居地为"耶尔萨"，冬居地为"贡萨"。这些在夏居地和冬居地修建的住房多为用石木、竹木搭建的窝棚，结构简单，供牧人放牧时临时居住。夏居地位于远离村庄的高山牧场上，住房为土墙窝棚，并用石板盖顶，较少用木头，因远离村庄不易运送。冬季牧场海拔较低，有时几间甚至十多间房屋集中建于一处，室内备有贮存的粮食和饲草，房屋供人居住和圈栏牲畜，以躲避喜马拉雅山冬季气候多变带来的冰雪和风暴。

夏尔巴人的村寨建在离水源近的宽阔坡地上，房屋多为二层石木结构的楼房。建房时，用粗大的木柱搭架，第二层铺设木板。房屋四周用石块砌墙，石墙之间的缝隙用泥、沙和牛粪混合制成的厚浆填塞抹平，再涂上石灰浆刷白。屋顶为人字形，用松木板层层叠压。下雨时，雨水顺着木板的缝隙往下流。为防止风吹雨打，木板上横压有几道长约2m的木条，木条上再压以石块固定。

1.8 夏尔巴人的民族服饰

夏尔巴人的服饰简洁流畅，有一种素雅朴实的美。夏尔巴人的服饰外形与藏族的服饰外形较为相似，原始古朴，处处体现着天人合一的思想，充满了对大自然的敬畏和礼赞，表达着淳朴的夏尔巴人对大自然的热爱与感恩以及对美好生活不懈追求的情感[19]。

夏尔巴妇女长相俊秀，身形优美，蕴含着夏尔巴人特有的含蓄美。夏尔巴妇女上身多着花色衬衣，外罩白色无领短袖，外衣称为"波杜巴"，下身穿百褶花布长裙。过去没有穿裤的习惯，现在除老年人外，年轻妇女大多已经习惯穿裤。夏尔巴人的服饰有别于其他民族，其中最大的区别就是他们的帽子极具特色[15]。张丽丽在《日喀则定结县陈塘镇夏尔巴人特色文化产业发展研究》[19]一文中描述了陈塘镇夏尔巴人的服饰特点，其帽子由红色呢绒加彩色布条制成，帽顶插有杜鹃花和孔雀羽毛，帽檐装有9枚尼泊尔银币并向上突起。夏尔巴人的帽子有着很丰富的象征意义，帽顶象征着清澈的湖泊，帽檐象征巍峨的高山，寓意为群山环抱着美丽的湖泊，帽顶上的杜鹃花和孔雀羽毛则象征着夏尔巴人与大自然和谐相处的天人合一。经过世世代代的沉积，他们把对大自然的崇尚、对家乡的热爱、对美的理解与追求，都集中体现在了这顶装饰精美、内涵丰富的帽子上。夏尔巴女子的帽子不仅将当地人爱美的心理表现出来，还凝聚了夏尔巴人的聪明与智慧，体现了对大自然和美好生活的期盼与祝福，同时帽子也是夏尔巴民间舞蹈的必有服饰[24]。

汪庆欢[20]研究发现，夏尔巴男子服饰分上衣、下裤。上身内穿白色长袖衬衣，外罩为"波杜巴"的无领短袖素色外衣。"波杜巴"系用未着色的羊毛织品缝制。下体着白绒布或白布制作的紧身裤，使用腰带。头戴"次仁坚阿"藏帽或黑色无檐船形帽（老年人在冬天多戴毡帽或毛线织成的帽子），戴项链和戒指，腰间佩戴尼泊尔式"戈尔边刀"。刀为尼泊尔工匠打制，有不同的质地和等级。好的戈尔边刀做工精细考究，刀柄雕刻有精致花纹，有的还会镶嵌宝石。刀鞘多为皮质和木质，也有用合金制作的雕刻精美的刀鞘。戈尔边刀的刀锋锐利，实用价值高，而且外形美观，深受夏尔巴人的喜爱。刀为每位夏尔巴男子必备工具，外出时可作为防身的武器，在家时又可用作切菜切肉的工具。

在节庆表演及重大演出活动中，夏尔巴人会盛装出席，其特色服饰也成为活动场面上的一大亮点。夏尔巴人头戴特色帽子，帽檐上通常会插一朵独特的杜鹃花，耳朵戴着巨大耳环，颈上挂着由绿松石、玛瑙、天珠等宝石串成的项链，腰部系着大银腰钩。夏尔巴人将杜鹃花作为吉祥花，认为杜鹃花可以给人带来好运，这种美好的寓意也正是夏尔巴帽子最具独特之处。夏尔巴人在跳舞时，全身上下的银饰会随着节奏发出"刷刷"的声响，佩以海螺等饰物，随舞步起伏跳跃，起到乐器的作用，其伴奏效果远超现代器乐，产生一种韵律和谐的效果。

1.9　夏尔巴人的语言和文化艺术

1.9.1　夏尔巴人的语言

切排和桑代吉在《夏尔巴人的历史与现状调查》[5]中对夏尔巴人的语言文化

做了总结，认为夏尔巴人通用的文字是藏文，并代代使用，相传至今。夏尔巴人没有流传下来文字记载的史料，没有专门的文学作品，只有一些简单的口头传说和故事流传。夏尔巴人的藏语讲得十分生动，比喻、格言、谚语都非常丰富，口头文学很多，特别是在中老年人当中，过去有些能说会道的人，善于演唱《格萨尔》或讲述《米拉日巴》《玛尔巴》等著名藏传佛教僧人的故事。夏尔巴人很重视藏文教育，他们不仅与其他一些使用藏文的民族一起创办藏文学校，而且还在自己的家乡单独办起了藏文学校。夏尔巴人为推动喜马拉雅山南侧藏学研究事业的发展做出了重要贡献。夏尔巴人的语言较杂，既有藏语又有尼语（即绒语，尼泊尔山地人的语言）。夏尔巴人通用的文字是藏文，既没有非藏文的"自己的文字"，也没有非藏语的另外一种语言，其语言与藏语大致相同，但也有所差别。说话的语气类似藏语的康方言，少量词语不同于藏语，语法结构与藏语相同，属于藏语方言，发音卷舌与藏语音相似。中央民族大学1972年对夏尔巴语110个词语的调查结果表明，夏尔巴语与藏语相同的词有81个，占73.6%。夏尔巴人一口流利的藏语十分易懂，与藏族谈话没有语言障碍，攀谈起来更觉得亲切。随着时代发展，夏尔巴年轻人中，越来越多的人懂尼泊尔文和英文。在中国共产党的领导下，我国境内的夏尔巴人已兴办了多所自己的小学，甚至还有不少夏尔巴子弟在拉萨市和内地深造，有了自己的大学生、自己的干部、自己的医生和教师，文化事业在不断发展壮大中。

1.9.2 夏尔巴人的文化

夏尔巴人的文化相对滞后。常见的计算方法是使用一些大小不等、颜色不同的小石子或木块，在地上逐一摆开，移动石子或木块的数字，从1到最后，才能得到总数。或是用佛珠计算简单的加减，仍然处于"结绳记数"的阶段。

夏尔巴人计算大都使用尼泊尔的现有通行度量单位。土地面积不叫亩，也不称克，而叫"巴底"。所谓巴底，是一个可装7斤粮食的量器，以这种量器所装的种子来推算土地面积的大小。这是一种很不规则的度量，因为玉米、土豆、小麦的体积有大有小，有轻有重，间隔距离都不一样，是很难测量准确的。他们对于实物的计量也不用秤，而是使用量具。

1.9.3 夏尔巴人的节日

夏尔巴人的传统新年是在尼历11月1日。11月，尼语称"布素"，时间基本都与我们的元旦重合。樟木镇的夏尔巴人经常提及他们以前是在元旦过新年的。在口岸开放后，外来藏族增多的情况下，人们才开始庆祝藏历新年。被当地夏尔巴人认为传统文化保留最完好的立新村村民，最初对藏历新年还很淡漠，他们会同边境另一侧的夏尔巴人在"布素"时过自己的新年，同时会庆祝春节。如今在对待节日上也与藏族相同，渐渐淡化了自己的传统节日[2]。

尼泊尔半数以上人信仰印度教。牛在古印度被看作大地的化身，是丰饶、财富和自然生产力的象征，因而被印度教教徒视为"圣兽"。在尼泊尔一年四季各类杀生祭祀中，唯独牛不允许被杀害，否则被视作违法。每年8月，尼泊尔都会举行牛节游行，以示敬牛之意，沉浸在牛节的喜庆气氛中。樟木镇夏尔巴人在过去从事传统的农牧业时期，也会在周边尼泊尔牛节的气氛中同时庆祝该节日，夏尔巴人称为"丢尔类"。该节日并非夏尔巴传统节日，因夏尔巴牧民也比较珍视牛，所以也会偶尔庆祝这个节日，但边境开放后的几十年就几乎没有再举办。"丢尔类"在尼泊尔会持续很多天，举行完牛节之后还会有其他一系列与牛节相关的活动。

1.9.4 夏尔巴人的音乐与舞蹈

夏尔巴人能歌善舞，逢年过节或亲朋好友相聚，都是老少一边喝酒，一边唱歌跳舞，有时可通宵达旦。夏尔巴歌舞是夏尔巴人喜闻乐见的一种艺术形式，它风格独特、动作细腻、舞姿优美、歌声动听，服饰装扮别具一格（图1.3）。每当逢年过节和举行结婚典礼时，总是少不了歌与舞的陪伴。

图1.3 载歌载舞的夏尔巴人（摄影：高延超）

民间音乐是劳动人民自发进行的创作，主要借助口头形式在民间传播，在世世代代的传承过程中，经过无数代人的加工和改编，凝结着历代劳动人民集体的智慧。民间音乐兼具地域性、流传变异性、人民性以及多功能性等特征[25]。

夏尔巴人在保持原先藏族区域文化的基础上，又吸收融合了很多中、尼两国文化成分，形成了来自这3个部分糅合的夏尔巴文化，使夏尔巴人的语言、艺术、社会生活、生产、风俗习惯等各个方面形成了独有的特点。这种文化上的整合在夏尔巴人的音乐中留下了明显的痕迹。夏尔巴音乐中融会了尼泊尔的音乐和西藏自治区的藏族音乐及他们原先的传统康区音乐，这3种音乐经过长期的相互渗透、相互影响，加上与人为因素的有机结合，逐渐形成了一种既有3种音乐成分特点的并存，又不同于这3种音乐各自风格的独特音乐。这是夏尔巴人在特殊的地域、文化、生活环境中不断创新和艺术创作得到进一步完善和发展形成的，已成为夏尔巴人独有的音乐形态。夏尔巴音乐主要是民间音乐，还有少量的宗教寺院音乐。宗教寺院音乐与藏传佛教寺院音乐相同，但是在规模、数量上远不及藏传佛教寺院音乐。格曲在《夏尔巴人的音乐文化与艺术特点》[26]一文中提到，夏尔巴民间音乐分为民歌、器乐、歌舞音乐3个部分。民歌歌种分柴鲁、勒鲁（劳动歌）、羌赛鲁（婚礼歌）、夏尔巴鲁（夏尔巴小曲）、卓鲁（牧歌）、觉鲁（悲歌）等。器乐都属于单个演奏形式，分吹奏乐、弹拨乐、打击乐。吹奏乐有鲁姆（竖笛）、口琴。弹拨乐有扎念琴、嘎阿（口弦）。打击乐有达隆（长鼓）。鲁姆、嘎阿、达隆单独演奏；扎念琴、口琴主要用于歌舞伴奏，也可以单独演奏。歌舞音乐有霞布卓鲁（歌舞）、羌姆丫。

由于夏尔巴人口数量少，没有统一的文字，老一辈只能靠口传心授的方式来传承当地的民俗歌谣文化，导致民间器乐较少，而只有佛教寺庙有鼓、钹、铙等乐器，且主要用于寺院佛事活动和民俗宗教活动[25]。早期的夏尔巴歌舞表演的伴奏乐器是"卡旺"，即口弦琴。表演时，舞者左手拿口弦琴，把琴含在嘴里，用右手弹拨琴弦的同时以口型和呼吸来控制琴音的高低变化，边弹拨边舞蹈，所以口弦琴制约了舞者手的动作。现在不用口弦琴而用口琴来代替，有的地区也用扎念琴来伴奏，可最普遍的还是口琴，口弦琴基本上已失传[27]。

莫佳在《简述陈塘镇夏尔巴民间音乐》[25]一文中详细介绍了陈塘镇的民间歌曲。如文中所写：陈塘镇的民间歌曲的体裁形式比较单一，有赞颂歌、酒歌、山歌等。不同的生活情景有不同的歌曲形式，在节假日和亲朋好友欢聚时演唱酒歌和赞歌，人们在劳动时演唱山歌。这在一定程度上决定了陈塘镇夏尔巴民间歌曲的基本表现方法和艺术特征。如赞颂歌在节庆日、丰收时节、亲友欢聚时演唱，大多数赞颂歌的歌词内容以赞美大自然、赞美社会主义、赞美家乡为主；酒歌不受演唱形式的约束，一般比较自由，任何场景、任何时间都可以演唱，歌词内容大部分都是对幸福生活的赞美，少部分的酒歌伴有歌舞表演形式，大部分的酒歌是在客人面前表演歌舞和演唱，而演唱酒歌的形式是以客人次序从左至右，对客人的到来表示热情欢迎，也映射出夏尔巴人淳朴的生活作风。

在夏尔巴文化当中，除语言文字、饮食服装、宗教信仰等方面与藏族文化有着密切的关系外，文化艺术、民间文学、教育等方面也有许多相似之处。夏尔巴人能歌善舞，在日常生活中，不论是劳动、休息，还是逢年过节、婚丧嫁娶，甚至搬新家时都要唱歌跳舞。夏尔巴人的舞蹈吸收并改造了尼泊尔舞的一部分特色，种类很多，舞姿优美，跳舞时手脚、腰身和臀部动作灵活。夏尔巴民间歌曲用藏语演唱，在曲调上也与藏族歌曲区别不大。舞蹈亦是如此，特别是寺庙中的"切姆"舞与藏区寺庙跳的完全一样。最早研究夏尔巴民间舞蹈的是黄万黎，他在《夏尔巴人及其舞蹈》[28]一文中对夏尔巴民间舞蹈的3个基本动作进行了简单介绍：脚步如行走，右脚踏地重，左脚落地轻，有力平稳，节奏均匀；双手随着均匀的脚步左右甩动，身体随之而自然左右摇摆；轻轻扭腰甩臀胯。夏尔巴民间舞蹈具备一定的文学性，主要体现在以下方面：首先，夏尔巴民间舞蹈都具有民间故事的背景。夏尔巴人围在一起跳舞，而民间故事则为他们的舞蹈提供了一个背景。舞蹈本身是讲故事的一部分，通过舞蹈，尤其是戏剧性舞蹈，故事得以展开。其次，文学融合在舞蹈中。跳舞时，他们也会穿插讲述一些故事，吟咏《格萨尔王》等民间史诗，一边舞蹈，一边弹唱，实现了舞蹈和文学的完美融合。最后，舞蹈本身也具有叙事性和诗性，在传统文化中，还没有完全实现文学和艺术的分离，舞蹈本身与诗歌戏剧具有同构性、互文性，二者的艺术特征也十分相似。舞蹈是身体的诗歌，诗歌是语言的舞蹈。无论是夏尔巴人传统的文学故事，还是借用本地藏族的传统民间文学，都体现了夏尔巴民间舞蹈的文学性。夏尔巴歌舞表达出人们团结向上和对幸福美好生活的憧憬与向往，处处体现了对生活及大自然的热爱与赞美，是夏尔巴文化的象征和精髓。

1.9.5 夏尔巴人的游艺活动

夏尔巴人的游艺活动有射箭、掷骰子及"擦嘎""科比"等。射箭主要是男子的活动，以射远或射准作为评判胜负的标准。射箭多是在大型节日、聚会等场合举行。掷骰子游戏传自藏族，其规则和娱乐工具同藏族一样，只是名称叫法不同。同射箭活动在大型节庆场合举行不同的是，掷骰子随时随地都可进行，成为男子日常娱乐的主要形式。"擦嘎"游戏带有赌博性质，玩具为10个半边的干桃核，以抛出桃核的正反面计算胜负。"科比"似投壶，在前方放一个小筒，玩时用小硬币投掷，以投进筒为胜[15]。

随着经济的发展和生活条件的改善，如今夏尔巴人的娱乐活动远比过去丰富多彩，既保留了传统的娱乐趣味，又容纳了新的游艺方式。如人们在婚庆节日场合，既跳传统舞蹈，又跳现代交谊舞；既玩掷骰子、"擦嘎"，又打扑克、下棋；既围坐一起唱传统歌曲，又听录音机、收音机和看电视。他们还参加各种现代体育竞技运动，如登山、探险、赛跑、打球。人们可以根据自己的喜好和特点，选择各种竞技娱乐活动。夏尔巴，这一古老族群正焕发着勃勃生机，在世人面前展现出新的风采。

1.9.6 夏尔巴人的登山文化

1953年，艾德蒙·希拉里和丹增·诺盖站立在珠穆朗玛峰的峰顶，震惊了世界。但一个鲜为人知的事实是，如果没有夏尔巴人，人类是难以登上珠穆朗玛峰的。在每一拨珠峰探险队伍中，几乎都能看到夏尔巴人的身影。他们要么是给登山队员当向导，要么当助手或搬运工，一直默默无闻地担负着登山运动中最沉重的负荷。

每年5月的珠峰登山季，夏尔巴人以高山协作和高山向导的身份为攀登者提供服务，主要承担物资搬运、营地建设、路线保修、架设安全绳、带领攀登，还兼顾高山救援、高山摄像拍照、气象服务等。珠穆朗玛峰让世界认识了夏尔巴人。有关夏尔巴人登山文化的研究随着西方人士攀登珠峰而展开，前期研究的多为西方学者，其中美国学者谢丽·奥特纳是研究夏尔巴人登山文化的集大成者。从1966年到1990年，她多次前往尼泊尔境内的夏尔巴人村庄，从事田野调查研究，关注夏尔巴社会的政治、宗教及他们参与喜马拉雅登山运动之后的社会变迁。她的代表作有《珠穆朗玛峰上的生与死：夏尔巴人与喜马拉雅登山运动》《穿越仪式的夏尔巴人》《高原宗教：一部夏尔巴佛教的文化与政治史》。其中，在《珠穆朗玛峰上的生与死：夏尔巴人与喜马拉雅登山运动》中，谢丽·奥特纳探讨和分析了夏尔巴人与西方登山者之间关系的复杂变化，以及登山运动给夏尔巴社会所带来的文化变迁[29]。这引起了国内外学者的强烈反响。珠峰攀登的历史伴随着巨大风险和权力关系的持续运作，攀登珠峰之于西方登山者和夏尔巴人不仅是满足物质和文化的需求，更体现出一种强烈的生活目的和意图[30]。

参考文献

[1] 武保林，聂金甜. 夏尔巴人研究综述[J]. 西藏研究，2017(05)：29-34.

[2] 王思元. 藏边社会的族群关系与夏尔巴人族属认同[J]. 西藏民族大学学报(哲学社会科学版)，2018，39(05)：102-108，186.

[3] 向小雪，杜慧敏，宇克莉，等. 门巴族、珞巴族与夏尔巴人身体成分特点及比较[J]. 人类学学报，2021，40(01)：109-117.

[4] 瞿霭堂. 夏尔巴话的识别——卫藏方言的又一个新土语[J]. 语言研究，1992(02)：176-189.

[5] 切排,桑代吉.夏尔巴人的历史与现状调查[J].西北民族研究,2006(01):64-74,206.
[6] 侯朝阳.樟木秘境游中尼边陲的"夏尔巴部落"[J].资源与人居环境,2015(05):48-51.
[7] 贡波扎西.中尼边境夏尔巴人和四川松潘夏尔瓦人的民俗学对比研究[J].西华大学学报(哲学社会科学版),2011,30(04):41-46.
[8] 刘志群.夏尔巴人生活习俗及其婚俗[J].西藏民俗,2003(04):40-45.
[9] 刘洪记.夏尔巴习俗述略[J].中国藏学,1991(03):141-154.
[10] 央卓.夏尔巴人的宗教实践、社会结构与精神气质——对《通过仪式认识夏尔巴人》的讨论[J].青海民族研究,2021,32(01):108-114.
[11] 刘玉皓,马宁,尼卓嘎,等.传统沿袭与现代变迁:樟木夏尔巴人的婚俗调查[J].西藏民族大学学报(哲学社会科学版),2015,36(06):80-86,156.
[12] 唐荣尧.王族的背影[M].银川:宁夏人民出版社,2008:231.
[13] 熊庆元.做客夏尔巴人新村[J].晚霞,2016(09):18-19.
[14] 廖东凡.藏地风俗[M].北京:中国藏学出版社,2008:250-251.
[15] 陈立明,曹晓燕.西藏民俗文化[M].北京:中国藏学出版社,2010:207-423.
[16] 侯朝阳.樟木秘境的夏尔巴部落[J].丝绸之路,2015(21):51-53.
[17] 王思亓.跨界婚姻与"困境"的消解——基于中尼边境夏尔巴人的调查[J].西藏研究,2016(05):72-78.
[18] 王思亓.夏尔巴人"骨系"认同下的亲属网络与社会组织[J].广西民族大学学报(哲学社会科学版),2015,37(02):104-109.
[19] 张丽丽,卓玛.日喀则定结县陈塘镇夏尔巴人特色文化产业发展研究[J].西藏艺术研究,2018(01):70-74.
[20] 汪庆欢.夏尔巴民间舞蹈的传承研究[D].拉萨:西藏大学,2016.
[21] 姚兆麟.西藏民族志[M].北京:中国藏学出版社,2006:88-91.
[22] 唐荣尧.夏尔巴人的猜想[J].中国西藏(中文版),2006(06):34-37.
[23] 周健伟,林威,汤阳.藏在喜马拉雅山深处的"桃花源"——揭开西藏夏尔巴人的神秘面纱[J].家庭医药:快乐养生,2017(09):56-59.
[24] 范梵.寻访夏尔巴人的服饰[J].中国西藏(中文版),2014(03):64-69.
[25] 莫佳.简述陈塘镇夏尔巴民间音乐[J].西藏艺术研究,2016(04):10-14.
[26] 格曲,央金卓嘎.夏尔巴人的音乐文化与艺术特点[J].西藏艺术研究,2006(03):31-37.
[27] 张宗显.西藏民俗[M].兰州:甘肃人民出版社,2004:364-365.
[28] 黄万黎.夏尔巴人及其舞蹈[J].艺研动态,1987(04):24-27.
[29] 刘志扬.谢丽·奥特纳与《珠穆朗玛峰上的生与死:夏尔巴人与喜马拉雅登山运动》[J].西藏民族学院学报(哲学社会科学版),2014,35(02):81-85,156.
[30] 裴蓓.《进入空气稀薄地带》中登山者的伦理选择困境[J].外国文学研究,2020,42(06):73-84.

第2章 夏尔巴人的体质人类学研究

2.1 概述

2.1.1 体质人类学概述

体质人类学（physical anthropology），也称为"自然人类学"或"人体学"，是人类学的一个重要组成部分。它是研究人类群体体质特征及其形成和发展规律的一门科学。从狭义上来说，体质人类学是从生物和文化的视角来研究人体体质特征在时间上和空间上的变化及其发展规律的科学。体质人类学通过人类群体体质特征、结构的剖析来探讨人类自身的起源、分布、演化与发展，人种的形成及其类型特点，以及现代人种、种族、民族的分类等问题。

体质人类学的萌芽源于 16 世纪。1501 年，德国著名学者 Magnus Hundlt 发表的著作《人是万物之灵》中最早使用人类学这个名称，当时指的是人体解剖和人的生理研究[1]。Tyson 首先把解剖学知识运用到体质人类学，他于 1669 年论证了一种矮人（实际上是黑猩猩）是介于人和猴之间的一种过渡类型的生物。随后又把动物分类原则逐步应用到人的身上，从而出现了几种不同的人的分类体系。同时开展对人的进化的研究也是促进体质人类学发展的另一个重要因素。1830 年，在西亚塞西亚的库尔奥巴（Kuloba）开始进行考古发掘工作，大大推动了 19 世纪体质人类学的发展。1871 年，英国学者始将人类学中研究人类体质的领域称为体质人类学。早期的体质人类学研究仅限于认识人自身的身体构造、人体测量和人种划分。伴随考古学的发展和生物进化论的确立，人类在自然界的位置，人类自身的起源、进化、演变等问题成了关注的焦点。在很长一段时期里，人们对于人种体质特征的研究，一般仅限于对人的发色、发型、眼色、肤色、面部平度、鼻部形态、唇部厚度、头型、身高等外显的体征形态进行测量、分类和研究；20 世纪 80 年代以后，人们对人种体征的研究已深入遗传基因频率和生物化学等领域，并开始倾向于根据基因分布情况，把家庭、家族或其他一些地域性种群，而不是把种族当作具有研究意义的单位。

体质人类学，作为人类学的重要组成部分，不仅重视利用地下发掘的远古人类的化石来说明人类自身的起源和早期的发展，而且强调根据现有的人类群体（种族、民族）体质特征的比较研究来阐明他们的源流、社会文化特征等。同时，体质人类学的研究，为提高各民族的身体素质和健康水平提供了可靠的科学研究基础。现代体质人类学开始于19世纪上半期，自从达尔文《物种起源》于1859年发表后，进化论对体质人类学的发展产生巨大推动作用。达尔文的另一著作《人类的由来及性别选择》（*The Descent of Man and Selection in Relation to Sex*，1871）也是一本重要论著，第一次提出了有关人类起源的有科学根据的假说。1859—1900年，人类学者承认，人种发展进化的历史可追溯至几十万年以前，而不是像过去所想的只有几千年。20世纪早期，科学家揭示出遗传学上的各种原理和ABO血型，这有助于体质人类学者对不同人种之间的变异和差别进行研究，同时相对的和绝对的年代测定方法的发展，也使得人类学者能够确定人类化石和其他人造器物的年龄。

体质人类学的主要研究重点是人种进化的过程。这方面包括发现过去人类化石遗存并加以描述以及分析这些骨化石明显特点的重要意义。因为遗传物质是进化史高度可靠的"指示器"，所以对于不同人种之间和人类与其他动物之间的遗传密码、染色体、线粒体脱氧核糖核酸（mitochondrial DNA，mtDNA）进行比较分析，已证明在广泛的人类学研究领域是一项行之有效的新方法。体质人类学对于至少可以上溯200万年这一段时期内的人类体质方面的进化情况，提出了很多解释。

与体质人类学有密切关系的理论主要有细胞学说、生物进化论、遗传与变异理论、整体观、文化相对论以及心理学理论等，这些理论从各自不同的角度和观点中阐述了体质人类学的特点、本质及影响因素等。

中国体质人类学的学科体系主要研究人类的起源与进化、人类不同体质特征的形成与分布、社会文化对人类体质的影响、人体的结构与生理功能、人体测量、人类遗传与变异的规律等，主要涉及古人类学、人种学、人体形态学、人体测量学和人类遗传学5个部分[2]。

中国的人类学真正开始于19世纪和20世纪之交，由国外传入。黄新美编著的《体质人类学基础》，其定义为："体质人类学是研究人类体质及其类型在各历史阶段变化与发展的过程及其规律的科学，是由人及人种的形态学和生理学过渡活动的桥梁"[3]。庄孔韶主编的《人类学概论》提出，在体质人类学领域，纵向的研究是追溯人类作为一个物种的起源与进化过程；横向的研究则是探讨族群的多样性、人类生物性在不同环境下的适应与反应等，而无论是纵向的研究，还是横向的研究，都是从人的生物属性角度理解文化、环境、行为诸多因素对人类生物特性的塑造，以及人类生物属性进化和多样性对人类生活的影响[4]。

目前，我国体质人类学的研究主要以民族群体体质为主，学界专家已对多个族群的体质特征及遗传学指标进行过报道。

体质人类学的研究方法主要包括人体描述法和人体测量法。人体描述法是通过对人体各部位的形态观察来研究各时代、各地区人类体质的特征，如头发的形状、硬度和颜色，皮肤的颜色，虹膜的色彩，上眼睑皱褶和有无蒙古褶及其发育的程度，鼻根、鼻梁、鼻尖、鼻基底及鼻翼的外观特征，颧骨突出的程度和面部扁平的程度，嘴唇的厚度和前突程度，眉毛、胡须及体毛的发育状况，面部的轮廓，耳郭的特点及构成。人体测量法是体质人类学研究的重要工具，通过对人体整体测量和局部测量来探讨人体的特征、类型、变异和发展规律。它是应用某些仪器对人体各部位的尺寸和角度进行测量，如头的长度、宽度和高度，面的宽度和高度，眼、鼻、耳的长度和宽度，唇的厚度，口宽度和上唇高度，以及身高和体重，臂部、腿部及其各部分的长度、各部位的径长等[5]。另外还包括运用统计学方法、年代测定法、生理学方法及分子生物学方法等。

2010年席焕久等出版的《人体测量方法》[6]和1985年邵象清编写的《人体测量手册》[7]详细地介绍了人体头面部和体部的国际通用观察和测量标准。目前，我国学者基本按照这两本书中介绍的方法进行观察和测量。

2.1.2 夏尔巴人体质人类学概述

夏尔巴人以"雪山上的挑夫"著称，其主体部分居住在尼泊尔境内，约有4万人，而我国境内约有4600人。对夏尔巴人的体质特征的调查及报道在2016年之前尚属空白，除2016年7月天津师范大学生命科学学院、天津市动植物抗性重点实验室的体质人类学研究团队到西藏自治区定结县陈塘镇对182例夏尔巴人进行相关体质测量，得到一份样本量较大而数据较为全面、真实、可信的体质特征数据外，之前没有相关我国夏尔巴人体质特征的研究。该团队后期通过分析所得数据，将我国夏尔巴人的体质、体型特征与我国其他少数民族和未识别民族进行比较，了解我国夏尔巴人人群与我国其他人群之间体质、体型特征的异同，有助于探索我国夏尔巴人人群与我国其他人群的亲缘关系，为我国夏尔巴人的族源研究提供体质人类学方面的证据，并进一步丰富我国体质人类学数据库。

2.2 人体测量学指标

人体测量项目可分为头面部项目和体部项目，可以通过人体整体测量与局部测量来探讨人体的特征、类型、变异和发展。因为人体是一个统一的整体，头面部的变化与体部的变化也有其各自的规律，所以头面部与体部的发育应当是互相协调的，可能存在一定的相关性。研究头面部与体部多种测量指标之间的相关水平，是对人体形态特征之间本质联系的探索之一。

2.2.1 头面部测量

头面部测量指标是体质人类学指标中重要的一部分。头面部特征是人类学各人种进行分类的重要证据，在人类学的研究中被用作亲缘关系的证据[8]。国外学者早在20世纪30年代就开始对头面部体质特征进行研究。国内许多解剖学工作者对少数民族的头面部形态特征也进行了较多的研究。头面部的形态因为种族和性别的不同而存在着一定的差别，同时由于气候、地域等因素的影响，也存在着一些差异。潘雷认为，现代人群头面部表面积在全球范围内有纬度性变化，头面部的面积与纬度呈明显正相关，与温度呈明显负相关[9]。S. C. Leong 认为，不同种族人群的鼻腔比例确实不同。鼻腔的变异是由于人类对环境的适应[10]。气候变化和向农业生活方式的过渡被认为是影响人类颅面形态的主要因素[11]。H. J. Li 认为，下颌骨大小的减少可能与气候、饮食的变化及颅骨大小的变化有关[12]。吴秀杰等也认为，头骨缩小的原因与气候、环境及人们生活方式的改变有一定的关系[13]。因此，头面部体质特征的研究在人类测量学中是非常有意义的一项研究内容，同时可将其结果广泛应用于医学美容、法医学等一些特殊领域。

目前，头面部测量主要依照《人体测量方法》[6]和《人体测量手册》[7]所介绍的方法和国际通用标准，先确定准确的测点，再进行头面部指标的测量。

2.2.1.1 头面部主要测点

(1)头顶点(vertex，v)：头处于眼耳平面时，在正中矢状面上的头顶部最高点。

(2)额中点/额缝点(metopion，m)：左、右侧额结节最高点的连线与正中矢状面的交点即为额中点。

(3)前囟点(bregma，b/br)：颅骨冠状缝与矢状缝的交点。该点往往在正中矢状面额骨的后缘。若在前囟区有缝间骨出现，则可将由目测所得的两缝的主轴在前囟区缝间骨上的相交之点定为前囟点。有时可见此区的骨缝扭曲甚为明显，使前囟点偏离正中矢状面位置，这时以两缝的主要趋向，即由目测所得的两缝的主轴相交之点定为前囟点。

(4)发缘点/发际点(trichion，tr)：前额发际于正中矢状面的交点。秃顶者或发际特别高者，确定此测点较困难，一般可放弃。当发际中部有尖突时，确定此点不要受尖突的影响。

(5)眉间点(glabella,g)：两侧眉弓间的隆起部(眉间)在正中矢状面上(从侧面观察)向前最突出的一点。确定此点时，受试者头部必须保持在眼耳平面上。

(6)眉间上点(ophryon,on)：左、右眉毛上缘的切线与正中矢状面的交点。此测点通常位于眉间点上方数毫米处。

(7)鼻根点(nasion,n)：位于鼻的上部，为额鼻缝和正中矢状面的交点。通常位于鼻凹点上方数毫米处。确定方法：将拇指和示指按放在鼻根部(鼻背最凹处的稍上方)，用示指触摸鼻根外侧部的骨缝，然后由此横向正中线的部位可以探得此测点。

(8)鼻背点/鼻凹点(sellion,s/sl)：当头部处于眼耳平面时，鼻上端最凹陷处，即鼻背与前额转折处。注意：鼻凹点与鼻根点不同。

(9)鼻中点(midpoint of nose)：眼耳平面与鼻背在正中矢状面上的交点。

(10)鼻尖点(pronasale,prn)：头部固定于眼耳平面时，鼻尖向前最突出的一点。

(11)鼻下点(subnasale,sn)：在正中矢状面上，鼻中隔下缘与上唇皮肤部相接的最深点。

(12)鼻翼点(alare,al)：鼻翼最外侧点。

(13)龈点(prosthion,pro)：上颌左、右中切牙间的牙龈在正中矢状面上向下最突出的一点，较颅骨相同点约低1mm。测量时需翻开上唇。

(14)上唇点/上唇中点(labrale superius,ls)：上唇皮肤与黏膜缘(上红唇)交界线与正中矢状面的交点。

(15)口裂点(stomion,sto)：上、下唇正常闭合时，其闭合缝与正中矢状面相交之点。

(16)下唇点/下唇中点(labrale inferius,li)：下唇黏膜部(下红唇)下缘与正中矢状面交点。

(17)口角点(chelion,ch)：当口正常闭合时，在口裂的两侧外角，上、下唇移行部在外侧端相接之点。

(18)颏上点(supramentale,sm)：颏唇沟最深处与正中矢状面的交点。

(19)颏前点(pogonion,pg)：侧面观时下颏凸处最突出的点。

(20)颏下点(gnathion,gn)：头部固定于眼耳平面时，颏部在正中矢状面上的最低点。

(21)瞳孔点(pupilla)：瞳孔中心点。

(22)眼突点(eye protaberane)：闭目时眼凸处最突出的点。

(23)眼内角点(endocanthion,en)：眼正常开度时，上、下眼睑缘在眼内角的相接之点。通常位于泪阜的内侧。

（24）眼外角点（ectocanthion，ex）：眼正常开度时，上、下眼睑缘在眼外角的相接之处。注意：该点在眼巩膜的外侧角处，而不在眼外角皮肤皱褶处。

（25）眶下点（orbitale，or）：眶下缘最低点。常位于眶下缘外侧1/3段上。它是决定眼耳平面的基点之一。

（26）眶上缘间中点（supraorbitale，so）：左、右侧眶上缘最高点的连线与正中矢状面的交点。

（27）耳屏点（tragion，t）：耳屏上缘与前缘相交之点，为测量耳上头高和决定眼耳平面的交点。

（28）耳上附着点/耳根上点/耳上基点（otobasion superius，obs）：耳郭上缘附着于头侧部皮肤的一点，即耳郭基线的上端。在耳郭与头侧部皮肤之间的深凹上。

（29）耳下附着点/耳根下点/耳下基点（otobasion inferius，obi）：耳垂下缘附着于颊部皮肤的一点，即耳郭基线的下端。

（30）耳前点（preaurale，pra）：头部保持眼耳平面时，在耳根上点和耳根下点的连线上与耳后点等高的一点。

（31）耳后点（postaurale，pa）：头部保持眼耳平面时，耳郭后缘向后最突出之点。

（32）耳上点（superaurale，sa）：头部保持眼耳平面时，耳郭上缘最高的一点。

（33）耳下点（subaurale，sba）：头部保持眼耳平面时，耳垂最低的一点。

（34）耳结节点（tuberculare，tu）：耳郭上的达尔文结节，通常位于耳郭上缘和耳郭后缘的移行部稍下方，其大小因人而异。

（35）额颞点/颞嵴点（frontotemporale，ft）：额部两侧颞嵴之间距离最近之点，是颞嵴弧最向内侧的点。通常位于眉毛上外侧缘之上方，可用手指按、摸来确定。

（36）颧点（zygion，zy）：颧弓上向外侧最突出之点。一般在颊部的后外方，有时在接近外耳处。

（37）下颌角点（gonion，go）：下颌角向外、后方最突出的一点。

（38）乳突点（mastoideale，ms）：乳突外表上最低的一点。

（39）头侧点/颅侧点（euryon，eu）：头的两侧向外最突出之点。

（40）枕后点/头后点（opisthocranion，op）：头部在正中矢状面上向后最突出的一点，即离眉间点最远的一点。可由眉间点测量头长时求得。

（41）后头顶点（postvertex，pv）：在正中矢状面上，头顶点后，头顶部离颏下点(gn)最远的点。

(42)枕外隆凸点(inion，i)：位于枕外隆凸的尖端。枕外隆凸在正中矢状面上最突出之点。测量时可用手指按、摸来确定，若枕外隆凸很突出，则可取稍下之点，即向下转折处。

2.2.1.2　头面部的主要测量项目

(1)头最大长/头长(maximum head length/head length，g-op，马丁编号：1)：眉间点(g)至枕后点(op)的直线距离，用弯脚规测量。

(2)头最大宽/头宽(minimum head breadth/head breadth，eu-eu，马丁编号：3)：左、右头侧点(eu)之间的直线距离，用弯脚规测量。

(3)额最小宽(minimum frontal breadth，ft-ft，马丁编号：4)：左、右侧额颞点(ft)之间的直线距离，用弯脚规测量。先用指尖在颞线上探触额颞点，然后用弯脚规两脚的圆端轻轻接触这两点测量。

(4)两耳屏间宽/耳屏间宽(intertragial breadth，t-t，马丁编号：5)：左、右侧耳屏点(t)之间的直线距离，用弯脚规测量。

(5)面宽(face breadth，zy-zy，马丁编号：6)：左、右侧颧点(zy)之间的直线距离，用弯脚规测量。

(6)两下颌角间宽/下颌角间宽(bigonial breadth，go-go，马丁编号：8)：左、右侧下颌角点(go)之间的直线距离，用弯脚规测量。

(7)眼内角间宽/两眼内宽(interocular brerdth/inter-canthic diameter，en-en，马丁编号：9)：左、右侧眼内角点(en)之间的直线距离，用直脚规测量。测量时，受试者会不断眨眼，应在受试者张开眼直视正前方时测量。

(8)眼外角间宽/两眼外宽(external biocular breadth/extra-canthic diameter，ex-ex，马丁编号：10)：左、右侧眼外角点(ex)之间的直线距离，用直脚规测量，钝脚朝上，尖脚朝下，以免刺伤眼睛。

(9)鼻宽(nose breadth，a-a，马丁编号：13)：左、右侧鼻翼点(al)之间的直线距离，用直脚规测量。注意应在自然闭口的状态下测量。

(10)口宽/口裂宽(mouth breadth，ch-ch，马丁编号：14)：左、右侧口角点(ch)之间的直线距离，用直脚规测量。注意应在自然闭口的状态下测量。

(11)眼裂宽(eye slit breadth，en-ex，马丁编号：11a)：同一眼的眼外角点(ex)与眼内角点(en)之间的直线距离，用直脚规测量。

(12)瞳孔间距(interpupillary distance，马丁编号：12)：两眼正视前方时，左、右瞳孔中心之间的直线距离，用直脚规或瞳孔测量器测量。测量时让受试者直视正前方的远处。

(13)头耳高/耳上头高(auricular height/vertex to tragion height，马丁编号：15)：头部固定于眼耳平面时，自头顶点(v)至眼耳平面的垂直距离。用带耳高针的活动直脚规测量或用间接法由身高减去耳屏点高。

(14)容貌面长Ⅰ/容貌面高Ⅰ(physiognomic facial lengthⅠ/physiognomic facial heightⅠ，tr-gn，马丁编号：17)：发缘点(tr)至颏下点(gn)的直线距离。用直脚规或弯脚规测量。要求被测者牙齿咬合。仅对头发生长正常的个体进行测量，头顶无发际痕迹者不可测量。

(15)眉间点-枕外隆凸点长(glabella to inion distance，glabella-inion line)：眉间点(g)至枕外隆凸点(i)的直线距离(g-i)，用弯脚规测量。

(16)头后点-鼻尖点长(pronasale to opisthocranion distance)：头后点(op)至鼻尖点(prn)的直线距离(op-prn)，用弯脚规测量。

(17)形态面长/形态面高(morphological facial height，n-gn，马丁编号：18)：鼻根点(n)至颏下点(gn)的直线距离，用直脚规测量。

(18)形态上面长/形态上面高(morphological upper facial height，n-pr，马丁编号：20)：鼻根点(n)至龈点(pr)的直线距离，用直脚规测量。

(19)容貌上面高(physiognomic upper facial height，n-sto，马丁编号：19)：鼻根点(n)至口裂点(sto)的直线距离，用直脚规测量。

(20)鼻高(nasal height，n-sn，马丁编号：21)：鼻根点(n)至鼻下点(sn)的直线距离，用直脚规测量。

(21)鼻深(nasal depth，sn-prn，马丁编号：22)：鼻下点(sn)至鼻尖点(prn)的连线在眼耳平面的投影距离，用直脚规测量。

(22)鼻长(nasal length，n-prn，马丁编号：23)：鼻根点(n)至鼻尖点(prn)的直线距离，用直脚规测量。

(23)头全高(total height of head，马丁编号：16)：头部固定于眼耳平面时，自头顶点(v)至颏下点(gn)的直线在冠状面上的投影距离。用圆杆直脚规测量。测量者位于受试者的右侧。测量时注意圆杆直脚规的圆杆中轴应与眼耳平面垂直。受试者牙齿咬合。

(24)唇高(lip height，ls-li，马丁编号：25)：上唇点(ls)至下唇点(li)的直线距离，用直脚规测量。

(25)全上唇高(total upper lip height，sn-sto，马丁编号：26)：鼻下点(sn)至口裂点(sto)的直线距离，用直脚规测量。

(26)上唇皮肤高(upper lip skin height，sn-ls)：鼻下点(sn)至上唇点(ls)之间的直线距离，用直脚规测量。

(27)全下唇高(total lower lip height，sto-sm，马丁编号：27)：口裂点

(sto)至颏上点(sm)的直线距离,用直脚规测量。

(28)容貌额高(physiognomic frontal height,tr-n,马丁编号:24):发缘点(tr)至鼻根点(n)的直线在矢状面上的投影距离,用活动直脚规测量。要求受试者牙齿咬合。

(29)耳基部长/形态耳宽(morphological ear breadth,obs-obi):耳根上点(obs)至耳根下点(obi)的直线距离,用直脚规测量。

(30)容貌耳长(physiognomic ear length,sa-sba,马丁编号:29):耳上点(sa)至耳下点(sba)的直线距离,用直脚规测量。

(31)容貌耳宽(physiognomic ear breadth,pra-pa,马丁编号:30):耳前点(pra)至耳后点(pa)的直线距离,用直脚规测量。

(32)形态耳长(morphological ear length):耳结节(达尔文结节)点(tu)至耳屏上方耳前切迹凹陷部最深点(位于耳屏点的稍后方)之间的直线距离,用直脚规测量。

(33)头矢状弧长(head sagittal arc,n-i,马丁编号:48):在正中矢状面自鼻根点(n)至枕外隆凸点(i)的弧长,在正中矢状面上,用软尺测量。

(34)头冠状弧长(transverse arc,t-t,马丁编号:49):两侧耳屏点(t)之间经过头顶点的弧线长,与眼耳平面垂直,用软尺测量。

(35)头围/头水平围(head circumference/horizontal or maximum circumference,马丁编号:45):左手将软尺的零点置于眉间点(g)上,右手将软尺从头的左侧绕经枕后点(op),然后转向头的右侧回至眉间点。软尺应紧贴皮肤,有头发的部分稍压紧,女性须散开发辫。

2.2.2 体部测量

体部形态学指标是人体测量学的主要研究内容。体部指标多为骨性指标,分别从重量、长度、宽度、高度等方面来反映人的体部特征,研究人的生长发育状况、体型、肥胖等[14]。影响体部发育的因素很多,遗传因素、环境因素、营养水平、劳作强度、生理因素(如激素水平)都会影响人的体部发育[15]。目前体部测量主要依照的是《人体测量方法》[6]和《人体测量手册》[7]所介绍的方法和国际通用标准,首先确定准确的测点,其次进行头面部指标的测量。

2.2.2.1 体部的主要测点

(1)喉结节点(larynx point,lar):在正中矢状面上,喉结节向前最突出的一点。

(2)颈窝点(fossa jugularis point,fj):左、右侧锁骨胸骨端上缘的连线与正中矢状面的交点。

(3)胸上点/胸骨上点(suprasternale，sst)：胸骨柄上缘颈静脉切迹与正中矢状面的交点。

(4)胸中点/胸骨中点(mesosternale，mst)：左、右第4胸肋关节上缘的连线与正中矢状面的交点，用于测量胸深、胸围等。

(5)胸下点(substernale，sust)：胸骨体下缘(与剑突相连的部位)与正中矢状面的交点。在胸骨体与剑突连线处的下方的三角形凹陷中甚易触及此测点。

(6)脐点(omphalion，om)：脐的中心点。

(7)耻骨联合点(symphysion，sy)：耻骨联合上缘与正中矢状面相交之点。

(8)会阴点(perineum point，pe)：两侧坐骨结节最下点的连线与正中矢状面的交点。受试者两腿稍分开站立。

(9)颈椎点/颈点(cervicale，c)：第7颈椎棘突尖端的点。请受试者头部前屈，此时所见项部的隆起即为第7颈椎棘突的尖端。

(10)肩端点(shoulder tip)：锁骨与肩胛冈相连接部位向上的最高点。

(11)肩峰点(acromion，a/ac)：肩胛骨的肩峰外侧缘上，向外最突出的一点。

(12)肩外侧点(lateral shoulder point)：肩胛冈外侧面最突出的点。

(13)锁骨点(clavicular point)：锁骨凸处最突出的点。

(14)乳头点(thelion，th)：乳头的中心点。仅在儿童、男性和乳房不下垂的女性确定此测点。

(15)腋窝前点(anterior armpit point，aap)：在腋窝前襞上端，胸大肌附着部的最下端之点。上臂下垂时，在腋窝部水平地插入一根细木棒，很易确定此测点。

(16)腋窝后点(posterior armpit point，pap)：在腋窝后襞上端，大圆肌附着部的最下端之点。上臂下垂时，在腋窝部水平地插入一根细木棒，很易确定此测点。

(17)肩胛骨下角点(angulus inferior scapulae point，ais)：肩胛骨下角的最下点。

(18)腰节点(waist point)：在腋中线上，髂嵴上缘与肋骨下缘之间的中点。在水平面上，两侧腰节点围成的线称为腰节线。

(19)腰点(lumbale，lu)：第5腰椎棘突尖端的点。

(20)桡骨点(radiale，r)：桡骨头上缘的最高点。

(21)髂嵴点(iliocristale，ic)：髂嵴向外最突出之点。

(22)大转子点(trochanterion，tro)：股骨大转子最高的一点。

(23)肘点/肘尖点(olecranon，ole)：尺骨鹰嘴在肘背侧面的最突出之点。

(24)桡骨茎突点(stylion radiale，sty.r)：上肢下垂时桡骨茎突最下点。

(25)桡侧掌骨点(metacarpale radiale，mr)：第2掌骨头向桡侧最突出的一点，通常位于第2掌指关节的近侧端数毫米处。

(26)尺侧掌骨点(metacarpale ulnare，mu)：第5掌骨头向尺侧最突出的一点。

(27)指尖点(dactylion，da)：中指尖端最向下的一点，也称为中指指尖点。

(28)髂前上棘点(iliospinale anterius，is.a)：髂骨的髂前上棘向前最突出的一点。

(29)胫骨上点(tibiale，ti)：胫骨内髁的内侧缘最高之点。

(30)内踝下点(sphyrion，sphy)：胫骨内踝尖端最向下方的一点。

(31)足跟点(pternion，pte)：脚长轴在矢状方向时，足跟最向后突出之点。

(31)胫侧(内侧)跖骨点(metatarsale tibiale，mt.t)：直立时，第1跖骨头向内侧最突出的一点。

(33)腓侧(外侧)跖骨点(metatarsale fibulare，mt.f)：直立时，第5跖骨头向外侧最突出的一点。

(34)趾尖点(akropodion，ap)：直立时，足尖向前方最突出的一点。常在拇指或第2趾。

2.2.2.2 体部的主要测量项目

(1)身高(含婴儿躺长，stature，马丁编号：1)：头顶点(v)至地面的垂直距离，用人体测高仪测量。3岁以下幼儿采用卧姿(仰卧在测量板上)测量。新生儿刚出生时关节松弛，应在出生24小时以后测量。身高分型见表2.1。

(2)指距(arm span，马丁编号：7)：两臂向侧前方用力平伸时，左、右指尖点之间的直线距离。用人体测高仪测量。

(3)耳屏点高(tragion height，马丁编号：2)：耳屏点(t)至地面的垂直距离，用人体测高仪测量。

(4)颏下点高〔gnathion height，马丁编号：3(1)〕：颏下点(gn)至地面的垂直距离，用人体测高仪测量。

(5)胸上点高/胸上缘高(suprasternal height，马丁编号：4)：胸骨上点(sst)至地面的垂直距离。一般在测量身高之后便可继续进行本项测量，这样不必移动人体测量仪，只要调节滑座上的直尺即可。

(6)肩高/肩峰点高(acromion height，马丁编号：8)：肩峰点(a)至地面的垂直距离。测量时将人体测高仪置于受试者上肢的前方且与身体长轴平行。测量者以左手固定受试者的上肢,以右手移动管形尺框,将直尺的尖端触及肩峰点。测量时受试者肩部不可倾斜。

表 2.1 身高分型　　　　　　　　　　　　　　　　　　单位：mm

型别	高度	
	男	女
很矮	$X-1499$	$X-1399$
矮	1500—1599	1400—1489
亚中等	1600—1639	1490—1529
中等	1640—1669	1530—1559
超中等	1670—1699	1560—1589
高	1700—1799	1590—1679
很高	$1800-X$	$1680-X$

(7)桡骨点高/桡骨头高(radius height,马丁编号:9):桡骨点(r)至地面的垂直距离,用人体测高仪测量。

(8)桡骨茎突点高(radiale styloin height,马丁编号:10):桡骨茎突点(sty.r)至地面的垂直距离,用人体测高仪测量。

(9)中指指尖点高(middle finger tip height,马丁编号:11):中指指尖点(daⅢ)至地面的垂直距离,用人体测高仪测量。测量时请受试者的上肢保持自然下垂的位置,注意肩部不可有任何的倾斜。

(10)髂嵴点高/髂嵴高(height of iliac crest,马丁编号:12):髂嵴点(ic)至地面的垂直距离,用人体测高仪测量。

(11)髂前上棘点高/髂前上棘高(iliospinale anterior height,马丁编号:13):髂前上棘点(is.a)至地面的垂直距离,用人体测高仪测量。

(12)胫骨点高/胫骨上点高(tibial height,马丁编号:15):胫骨上点(ti)至地面的垂直距离,用人体测高仪测量。

(13)内踝高/内踝下点高/足高(height of foot,马丁编号:16):内踝下点(sphy)至地面的垂直距离,用直脚规测量。受试者取立姿,测量者采取下蹲姿势,将直脚规置于受试者右脚内踝一侧,移动尺框,使活动量脚端点与内踝点相接触,测量从内踝点至地面的垂距。

(14)颈椎点高/颈点高(cervicale height,马丁编号:19):颈点(c)至地面的垂直距离,用人体测高仪测量。

(15)坐高(sitting height，马丁编号：23)：头顶点(v)至椅面的垂直距离，用坐高椅及人体测高仪测量。受试者采用坐姿，测量者站在受试者的右侧，将人体测高仪置于受试者后方的椅面上，再将活动尺座上的直尺轻轻地沿主尺尺杆下滑，轻压在受试者的头顶上。此时，在管形尺框的小窗上缘即可读出坐高的数值。测量时，受试者骶部紧靠坐高椅背坐直，然后才可测量。

(16)躯干前高/坐姿胸骨上缘点高(height of suprasternal notch above sitting plane，马丁编号：25)：胸骨上点(sst)到水平坐面的高度。受试者采取的姿势与测量仪器均与测坐高的相同。

(17)坐姿颈点高/躯干后高/坐姿颈椎点高〔height of cervicale above sitting plane，马丁编号：25(2)〕：颈点(c)至水平坐面的高度。受试者采取的姿势与测量仪器均与坐高同。

(18)肩宽(shoulder breadth，a-a，马丁编号：35)：左、右肩峰点(a)之间的直线距离，用圆杆直脚规或大型弯脚规测量。测量时受试者挺胸、直立、肩部放松，但不可向前倾斜。

(19)肩最大宽(maximum shoulder breadth，马丁编号：35b)：左、右三角肌部位向外侧最突出点之间的横向水平直线距离，用圆杆直脚规测量。

(20)胸中宽/胸宽/胸宽Ⅰ(middle chest breadth/chest breadth Ⅰ，马丁编号：36)：在胸中点(mst)的水平面上，胸廓两侧向外侧最突出点之间的横向直线距离，用圆杆直脚规测量。在平静呼吸呼气之末、吸气未开始时测量。测量时圆杆直脚规应在胸壁前面保持水平。

(21)胸深Ⅰ/胸部矢状径Ⅰ(sagittal chest depth Ⅰ，马丁编号：37)：在胸部正中矢状面上，胸中点(mst)至胸椎棘突间的水平直线距离。用大型弯脚规或圆杆弯脚规测量。在平静呼吸时测量，受试者的上肢应轻轻地贴附躯干部。注意圆杆弯脚规的主尺杆应保持水平。

(22)立位臀宽(breadth of hip)：站立时臀部的最大宽度，用圆杆直脚规测量。

(23)骨盆宽/髂嵴间宽/腹宽(crista iliaca breadth/abdominal breadth，马丁编号：40)：左、右髂嵴点(ic)之间的直线距离。用圆杆直脚规或大弯脚规测量。

(24)髂前上棘间宽/髂前棘间宽(spinal breadth)：左、右髂前上棘点(is.a)之间的直线距离，用圆杆直脚规或大弯脚规测量。

(25)上肢长/上肢全长(upper extremity length，a-da，马丁编号：45)：

直接法：肩峰点(a)至中指指尖点(da Ⅲ)的直线距离，用圆杆直脚规测量。受试者自然站立，上肢下垂，手指并拢。测量者站在受试者的右方，圆杆直脚规固定尺座上的直尺抵住肩峰点，活动尺座上的直尺抵及中指指尖点；然后读数。

间接法：右肩峰点高减去右中指指尖高即为上肢长。

(26)全臂长(total arm length，a-sty，马丁编号：46)：

直接法：自肩峰点(a)至桡骨茎突点(sty.r)的直线距离，用圆杆直脚规测量。

间接法：右肩峰点高减去右桡骨茎突点高等于全臂长。

(27)上臂长(upper arm length，a-r，马丁编号：47)：

直接法：自肩峰点(a)至桡骨点(r)的直线距离，用圆杆直脚规测量。

间接法：右肩峰点高减去桡骨点高等于上臂长。

(28)前臂长(forearm length，r-sty，马丁编号：48)：

直接法：自桡骨点(r)至桡骨茎突点(sty.r)的直线距离，用圆杆直脚规测量。

间接法：桡骨点高减去桡骨茎突点高等于前臂长。

(29)手长(hand length，sty-da Ⅲ，马丁编号：49)：

直接法：受试者手心朝上，五指并拢，桡骨茎突点(sty.r)和尺骨茎突点(sty.u)在掌侧面连线的中点(此点大致相当于腕关节远侧腕横纹中点)至中指指尖点的距离(da Ⅲ)的直线距离，用直脚规测量。

间接法：桡骨茎突点高减去中指指尖点高。

(30)手宽(hand breadth at metacarpal，mr-mu，马丁编号：52)：受试者手指并拢，自桡侧掌骨点(mr)至尺侧掌骨点(mu)的直线距离，用直脚规测量。

(31)下肢全长/下肢长(lower extremity length，马丁编号：53)：下肢长的测量方法有多种，常用的有7种：①以髂前上棘高度作为下肢长；②以耻骨联合高作为下肢长；③会阴高+90mm；④大转子高+23mm；⑤耻骨联合高+35mm；⑥耻骨联合高+$\frac{身高 \times 70}{33 \times 100}$；⑦髂前上棘高减去适当数值。身高在130cm以下的，应减去15mm；在131—150cm的，应减去20mm；在151—165cm的，应减去30mm，在166—175cm的，应减去40mm；在176cm以上的，应减去50mm。

(32)全腿长(total leg length，马丁编号：54)：

全腿长=(髂前上棘高-内踝点高)×$(1-\frac{4}{100})$

全腿长=(耻骨联合高-内踝点高)×$(1+\frac{5}{100})$

(33)大腿长(thigh of thigh，马丁编号：55)：

直接法：髂前上棘点至胫骨点的直线距离减去40mm。用圆杆直脚规测量。

间接法：大腿长＝（髂前上棘点高－胫骨上点高）×$(1-\frac{7}{100})$

(34) 小腿长 (leg length，马丁编号：56)：

直接法：胫骨上点 (ti) 至内踝下点 (sphy) 的直线距离，用圆杆直脚规测量。

间接法：胫骨上点高减去内踝下点高。

(35) 足长 (foot length，pte - ap，马丁编号：58)：足跟点 (pte) 至趾尖点 (ap) 的最大直线距离，用测骨盘或直脚规测量。测量时受试者端坐在木凳上，伸出右脚，踩在测骨盘中；足跟紧靠测骨盘的横壁，脚底平贴于玻璃板上，脚的外侧缘紧靠纵壁，注意使脚的纵轴与纵壁平行；然后用角板触靠在脚趾尖点上，测出足跟点与趾尖点之间的直线距离。

(36) 足宽 (foot breadth，mt. t - mt. f，马丁编号：59)：胫侧跖骨点 (mt. t) 至腓侧跖骨点 (mt. f) 的直线距离。用测骨盘或直脚规测量。左、右足均应测量。测量时足的位置应与测足长时相同，角板抵靠在足的胫侧跖骨点（或腓侧跖骨点）上，即可测得足宽。

(37) 胸围Ⅲ/平静胸围 (chest circumference Ⅲ，马丁编号：61)：平静呼吸时，经乳头点 (th) 的胸部水平围长，用软尺测量。如果女性受试者的乳房较大或下垂，测量时可把软尺放得高一些，以避免膨隆的乳房影响测得的数值。

(38) 腰围 (waist circumference，马丁编号：62)：经脐部中心的水平围长，或肋最低点与髂嵴上缘两水平线间中点线的围长，用软尺测量，在呼气之末、吸气未开始时测量。

(39) 颈围Ⅰ (neck girth Ⅰ，马丁编号：63)：在喉结紧下方的颈部水平围长，用软尺测量。

(40) 颈围Ⅱ (neck girth Ⅱ)：经喉结节点 (lar) 的颈部水平围长，用软尺测量。

(41) 上臂围 (biceps circumference，马丁编号：65)：上肢自然下垂，肌肉放松，在肱二头肌最突出部测得的上臂水平围长，用软尺测量。

(42) 前臂围/前臂最大围 (maximum forearm circumference，马丁编号：66)：上肢自然下垂时，在肘关节稍下方、前臂最粗处的水平围长，用软尺测量。测量时注意不可握拳。

(43) 腕围 (girth of wrist/wrist circumference，马丁编号：67)：茎突与手之间最细处的水平周长。受试者前臂肌肉松弛，用软尺测量。

(44) 大腿围/大腿最大围 (thigh circumference/maximum thigh circumference，马丁编号：68)：大腿内侧肌肉最膨隆处的水平周长或经臀股沟点的大腿水平围长。受试者两腿分开，两脚相距 5—10cm，用软尺测量。

(45)小腿围/小腿最大围/腿肚围(calf circumference，马丁编号：69)：小腿最粗处的水平周长。受试者站立，用软尺测量。

(46)踝上围/小腿最小围(ankle circumference)：在胫骨内踝上方，小腿最细处的水平围长，用软尺测量。

(47)上臂最大围(maximum biceps circumference)：握拳用力屈肘，使肱二头肌做最大收缩时，肱二头肌最膨隆部的围长，用软尺测量。

(48)上臂最小围(minimum biceps circumference)：上臂最细处的水平围长，用软尺测量。

(49)腹围(abdominal circumference)：经髂嵴点(ic)的腹部水平围长。在呼气之末、吸气未开始时测量，用软尺测量。

(50)臀围(hip circumference)：臀部向后最突出部位的水平围长，用软尺测量。

(51)肱骨内外上髁间径(biepicondylar breadth of humerus)：肱骨内上髁与外上髁之间的直线距离。受试者取坐姿，臂与前臂呈直角，用弯脚规测量。

(52)股骨内外上髁间径(biepicondylar breadth of femur)：股骨内上髁与外上髁之间的直线距离，用弯脚规测量。受试者取坐姿大腿与小腿呈直角。

(53)体重(body weight)：要求测前需排空大、小便，受试者自然站立在称台中央，体重均匀分布于两足。要脱鞋、上衣和长裤，因此，冬季测量体重的室内必须有暖气设备。

2.2.3 头面部指数及分型

体质测量指数的派生指数反映了两项或多项测量指标之间的相对关系，能较准确、形象地定量分析人体形态的特征。

2.2.3.1 头长宽指数

$$头长宽指数或头指数 = \frac{头宽或最大宽(eu-eu)}{头长或最大长(g-op)} \times 100$$

头长宽指数(cephalic index, length-breath index of head)分型见表2.2。

2.2.3.2 头长高指数/耳高指数

$$头长高指数 = \frac{耳上头高}{头长或最大长(g-op)} \times 100$$

头长高指数(length-height index of head)分型见表2.3。

表 2.2 头长宽指数分型

型别	指数
特长头型	X—70.9
长头型	71.0—75.9
中头型	76.0—80.9
圆头型	81.0—85.4
特圆头型	85.5—90.9
超圆头型	91.0—X

表 2.3 头长高指数分型

型别	指数
低头型	X—57.6
正头型	57.7—62.5
高头型	62.6—X

2.2.3.3 头宽高指数/耳高指数

$$头宽高指数 = \frac{耳上头高}{头宽或最大宽(eu-eu)} \times 100$$

头宽高指数(breadth-height index of head)分型见表 2.4。

表 2.4 头宽高指数分型

型别	指数
阔头型	X—78.9
中头型	79.0—84.9
狭头型	85.0—X

2.2.3.4 容貌面指数

$$容貌面指数 = \frac{容貌面高\text{I}(tr-gn)}{面宽(zy-zy)} \times 100$$

容貌面指数(physiognomic facial index)表示面部容貌的长宽关系。此值越小,则面部越短。

2.2.3.5　形态面指数

$$形态面指数 = \frac{形态面高(n-gn)}{面宽(zy-zy)} \times 100$$

形态面指数（morphological facial index）分型见表2.5。

表 2.5　形态面指数分型

型别	指数	
	男	女
超阔面型	X—78.9	X—76.9
阔面型	79.0—83.9	77.0—80.9
中面型	84.0—87.9	81.0—84.9
狭面型	88.0—92.9	85.0—89.9
超狭面型	93.0—X	90.0—X

2.2.3.6　形态上面指数

$$形态上面指数 = \frac{形态上面高(n-pr)}{面宽(zy-zy)} \times 100$$

形态上面指数（morphological upper facial index）分型见表2.6。

表 2.6　形态上面指数分型

型别	指数
超阔上面型	X—42.9
阔上面型	43.0—47.9
中上面型	48.0—52.9
狭上面型	53.0—56.9
超狭上面型	57.0—X

2.2.3.7　头面宽指数/头面横指数

$$头面宽指数(transverse\ cephalon-facial\ index) = \frac{面宽(zy-zy)}{头宽或最大宽(eu-eu)} \times 100$$

2.2.3.8 头面高指数/头面垂直指数

头面高指数（vertical cephalon-facial index）$=\dfrac{\text{形态面高(n-gn)}}{\text{耳上头高}}\times 100$

2.2.3.9 鼻指数/鼻宽高指数

鼻指数$=\dfrac{\text{鼻宽(al-al)}}{\text{鼻高(n-sn)}}\times 100$

鼻指数/鼻宽高指数（nasal index/height-breadth index of nose）分型见表2.7。

表 2.7 鼻指数分型

型别	指数
特狭鼻型	X—39.9
超狭鼻型	40.0—54.9
狭鼻型	55.0—69.9
中鼻型	70.0—84.9
阔鼻型	85.0—99.9
超阔鼻型	100.0—114.9
特阔鼻型	115.0—X

2.2.3.10 鼻宽深指数/鼻深指数

鼻宽深指数（breadth-depth index of nose）$=\dfrac{\text{鼻深(sn-prn)}}{\text{鼻宽(al-al)}}\times 100$

2.2.3.11 唇指数/口指数

唇指数/口指数（lip index/oral index）$=\dfrac{\text{唇高(ls-li)}}{\text{口宽(ch-ch)}}\times 100$

2.2.3.12 容貌耳指数

容貌耳指数（physiognomic index of ear）$=\dfrac{\text{容貌耳宽(pra-pa)}}{\text{容貌耳长(sa-sba)}}\times 100$

2.2.3.13 形态耳指数

$$形态耳指数(\text{morphological ear index}) = \frac{形态耳宽(\text{obs}-\text{obi})}{形态耳长(\text{t}-\text{tu})} \times 100$$

2.2.4 体部指数及分型

2.2.4.1 标准指数

在体部测量中可采用两种以上的测量值组成各种不同的指数,以表示身体各部分的比例和形状特征。

$$标准指数\ a = \frac{身体各部任何测量值}{身高} \times 100$$

$$标准指数\ b = \frac{身体各部任何测量值}{躯干高(\text{sst}-\text{sy})} \times 100$$

为了比较,身体各部任何一项测量值均可分别与身高值或躯干高值组成比例,故上述两指数被称为标准指数。

2.2.4.2 全肢-肢段长度指数

$$全肢\text{-}肢段长度指数(\text{ganze estremitat die einzelnen abschnitte der extremitaten - index}) = \frac{肢段长}{全肢长} \times 100$$

2.2.4.3 上前臂长度指数

$$上前臂长度指数(\text{brachial index}) = \frac{前臂长}{上臂长} \times 100$$

2.2.4.4 手长宽指数

$$手长宽指数(\text{hand index}) = \frac{手宽}{手长} \times 100$$

2.2.4.5 大小腿长度指数

$$大小腿长度指数(\text{femoro - tibial index}) = \frac{小腿长}{大腿长} \times 100$$

2.2.4.6 足长宽指数

$$足长宽指数(\text{foot index}) = \frac{足宽}{足长} \times 100$$

2.2.4.7　大腿上臂长度指数

$$\text{大腿上臂长度指数}(\text{femoro-humeral index}) = \frac{\text{上臂长}}{\text{大腿长}} \times 100$$

2.2.4.8　小腿前臂长度指数

$$\text{小腿前臂长度指数}(\text{tibio-radial index}) = \frac{\text{前臂长}}{\text{小腿长}} \times 100$$

2.2.4.9　臂围度指数

$$\text{臂围度指数}(\text{arm girth index}) = \frac{\text{上臂最大围}}{\text{前臂围}} \times 100$$

2.2.4.10　前臂围度指数

$$\text{前臂围度指数}(\text{forearm girth index}) = \frac{\text{前臂最小围}}{\text{前臂围}} \times 100$$

2.2.4.11　大小腿围度指数

$$\text{大小腿围度指数}(\text{leg girth index}) = \frac{\text{小腿围}}{\text{大腿围}} \times 100$$

2.2.4.12　小腿围度指数

$$\text{小腿围度指数}(\text{lower leg girth index}) = \frac{\text{小腿最小围}}{\text{小腿围}} \times 100$$

2.2.4.13　躯干宽指数

$$\text{躯干宽指数}(\text{trunk breadth index}) = \frac{\text{大转子间宽}}{\text{肩宽}} \times 100$$

2.2.4.14　髋宽指数

$$\text{髋宽指数}(\text{huftbreiten-index}) = \frac{\text{髂嵴间宽}}{\text{大转子间宽}} \times 100$$

2.2.4.15　胸廓指数

$$\text{胸廓指数}(\text{thoracic index}) = \frac{\text{胸廓矢状径}}{\text{胸廓横径}} \times 100$$

2.2.4.16 胸廓宽指数

胸廓宽指数(thoracic breadth index) $= \dfrac{胸廓横径}{躯干长} \times 100$

2.2.4.17 马氏躯干腿长指数

马氏躯干腿长指数 $= \dfrac{下肢长(身高-坐高)}{坐高} \times 100$

马氏躯干腿长指数(Manouvrier's skelic index)分型，见表2.8。

表2.8 马氏躯干腿长指数分型

型别	指数
超短腿型	X—74.9
短腿型	75.0—79.9
亚短腿型	80.0—84.9
中腿型	85.0—89.9
亚长腿型	90.0—94.9
长腿型	95.0—99.9
超长腿型	100.0—X

2.2.4.18 罗氏指数

罗氏指数 $= \dfrac{体重(g)}{[身高(cm)]^3}$

罗氏指数(Rohrer's index)反映肌肉、骨骼、内脏器官及组织的发育状况，反映人体充实度和营养状况。

2.2.4.19 体质指数

体质指数(constitutional index) = 身高(cm) - [最大胸围(cm) + 体重(kg)]

2.2.4.20 体型指数

体型指数 $= \dfrac{胸围+腹围}{身高} \times 100$

体型指数(habitus index)数值为波尔(R. Pearl)首先创用，由身高、胸围及腹围 3 项测量值组成。

2.2.4.21 下身长坐高指数

$$下身长坐高指数 = \frac{坐高}{身高 - 坐高} \times 100$$

下身长坐高指数(lower extremity - sitting height length index)反映上、下身长比例，说明体型特点。

2.2.4.22 身高胸围指数

$$身高胸围指数 = \frac{胸围}{身高} \times 100$$

身高胸围指数(starture - chest circumference index)反映胸廓发育的水平。

2.2.4.23 身高肩宽指数

$$身高肩宽指数 = \frac{肩宽}{身高} \times 100$$

身高肩宽指数(starture - shoulder breadth index)反映肩部发育的水平，具体分型见表 2.9。

表 2.9 身高肩宽指数分型

型别	指数	
	男	女
窄肩型	$X - 21.9$	$X - 21.4$
中肩型	$22.0 - 23.0$	$21.5 - 22.5$
宽肩型	$23.1 - X$	$22.6 - X$

2.2.4.24 身高骨盆宽指数

$$身高骨盆宽指数 = \frac{骨盆宽}{身高} \times 100$$

身高骨盆宽指数(starture - crista iliaca index)反映盆腔器官发育的水平，具体分型见表 2.10。

表 2.10　身高骨盆宽指数分型

型别	指数	
	男	女
窄骨盆型	X—16.4	X—17.4
中骨盆型	16.5—17.5	17.5—18.5
宽骨盆型	17.6—X	18.6—X

2.2.4.25　身高坐高指数

$$身高坐高指数 = \frac{坐高}{身高} \times 100$$

身高坐高指数(starture - sitting height index)表示坐占站身高的比例,反映人体躯干的长短,具体分型见表2.11。

表 2.11　身高坐高指数分型

型别	指数	
	男	女
短躯干型	X—50.9	X—51.9
中躯干型	51.0—53.0	52.0—54.0
长躯干型	53.1—X	54.1—X

2.2.4.26　肩宽骨盆宽指数

$$肩宽骨盆宽指数 = \frac{骨盆宽}{肩宽} \times 100$$

肩宽骨盆宽指数(acromio - cristal index)反映肩轴与盆轴的比例关系,表示不同性别、年龄的人的体型差异。

2.2.4.27　身高体重指数

$$身高体重指数 = \frac{体重(kg)}{身高(cm)} \times 100$$

身高体重指数(stature - weight index)表示 1cm 的身高所对应的体重,作为相对体重或等长体重来反映人体的围度、宽度、厚度和机体的组织密度。

2.2.4.28 勃洛克指数

勃洛克指数＝体重(kg)－[身高(cm)－100]

勃洛克指数(Broca's index)反映人体结实、充实程度。

2.2.4.29 卡甫指数

$$\text{卡甫指数} = \frac{\text{体重(kg)}}{[\text{身高(m)}]^2}$$

卡甫指数(Caup's index)又叫身体质量指数(body mass index，BMI)，常用于对个体超重、肥胖程度的评定，也可用于对族群超重、肥胖的筛查。世界卫生组织曾在1998年制定了标准，其中BMI在25.0—29.9 kg/m² 为超重，BMI≥30 kg/m² 为肥胖，这个标准适用于白种人的评定。随后，2005年亚太地区的标准为BMI在24.0—27.4 kg/m² 为超重，BMI≥27.5 kg/m² 为肥胖。

2.3 夏尔巴人人体测量结果

2016年，天津师范大学生命科学学院、天津市动植物抗性重点实验室团队[16]在西藏自治区日喀则市定结县陈塘镇(该地为夏尔巴人的主要聚集地)对182例(男性98例，女性84例)夏尔巴人44项体质指标进行了调查。被测量者均为当地世居3代以上、身体健康的夏尔巴人成人，年龄在18—77岁，男性平均年龄为(40.5±13.9)岁，女性平均年龄为(39.1±13.9)岁，测量时严格遵守相关规定，遵循随机抽样原则，被调查对象均在知情情况下进行数据采集。使用Excel 2010和SPSS 21.0对数据进行统计学处理，用到的统计方法有男、女性别间 u 检验，多个族群的聚类分析及主成分分析(principal component analysis，PCA)。

调查所采取的测量方法及标准，均参照席焕久等主编的《人体测量方法》[6]与邵象清等主编的《人体测量手册》[7]。有关夏尔巴人的测量结果及相关数据、图片均来自天津师范大学生命科学学院、天津市动植物抗性重点实验室团队[16]。

2.3.1 夏尔巴人头面部测量结果

夏尔巴人头面部测量结果见表2.12。

表 2.12　夏尔巴人头面部测量结果　　　　　　单位：mm

指标	男($n=98$) $\bar{X}\pm D$	女($n=84$) $\bar{X}\pm D$	u 值
头长	187.7±6.2	184.0±5.6	−4.2**
头宽	155.5±5.5	151.9±5.1	−4.5**
额最小宽	109.2±5.6	106.6±5.2	−3.2**
面宽	142.9±5.9	137.4±5.4	−6.5**
下颌角间宽	111.8±5.7	107.4±7.2	−4.6**
眼内角间宽	33.7±2.9	32.6±3.0	−2.3*
眼外角间宽	93.6±6.1	90.2±5.6	−3.9**
鼻宽	38.0±2.8	35.4±2.9	−6.2**
口裂宽	49.7±3.7	47.2±3.6	−4.6**
容貌面高	189.5±7.6	182.9±8.2	−5.6**
形态面高	118.3±6.5	112.8±6.0	−6.0**
鼻高	49.3±3.8	45.7±3.6	−6.6**
鼻长	45.8±3.7	42.1±3.3	−7.0**
上唇皮肤部高度	14.7±2.4	13.6±2.6	−3.1**
唇高	15.8±3.2	15.4±2.6	−0.9
红唇厚度	7.8±2.7	7.6±2.3	−0.7
容貌耳长	60.0±5.1	53.4±5.6	−8.1**
容貌耳宽	36.2±4.1	33.9±4.0	−3.8**
耳上头高	120.3±9.3	117.7±9.4	−1.9

注：*—$0.01<P<0.05$；**—$P<0.01$。

2.3.2　夏尔巴人体部测量结果

夏尔巴人体部测量结果见表 2.13。

表 2.13　夏尔巴人体部测量结果

指标	男 $X\pm D$	女 $X\pm D$	u 值
身高/mm	1609.4±52.8	1516.2±45.2	−12.8**
耳屏点高/mm	1489.1±51.3	1399.4±44.0	−12.7**
胸上缘高/mm	1321.3±46.1	1251.8±39.8	−10.9**
肩峰点高/mm	1310.1±46.7	1245.7±41.1	−9.9**
桡骨点高/mm	1006.3±38.2	960.3±31.8	−8.9**
茎突点高/mm	769.2±32.8	736.4±30.0	−7**
中指指尖点高/mm	596.6±31.4	580.3±26.3	−3.8**
髂前上棘点高/mm	898.4±32.4	866.6±34.1	−6.4**
胫骨上点高/mm	417.8±20.8	398.9±17.2	−6.7**
内踝下点高/mm	53.4±3.8	49.1±3.9	−7.5**
坐高/mm	846.8±35.1	805.1±33.9	−8.1**
躯干前高/mm	558.7±31.1	540.6±36.5	−3.6**
肩宽/mm	365.9±17.7	334.3±16.0	−12.6**
胸宽/mm	258.5±15.8	258.5±15.0	0.0
骨盆宽/mm	713.5±26.2	666.5±35.8	−9.9**
上肢全长/mm	540.9±23.6	508.6±28.7	−8.2**
全臂长/mm	303.8±17.2	286.6±25.5	−5.2**
上臂长/mm	237.2±16.8	223.9±18.6	−5.0**
前臂长/mm	866.8±30.6	842.2±3.7	−5.3**
全腿长/mm	811.2±30.6	784.8±32.0	−5.7**
大腿长/mm	447.0±24.7	435.4±29.8	−2.8**
小腿长/mm	364.3±20.3	349.8±17.1	−5.2**
肱骨内外上髁间径/mm	64.7±3.4	60.7±6.3	−5.3**
股骨内外上髁间径/mm	90.3±4.7	85.4±5.2	−6.6**
体重/kg	57.0±6.9	53.3±7.0	−3.6**

注：**—$P<0.01$。

2.3.3 夏尔巴人头面部、体部各项指数及分型

天津师范大学生命科学学院、天津市动植物抗性重点实验室团队[16]对我国西藏自治区日喀则市定结县陈塘镇182例夏尔巴人所测44项体质指标根据公式计算获取,其中包括10项头面部指数和7项体部指数,团队同时分别对男、女部分指数及身高进行了分型。具体结果见表2.14、表2.15。

表 2.14 夏尔巴人头面部与体部各项指数数值

指标	男 $X \pm D$	女 $X \pm D$	u 值
头长宽指数	82.9±3.3	82.6±3.2	−0.5
头长高指数	64.1±5.2	63.9±5.2	−0.4
头宽高指数	77.4±5.7	77.6±6.2	0.2
容貌面指数	132.8±7.2	133.3±6.9	0.4
形态面指数	82.9±5.1	82.2±4.6	−1.1
头面宽指数	92.0±3.4	90.5±3.5	−2.9**
头面高指数	98.9±9.1	96.8±9.4	−1.5
鼻指数	77.4±7.8	77.9±8.3	0.4
口指数	31.9±6.9	32.8±5.7	0.9
容貌耳指数	60.6±6.9	63.9±7.4	3.1**
身高坐高指数	52.6±1.5	53.1±1.9	1.9
身高体重指数	353.7±37.8	351.4±42.2	−0.4
身高肩宽指数	22.7±0.9	22.1±1.0	−4.9**
身高骨盆宽指数	16.1±0.9	17.1±1.0	6.8**
马氏躯干腿长指数	90.2±5.5	88.3±6.1	−2.2*
下身长坐高指数	1.1±0.1	1.1±0.1	1.9
身体质量指数	22.0±2.2	23.2±2.7	3.2**

注:*—0.01<P<0.05;**—P<0.01。

表 2.15 夏尔巴人头面部和体部指数分型及身高分型结果

指数	类型	男 n	男 %	女 n	女 %	合计 n	合计 %
头长宽指数	长头型(71.0—75.9)	1	1.0	3	3.6	4	2.2
	中头型(76.0—80.9)	28	28.6	21	25.0	49	26.9
	圆头型(81.0—85.4)	42	42.9	50	59.5	92	50.5
	特圆头型(85.5—90.9)	27	27.6	9	10.7	36	19.8
	超圆头型(≥91.0)	0	0.0	1	1.2	1	0.5
头长高指数	低头型(≤57.6)	13	13.3	11	13.1	24	13.2
	正头型(57.7—62.5)	23	23.5	26	31.0	49	26.9
	高头型(≥62.6)	62	63.3	47	56.0	109	59.9
头宽高指数	阔头型(≤78.9)	57	58.2	50	59.5	107	58.8
	中头型(79.0—84.9)	34	34.7	28	33.3	62	34.1
	狭头型(≥85.0)	7	7.1	6	7.1	13	7.1
形态面指数	超阔面型(男≤78.9，女≤76.9)	17	17.4	15	17.9	32	17.6
	阔面型(男79.0—83.9，女77.0—80.9)	46	46.9	13	15.5	59	32.4
	中面型(男84.0—87.9，女81.0—84.9)	18	18.4	33	39.3	51	28.0
	狭面型(男88.0—92.9，女85.0—89.9)	14	14.3	20	23.8	34	18.7
	超狭面型(男≥93.0，女≥90.0)	3	3.1	3	3.6	6	3.3
鼻指数	超狭鼻型(40.0—54.9)	0	0.0	0	0.0	0	0.0
	狭鼻型(55.0—69.9)	19	19.4	13	15.5	32	17.6
	中鼻型(70.0—84.9)	60	61.2	53	63.1	113	62.1
	阔鼻型(85.0—99.9)	19	19.4	18	21.4	37	20.3
身高坐高指数	短躯干型(男≤50.9，女≤51.9)	12	12.2	20	23.8	32	17.6
	中躯干型(男51.0—53.0，女52.0—54.0)	43	43.9	46	54.8	89	48.9
	长躯干型(男≥53.1，女≥54.1)	43	43.9	18	21.4	61	33.5
马氏躯干腿长指数	超短腿型(≤74.9)	0	0.0	2	2.4	2	1.1
	短腿型(75.0—79.9)	3	3.1	1	1.2	4	2.2
	亚短腿型(80.0—84.9)	9	9.2	15	17.9	24	13.2
	中腿型(85.0—89.9)	39	39.8	32	38.1	71	39.0
	亚长腿型(90.0—94.9)	29	29.6	26	31.0	55	30.2
	长腿型(95.0—99.9)	13	13.3	8	9.5	21	11.5
	超长腿型(≥100.0)	5	5.1	0	0.0	5	2.7

续表

指数	类型	男		女		合计	
		n	%	n	%	n	%
身高肩宽指数	窄肩型(男≤21.9，女≤21.4)	19	19.4	23	27.4	42	23.1
	中肩型(男 22.0—23.0，女 21.5—22.5)	37	37.8	33	39.3	70	38.5
	宽肩型(男≥23.1，女≥22.6)	42	42.9	28	33.3	70	38.5
身高骨盆宽指数	窄骨盆型(男≤16.4，女≤17.4)	64	65.3	54	64.3	118	64.8
	中骨盆型(男 16.5—17.5，女 17.5—18.5)	26	26.5	24	28.6	50	27.5
	宽骨盆型(男≥17.6，女≥18.6)	8	8.2	6	7.1	14	7.7
身高类型(身高/mm)	很矮(男≤1499，女≤1399)	1	1.0	0	0.0	1	0.5
	矮(男 1500—1599，女 1400—1489)	43	43.9	22	26.2	65	35.7
	亚中等(男 1600—1639，女 1490—1529)	22	22.5	26	31.0	48	26.4
	中等(男 1640—1669，女 1530—1559)	19	19.4	25	29.8	44	24.2
	超中等(男 1670—1699，女 1560—1589)	10	10.2	6	7.1	16	8.8
	高(男 1700—1799，女 1590—1679)	3	3.1	5	6.0	8	4.4
	很高(男≥1800，女≥1680)	0	0.0	0	0.0	0	0.0

从头面部指数均数可以看出，夏尔巴男性、女性均为圆头型、高头型、阔头型、中鼻型，男性为阔面型，而女性为中面型。从体部指数均数可以看出，夏尔巴男性、女性均为中躯干型、中肩型、窄骨盆型，男性为亚长腿型，而女性为中腿型。从身高均数来看，夏尔巴男性、女性均属于亚中等身高。

根据头面部指数分型标准，夏尔巴男性、女性的头长宽指数、头长高指数、头宽高指数、鼻指数分别以圆头型、高头型、阔头型、中鼻型出现率最高。根据形态面指数分型标准，夏尔巴男性阔面型出现率最高，而女性中面型出现率最高。

根据体部指数分型标准，夏尔巴男性的身高坐高指数、身高肩宽指数、身高分别以长躯干型和中躯干型、宽肩型、矮型身高出现率最高，而女性分别以中躯干型、中肩型、亚中等型身高出现率最高。夏尔巴男性、女性的马氏躯干腿长指数、身高骨盆宽指数分别以中腿型、窄骨盆型出现率最高。

2.3.4 夏尔巴人族群与其他族群的聚类分析和主成分分析

为了进一步分析夏尔巴人族群与其他族群的亲缘关系，天津师范大学生命科学学院、天津市动植物抗性重点实验室团队[16]采用类内平均连锁法（within-groups linkage），选取我国南方少数民族、北方少数民族、南方汉族、北方汉族共16个族群的13项体质指标与夏尔巴人族群共同进行聚类分析和主成分分析。这16个族群包括西藏自治区的珞巴族[17]、门巴族[17]和藏族，云南省的布朗族[18]、拉祜族[19]和空格人[20]，四川省的木雅人[21]、白马人[22]、彝族[23]和羌族[24]，南方汉族[25]，北方汉族[25]，中国蒙古族[26]，内蒙古自治区的俄罗斯族[27]，新疆维吾尔自治区的哈萨克族[28]和维吾尔族[29]。其中，西藏自治区藏族族群的数据为天津师范大学生命科学学院、天津市动植物抗性重点实验室[16]待发表数据。聚类分析和主成分分析时采用头长、头宽、额最小宽、面宽、形态面高、鼻宽、鼻高、口裂宽、眼内角间宽、身高、坐高、肩宽、骨盆宽这13项指标均数。

2.3.4.1 聚类分析结果

夏尔巴人族群与其他16个族群男、女不同性别分别聚类的结果见图2.1、图2.2。

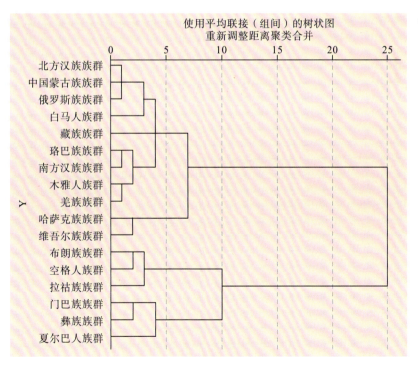

图2.1 17个族群男性的聚类分析[16]

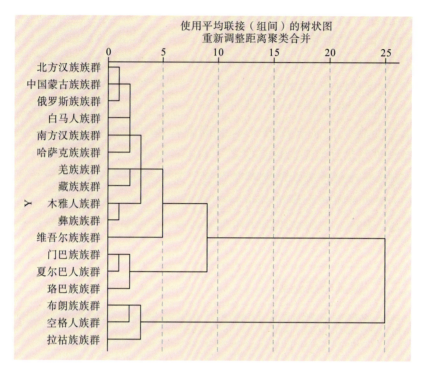

图 2.2　17 个族群女性的聚类分析[16]

从男性聚类分析可以看出[16]，在聚类水平等于 5 时，这 17 个族群被分成 4 组。第 1 组包括北方汉族、中国蒙古族、俄罗斯族、白马人、藏族、珞巴族、南方汉族、木雅人和羌族。第 2 组包括哈萨克族、维吾尔族。第 3 组包括布朗族、空格人、拉祜族。第 4 组包括门巴族、彝族、夏尔巴人。之后第 1 组与第 2 组聚在一起，其中包括北方汉族族群和藏缅语族族群。第 3 组与第 4 组聚在一起，第 3 组包括 2 个南亚语系族群和 1 个藏缅语族族群，第 4 组均为藏缅语族族群。夏尔巴男性与门巴族、彝族最接近。

从女性聚类分析可以看出[16]，在聚类水平等于 6 时，这 17 个族群被分为 3 组。第 1 组包括北方汉族、中国蒙古族、俄罗斯族、白马人、南方汉族、哈萨克族、羌族、藏族、木雅人、彝族、维吾尔族，其中包括北方汉族族群和藏缅语族族群。第 2 组包括门巴族、夏尔巴人、珞巴族，均为藏缅语族族群。第 3 组包括布朗族、空格人、拉祜族，为 2 个南亚语系族群和 1 个藏缅语族族群。之后第 1 组与第 2 组聚在一起。夏尔巴女性与门巴族最接近，其次是珞巴族。

2.3.4.2　主成分分析结果

17 个族群主成分分析各个指标的载荷值见表 2.16。表 2.16 数据均引自宇克莉等发表的我国夏尔巴人的体质特征研究[16]。

表 2.16 17 个族群主成分分析指标载荷值

指标	男			女		
	PC1	PC2	PC3	PC1	PC2	PC3
头长	0.366	−0.307	0.804	0.217	−0.264	0.851
头宽	0.839	−0.191	−0.368	0.770	−0.357	−0.193
额最小宽	0.536	−0.354	−0.371	0.511	−0.483	−0.235
面宽	0.798	−0.316	0.175	0.790	−0.327	0.328
形态面高	0.661	0.662	−0.012	0.559	0.718	−0.146
鼻高	0.275	0.768	−0.367	0.234	0.758	−0.473
鼻宽	−0.133	0.642	0.671	−0.081	0.678	0.655
口裂宽	0.116	0.817	−0.054	−0.022	0.790	0.183
眼内角间宽	0.099	−0.027	0.061	0.038	0.105	−0.123
身高	0.931	0.211	−0.119	0.927	0.287	−0.067
坐高	0.872	0.237	0.126	0.850	0.348	0.137
肩宽	0.721	−0.387	−0.093	0.839	−0.177	−0.178
骨盆宽	0.796	−0.083	0.428	0.791	−0.108	0.221

这 17 个族群男性主成分分析结果表明[16]，男性前 3 个主成分的贡献率分别为 39.19%、20.94%、13.56%，累计贡献率达 73.69%。PC1（第 1 主成分）载荷较大的指标是身高（0.931）、坐高（0.872）、头宽（0.839）、面宽（0.798）、骨盆宽（0.796）和肩宽（0.721），即 PC1 主要反映的是身体高度、宽度和头面部宽度 3 个方面。PC2（第 2 主成分）载荷较大的指标是口裂宽（0.817）、鼻高（0.768）和形态面高（0.662），即 PC2 主要反映了鼻的高度、口裂的宽度和形态面的高度 3 个方面。PC3（第 3 主成分）载荷较大的指标有头长（0.804）和鼻宽（0.671），即 PC3 主要反映了头部的长度和鼻的宽度。

这 17 个族群女性主成分分析结果表明[16]，其中女性前 3 个主成分的贡献率分别为 37.02%、22.83%、13.47%，累计贡献率达 73.32%。PC1 载荷较大的指标是身高（0.927）、坐高（0.850）、肩宽（0.839）、骨盆宽（0.791）、面宽（0.790）和头宽（0.770），即 PC1 主要反映的是身体的高度、宽度和头面部宽度 3 个方面。PC2 载荷较大的指标有口裂宽（0.790）、鼻高（0.758）和形态面高（0.718），即 PC2 主要反映了鼻的高度、口裂的宽度和形态面的高度。PC3 载荷较大的指标有头长（0.851）和鼻宽（0.655），即 PC3 主要反映了头部的长度和鼻的宽度。

17个族群PC1、PC2分析的散点图见图2.3、图2.4[16]。

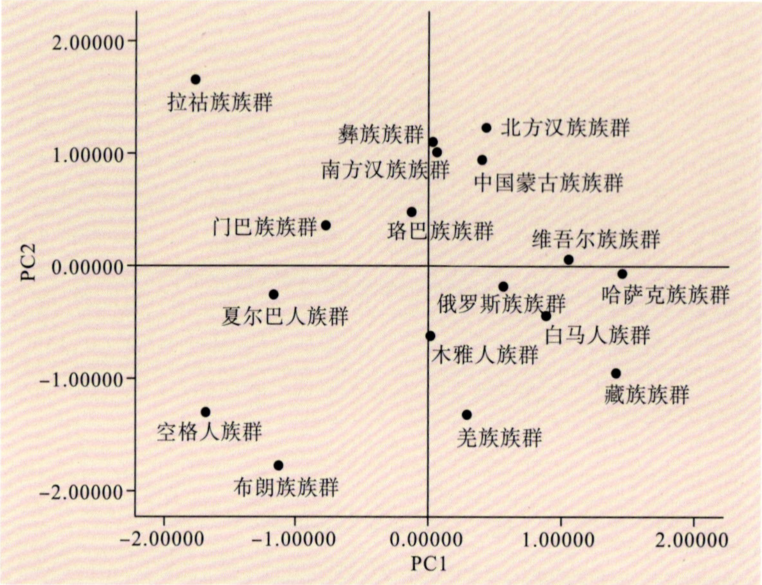

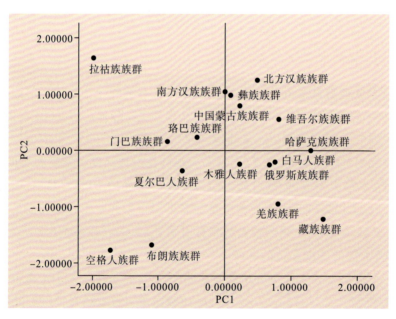

图2.3 男性族群PC1、PC2分析图

图2.4 女性族群PC1、PC2分析图

图2.3显示，夏尔巴男性位于第三象限[16]，PC1和PC2均为负值，表明夏尔巴男性中身体的高度、宽度、头面部宽度、口裂的宽度、鼻的高度和形态面的高度在17个族群中总体偏低。夏尔巴人、门巴族、珞巴族、拉祜族、空格人

和布朗族的 PC1 均为负值，反映 6 个族群的身体高度、宽度和头面部宽度均较低。6 个族群的 PC2 值从大到小排列依次是拉祜族、珞巴族、门巴族、夏尔巴人、空格人、布朗族。这 6 个族群中拉祜族的 PC2 值最高，说明拉祜族的口裂宽、鼻宽和形态面高相对较大。这说明夏尔巴男性与门巴族最为接近。

图 2.4 显示，夏尔巴女性位于第三象限[16]，其中 PC1 和 PC2 均为负值，表明夏尔巴女性中身体的高度、宽度、头面部宽度、口裂的宽度、鼻的高度和形态面的高度在 17 个族群中处于偏低水平。另外，夏尔巴人、门巴族、珞巴族、拉祜族、布朗族、空格人的 PC1 均为负值，反映 6 个族群的身体高度、宽度和头面部宽度均较低。从 PC2 值来看，拉祜族最高，其次分别是珞巴族、门巴族、夏尔巴人、布朗族、空格人，说明拉祜族的口裂宽、鼻宽和形态面高相对较大。这表明夏尔巴女性与门巴族最接近，其次是珞巴族。

2.4 夏尔巴人体质特征浅析

宇克莉等[16]对夏尔巴人的体质研究结果表明：头面部，夏尔巴男性、女性均属于圆头型、高头型、阔头型、中鼻型，男性为阔面型，女性为中面型；体部，夏尔巴男性、女性均属于中躯干型、中肩型、窄骨盆型，男性为亚长腿型，女性为中腿型；身高，夏尔巴男性、女性均属于亚中等身高。总的来说，性别差异不明显。

夏尔巴人族群与其他 16 个族群聚类分析结果显示，夏尔巴男性与门巴族、彝族最接近；夏尔巴女性与门巴族最接近，其次是珞巴族。其主成分分析散点图表明，夏尔巴男性与门巴族最接近；女性与门巴族最接近，其次是珞巴族。在 17 个族群中，夏尔巴人体质指标值的大小处于中等偏低水平。

人体的体质特征的形成十分复杂，他们之间的体质差异是在人类历史发展过程中形成的。在人类历史发展的早期，人们不能摆脱自然界的束缚，自然选择对他们的作用是很大的。不同人种的体质特征是人们在不同的自然条件下长期适应变化的结果。环境、遗传、变异、文化、起居、饮食、劳作等因素对于塑造人类的体质特征起着积极作用，这些因素对人类体质特征的影响，是错综复杂的，又是相互联系和密不可分的。

郑连斌等[17]的研究结果认为：珞巴族、门巴族彼此亲缘关系很近，聚类分析结果显示与藏族距离很近，这与张洪波[30]、康龙丽[31]等通过基因多态性进行研究得出门巴族、珞巴族都与藏族遗传关系较近，与陈立明[32]对门巴族、珞巴族历史进行分析得出的门巴族、珞巴族与藏族祖先同根同源的说法几乎一致。宇克莉等[16]对门巴族、珞巴族的体质特征分析发现，珞巴族与门巴族表现出来部分南方藏缅族群的特征，推测是由于其与南方族群发生过基因交流的结果，但体部等大部分体质特征仍表现为藏彝走廊民族的特点。总的来说，在族群不断迁徙的过程中，各族群间都有可能发生过基因交流，形成各自的体质特征。

身高是人体生长发育的重要指标之一，受遗传和环境因素的共同影响。在特定的历史时期和特定的人群中，遗传是影响身高差异的主要因素[33]。从身高均数来看，夏尔巴男性、女性均属于亚中等身高，这同门巴族[34]男性、女性身材亚中等（男性1637mm，女性1520mm）相似。包金萍等[35]对夏尔巴人族群和三岩藏族族群的体部指标进行比较，研究表明夏尔巴人族群的身高、胸围、坐高、肩宽值等均明显小于三岩藏族族群，夏尔巴人族群的身高也明显低于四川安多藏族族群、甘肃安多藏族族群、四川嘉戎藏族族群。由此可见，夏尔巴人族群的体质特征与藏族族群还是有很大区别的，这一结果与陈锋[36]通过对线粒体单倍型结构的研究认为的夏尔巴人族群是接近藏族族群的结果不同，究其原因可能是在族群迁徙的过程中，各自融入了不同的基因，抑或是夏尔巴人族群高强度的劳作方式形成了自身独特的体质特征。另外在该研究中，有关藏族族群体型的资料仅是四川康区三岩藏族族群的体质特征，康区藏族族群体型本身就偏大于卫藏族群和其他农区藏族族群，不能完全代表整个藏族族群，仍有待进一步探究。

宇克莉等[16]对夏尔巴人族群及我国南、北方不同的16个民族族群的体质指标进行聚类分析及主成分分析散点图分析，结果表明夏尔巴人不论是男性、女性，均同门巴族体质特征最为接近；向小雪[34]研究结果表明夏尔巴人身体成分与木雅人差异明显；切排、包金萍等[37,35]认为夏尔巴人源于我国康区党项木雅人，那么能够说明夏尔巴人和门巴族两个不同民族之间体质特征距离最近、与同源族的木雅人体质特征差异显著的原因。其一，可能是我国不同民族族群间的体质特征与其居住的地理距离呈一定的平行关系，地理位置靠近的民族其体质特征也较为接近[38]，夏尔巴人和门巴族均居住在西藏自治区南部地区的高山峡谷中，地理位置比较靠近。其二，在漫长的民族发展过程中，自然环境和文化环境的影响，比如他们的生活方式、饮食结构、环境因素很相似，这也可能使他们体质特征相近。其三，可能与其他民族间的交流，使其出现体质特征上的明显差异。这些因素说明生活环境和营养条件对体质特征的影响可能比遗传因素更为明显。

R. Gupta等[39]对生活在尼泊尔高、低海拔地区的两组夏尔巴人进行对比研究发现，高海拔地区的夏尔巴人高度、宽度等明显高于低海拔地区的夏尔巴人。这一结果进一步说明，在人类体质的形成过程中，尽管一致认为遗传因素占据主导地位，但是不同的环境差异对于体质的影响也是不容忽视的。

从聚类结果来看，夏尔巴人与门巴族、珞巴族、彝族聚在一起，各项指标表明，既不属于南方类型，也不属于北方类型。因为夏尔巴人、门巴族、珞巴族、彝族、拉祜族属于汉藏语系藏缅语族族群，处在横断山脉文化区的藏彝走廊，他们的体质特征又介于南方类型和北方类型之间，所以认为以上几个族群应归于藏彝走廊类型[16]。这与郑连斌老师提出的体质特征可分为南方组、北方组和中间类群组的观点一致[40]，也与黎彦才提出的现代中国人体质特征可分为北方类型、南方类型与藏彝走廊类型三大类的观点一致[41]。

2.5 夏尔巴人的体型

2.5.1 体型的概述

体型（somatotype），是人体的外形特征和体格类型的总称，是身体类型的简称，是评价人的体格和身材大小的重要指标。体型与人体的运动能力和其他功能、对疾病的易感性及其治疗的反应有一定的关系，因此在人类生物学、体质人类学、医学和运动科学中受到注意。一方面，体型主要由遗传决定；另一方面，包括人体对环境的适应和人的行为在内的后天影响，如职业、年龄、生活习惯等也使体型发生一定范围内的变化。因此，人类体型的形成是其相互作用的结果。

20世纪50年代以前，一般认为体型是基因型，完全由遗传决定。虽然一个人的体格在不同的年龄和不同的状况下可能有所变化，但他的体型被认为是永远不变的。20世纪50年代以后，越来越多的学者认为体型是表现型，是变的。以动态的观点研究体型使它获得了新的活力。也就是说，体型的评定不仅可以发现两个人或两群人之间的差异，以及体型与人体某种功能之间的关系，而且可以研究同一个人在不同时期、不同条件下体型变化的方向（在内胚层型、中胚层型、外胚层型中哪种因子占优势）和强度，这使得体型研究提高了实用意义。另外，体型的研究，对准确地评价人的生长发育和营养状况并指导其健康成长有辅助作用[42]。

体型的评价方法有多种，如通过罗氏指数、身体质量指数、腹围和体脂率等。其中，Heath-Carter体型法是近代研究体型分类的多种方法之一，由于这种体型评价方法具有客观、准确、简单易行、易于推广等优点，原则上适用于所有人群，能够客观地反映种族、遗传、地理、气候、文化、社会政治、经济状况等因素对体型的影响，是近半个世纪以来世界各国应用最为广泛的一种体型评价方法，是"国际生物发展规划"推荐使用的体型评价方法[43]。

自20世纪70年代以来，有关体型的研究，在欧美的许多国家已展开了大量的工作，如体型与遗传[44,45]、环境[46,47]、疾病的关系[48]，不同族群（包括不同性别、年龄、职业、地区、种族等）的体型分布特点[42,49,50]。到 1990 年，B. H. Heath 和 J. E. L. Carter 已汇集世界各地 60 个族群的体型资料[42]。尽管我国在体型方面的研究起步较晚，但随着人类学的不断发展，这方面的相关资料也逐渐丰富起来。

目前，我国学者已对部分汉族族群和少数民族族群进行了 Heath–Carter 体型法研究，也报道了一些未识别民族族群的体型研究。最近，有学者[51]对我国各地区汉族族群体型研究发现，北方汉族族群身体的线性度小于南方汉族族群，但骨骼肌肉比南方汉族族群的发达。研究还发现，体型年龄组间差异、性别间的差异均具有统计学意义，表明体型对族群有一定区分作用。

2.5.2　Heath–Carter 体型法

20 世纪 60 年代到 70 年代，Heath–Carter 体型法被创建，它是在 Shelton 三角体型图法的基础上发展和完善起来的一种新的研究方法。

按照 B. H. Health 和 J. E. L. Carter[42]规定的测量方法，它将影响人体体型的因素如身高、体重、围度、骨骼、肌肉、脂肪等予以综合考虑，通过测量 10 项指标，即身高、体重、上臂紧张围、小腿围、肱骨内外上髁间径、股骨内外上髁间径、肱三头肌皮褶厚度、肩胛下皮褶厚度、髂前上棘皮褶厚度及小腿外侧皮褶厚度，将所测得的数据带入具体的公式，计算内因子（endomorphy）、中因子（mesomorphy）、外因子（ectomorphy）3 个因子值，用直角坐标系中 X、Y 值判定体型。内因子表示体内脂肪的相对含量；中因子表示人体肌肉和骨骼的发达程度；外因子表示身体相对瘦高的程度，即线性度。根据 3 个因子值之间的关系可判断体型的类型。根据身高、体重值可计算 HWR 值，HWR = 身高（cm）/体重$(kg)^{1/3}$。

Heath–Carter 体型法将人的体型分 13 种类型：偏外胚层的内胚层体型、偏中胚层的内胚层体型、均衡的内胚层体型、内胚层-中胚层均衡型、偏内胚层的中胚层体型、偏外胚层的中胚层体型、均衡的中胚层体型、中胚层-外胚层均衡型、偏内胚层的外胚层体型、偏中胚层的外胚层体型、均衡的外胚层体型、外胚层-内胚层均衡型、三胚层中间型。

2.5.3　夏尔巴人的体型研究

截至 2021 年 7 月，国内对夏尔巴人体型的研究除包金萍等团队[35]于 2016 年 7 月在西藏自治区日喀则市定结县陈塘镇（该地为夏尔巴人的主要聚集地）对 182 例（男性 98 例，女性 84 例）夏尔巴人进行 Heath–Carter 体型法研究的 10 项指标测量并对其进一步研究报道外,目前还未有其他报道。该团队按照知情同意的原则,随机取样确定样本量,被测量者均为当地世居3代以上身体健康的夏尔巴人成人。按照Heath-Carter体型法[42]和《人体测量方法》[6]严格执行质量控制。将样本分为20—39岁、40—59岁、60—75岁3组,计算各组的内因子、中因子、外因子3个因子值,以及体型图上X值、Y值、SAM值(组中所有体型点到平均体型点的空间距离)和SAD值(在三维空间中2个体型点间的距离)、HWR值。数据统计采用Excel 2007、SPSS 20.0统计学软件和自编体型软件进行处理[35]。数据及体型相关图形均来自包金萍等[35]的研究报道。

2.5.3.1 夏尔巴人的体型特征及年龄变化的特点

夏尔巴男性、女性平均体型值见表2.17,各年龄组平均体型点在体型图上的分布见图2.5。

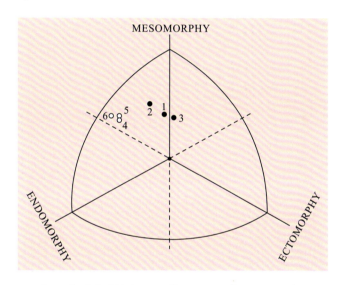

1—3分别为男性20—39岁、40—59岁、60—75岁;
4—6分别为女性20—39岁、40—59岁、60—75岁。

图2.5 夏尔巴成人各年龄组平均体型

我国夏尔巴男性平均体型值为2.7-5.1-2.2,属于均衡的中胚层体型(表2.17)。男性20—39岁平均体型值为2.7-5.0-2.3,属于均衡的中胚层体型;40—59岁组平均体型值为2.9-5.4-1.7,属于偏内胚层的中胚层体型;60—75岁平均体型值为2.3-4.8-2.7,属于均衡的中胚层体型。

t检验[35]显示20—39岁组与60—75岁组比较(SAD=0.50;t=1.04),体型无差异,40—59岁组与20—39岁组、60—75岁组体型有差异(t=2.61,$P<0.01$;t=2.27,$P<0.05$)。随着年龄增长,男性内因子值、中因子值呈先增大后递减,

表 2.17 夏尔巴人平均体型（Mean±SD）

性别	年龄	人数 n	身高/cm	体质量/kg	平均体型值	X	Y	体脂率/%	HWR	SAM	BMI
男性	20—39 岁	49	163.4±5.0	58.4±6.6	2.7-5.0-2.3 (0.8,1.0,0.9)	−0.3	5.0	11.8	42.2	1.4	21.9
	40—59 岁	36	159.1±3.8	57.6±6.4	2.9-5.4-1.7 (1.2,0.8,1.0)	−12	6.2	12.5	41.3	1.5	22.8
	60—75 岁	13	156.8±5.3	49.9±5.2	2.3-4.8-2.7 (0.4,0.6,0.7)	0.3	4.7	11.3	42.7	1.2	20.2
	合计	98	160.9±5.3	57.0±6.9	2.7-5.1-2.2 (1.0,0.9,1.0)	0.6	5.4	12.0	41.9	1.4	22.0
女性	20—39 岁	41	151.9±4.9	52.7±6.7	4.5-5.1-1.3 (1.2,1.0,0.8)	−3.1	4.3	19.5	40.6	1.7	22.8
	40—59 岁	30	151.7±4.4	54.2±7.2	4.3-5.1-1.2 (1.4,1.3,0.9)	−3.1	4.8	19.5	40.2	1.9	23.6
	60—75 岁	13	150.5±3.7	53.1±7.8	4.7-5.3-1.1 (0.8,0.7,0.9)	−3.6	4.8	20.8	40.2	1.3	23.4
	合计	84	151.6±4.5	53.3±7.0	4.4-5.1-1.2 (1.2,1.1,0.8)	−3.0	3.9	19.7	40.4	1.6	23.2

外因子值呈先递减后递增的趋势，表明40—60岁以后脂肪增多，肌肉和骨骼相对发达，身体相对粗壮，60岁以后，体内脂肪量又减少，骨骼肌肉数量减少、萎缩，身体纤瘦。说明男性在40岁以后，脂肪逐渐积累，体质有发胖的趋势，同时夏尔巴成年男性在这期间角色发生转换，劳动强度和生活压力逐渐增大，生活方式以半农半牧为主，因此骨骼逐渐粗壮，肌肉更为发达；60岁后，伴随劳动能力下降，劳动量减少，肌肉逐渐萎缩，骨质逐渐疏松；同时，老年后的骨骼肌细胞数量减少、骨密度降低[52]；又由于老年后皮下组织内基质和黏多糖酸减少而使纤维和基质的比率增加，导致皮下脂肪沉积减少[52]，身体由粗壮转为纤瘦。

我国夏尔巴女性的平均体型值为 4.4-5.1-1.2，属偏内胚层的中胚层体型（表 2.17）。同时女性3个年龄组的体型均为偏内胚层的中胚层体型，体型三因子（表 2.17）随着年龄的增长，线性度逐渐降低，身体横向发展，有发胖的趋势；但总的来说变化相对比较小，这同男性的变化有所不同。

2.5.3.2 夏尔巴人的体型性别间比较

夏尔巴男性、女性体型比较见表 2.18。

表 2.18　夏尔巴男性、女性体型比较

年龄	SAD	t	P
20—39 岁	2.07	5.42	<0.01
40—59 岁	1.46	4.36	<0.01
60—75 岁	2.90	5.34	<0.01

t 检验[35]显示，西藏自治区夏尔巴男性、女性各年龄组体型均有显著性差异。男女间相比较，女性4个组的内因子值(4.3—4.7)明显高于男性4个组的内因子值(2.3—2.9)，可以看出女性身体脂肪含量高于男性。女性的外因子值(1.1—1.3)低于男性的外因子值(1.7—2.7)，说明男性身体线性度高于女性身体线性度。男性、女性的中因子值(5.1)差异不大，说明夏尔巴男性、女性的骨骼肌肉接近一致。

由表 2.17 可知，男性每个年龄组的 HWR 值均大于女性，且体脂率均低于女性体脂率，说明我国夏尔巴女性身体脂肪含量明显比男性丰富，体态丰满，这与吕志梅等[53]研究的 2015 年我国 15 省 18—65 岁成年女性体脂率(33.6%)高于成年男性体脂率(23%)的结果一致，究其原因可能是雌激素有利于脂肪的沉积[54]。万星光等[55]认为，雄激素除了能够促进骨骼与肌肉生长，还能抑制皮下脂肪的沉淀，这种性激素水平的差异是导致性别间体型差异的原因之一。同时从人体标准体脂率（男性 15%—18%；女性 20%—25%）来看，我国夏尔巴男性、女性体脂率（男性 12%，女性 19.7%）均处于偏低水平，这可能与夏尔巴人的劳动强度和生活环境有一定的关系。

2.5.3.3 夏尔巴人的体型图

从图 2.5 中可以看出，夏尔巴男性 3 个年龄组平均体型点位于中因子实线轴两侧，这表明西藏自治区夏尔巴男性不论在哪个年龄阶段，他们的骨骼、肌肉都比较发达；女性 3 个年龄组平均体型点则在中因子实线轴与外因子虚线轴之间形成的弧形三角区域内，表明夏尔巴女性骨骼、肌肉发达，同时脂肪含量也较高[35]。同时，随年龄增长，女性 3 个年龄组体型点沿着外因子轴反方向顺序依次排列，反映了女性的体型是一个逐渐变化的过程。同时从图 2.5 中可以看出，夏尔巴女性 3 个年龄组平均体型点比较接近；从表 2.17 的体脂率来看，3 组的变化也较小，t 检验显示，3 个年龄组的体型差异均没有统计学意义（$P>0.05$）[35]。因此说明夏尔巴女性随着年龄变化，体型变化较小。

2.5.4 夏尔巴人的体型特点

包金萍等[35]为了进一步确定夏尔巴人在我国族群中的体型特点，选取了我国不同语系的不同民族族群的体型数据进行主成分分析，详见表 2.19。不同民族族群包括汉藏语系藏缅语族的夏尔巴人和怒族[56]、苗瑶语族的苗族[55]和瑶族[57]、壮侗语族的布依族[58]、侗族[59]、南亚语系的佤族[60]、阿尔泰语系的乌孜别克族[61]、鄂温克族[62]。

表 2.19 我国部分族群的平均体型值

族群	男		女	
	人数 n	平均体型值	人数 n	平均体型值
夏尔巴人族群	98	2.7-5.1-2.2	84	4.4-5.1-1.2
怒族族群	183	2.1-4.9-2.6	134	4.3-4.5-1.7
苗族族群	150	2.8-5.2-2.4	150	4.5-4.5-2.1
瑶族族群	116	1.8-4.9-2.2	102	3.1-4.3-1.9
布依族族群	259	3.0-5.3-2.4	235	4.3-4.9-1.9
侗族族群	254	2.2-4.5-2.4	261	4.3-4.2-1.5
佤族族群	258	2.2-5.5-2.5	184	4.0-5.0-1.9
乌孜别克族族群	110	3.7-5.1-2.0	91	5.9-4.9-1.4
鄂温克族族群	162	3.5-5.0-1.6	195	5.2-4.4-1.5

2.5.4.1 男性

在对我国不同语系的 9 个族群男性的内因子值、中因子值、外因子值进行主成分分析后，提取了 2 个因子，结果表明，PC1 载荷较大的指标是内因子(0.935)和外因子(－0.877)，对总变量方差的贡献率为 56.584%；PC2 载荷较大的指标是中因子(0.961)，对总变量方差的贡献率为 35.300%，两者的累计贡献率为 91.848%[35]。说明了 9 个男性族群的体型主要是内因子和外因子的区别，其次是中因子。9 个族群的 PC1 值越大，它的内因子值越大，而外因子值越小，表明体脂含量越高，身体线性度越小、越丰满；PC2 值越大，它的中因子值就越大，骨骼、肌肉含量就越高、越发达。

以 9 个族群的因子得分为依据，并以 PC1 值为横坐标，PC2 值为纵坐标，得出主成分分析散点图(图 2.6)。图中显示：汉藏语系藏缅语族、苗瑶语族、壮侗语族以及南亚语系的族群 PC1 值为中等或小、PC2 值差别较大，北方的阿尔泰语系族群 PC2 值均偏大。这表明，我国南方族群男性的体脂含量低或中等而身体线性度大或中等，我国阿尔泰语系族群男性的共同特点是体脂含量高而身体线性度小，但在骨骼和肌肉发达程度上稍有区别。在南方族群中，壮侗语族的侗族男性、苗瑶语族的瑶族男性均为体脂含量低、身体线性度大、骨骼和肌肉不发达的体型，且侗族比瑶族更显著。壮侗语族的布依族族群男性的体脂含量和身体线性度均中等，骨骼、肌肉比较发达，这个结果与同语族的侗族族群男性的体型有较大差异。苗瑶语族的苗族族群男性和瑶族族群男性的共同特点是体脂含量较低、身体线性度较大，二者不同的是苗族族群男性的骨骼、肌肉较发达，而瑶族族群男性的骨骼、肌肉不太发达。南亚语系的佤族族群男性具有体脂含量低、身体线性度大、骨骼和肌肉发达的体型，比汉藏语系苗瑶语族的苗族族群男性的体型更显著。藏缅语族夏尔巴人族群男性和怒族族群男性的骨骼、肌肉发达程度为中等，不同的是，夏尔巴人族群男性的体脂含量中等、身体线性度中等，而怒族族群男性的体脂含量低、身体线性度大，差别较大。

2.5.4.2 女性

在对我国不同语系的 9 个族群女性的内因子值、中因子值、外因子值进行主成分分析后，提取了 2 个因子，结果表明，PC1 载荷较大的指标是内因子(0.823)和外因子(－0.807)，对总变量方差的贡献率为 55.370%；PC2 载荷较大的指标是中因子(0.815)，对总变量方差的贡献率为 27.843%，两者的累计贡献率为 83.213%[35]。说明了 9 个女性族群的体型主要区别是内因子和外因子的不同，其次是中因子。9 个族群的 PC1 值越大，它的内因子值越大，外因子值越小，表明

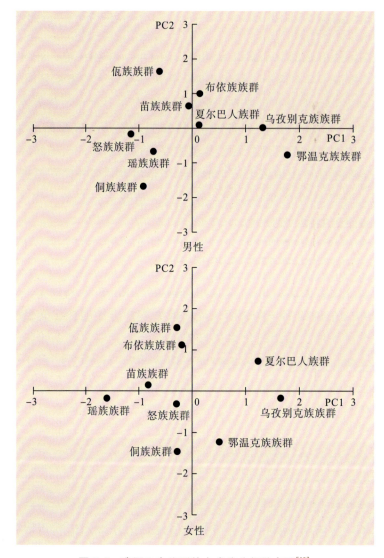

图 2.6 我国 9 个族群的主成分分析散点图[35]

体脂含量越高，身体线性度越小、越丰满；PC2 值越大，其中因子值越大，骨骼、肌肉含量越高、越发达。

以 9 个族群的因子得分为依据，并以 PC1 值为横坐标，PC2 值为纵坐标，得到主成分分析散点图（图 2.6）。图中显示：9 个族群中南方族群（除了夏尔巴人）的共同特点为 PC1 值明显小于北方族群，与图 2.6 中北方族群（乌孜别克族和鄂温克族）相比，南方族群（除夏尔巴人外）女性的体脂含量低、身体线性度大。而在南方族群中，苗瑶语族族群的女性总体比壮侗语族族群、藏缅语族族群、南亚语系族群的女性的身体线性度更大一些、体脂含量更低一些，瑶族族群女性的更为显著。壮侗语族的布依族族群女性和侗族族群女性的体脂含量和身体线性度均为中等,但布依族族群女性的骨骼、肌肉相对发达,而同语族的侗族族群女性的骨骼、肌肉却不发达。夏尔巴女性的体型与其余6个南方族群女性的体型有明显区别,其体脂含量较高,身体线性度小,骨骼、肌肉相对发达,因此除骨骼、肌肉与夏尔巴男性体型一致外,体脂含量和身体线性度均有一定的区别。

总的来说,对三大语系的9个不同民族族群的主成分分析后,有如下发现。

(1)夏尔巴人族群与同为藏缅语族的怒族族群,骨骼、肌肉发达程度均为中等,但二者不同的是,夏尔巴人族群的体脂含量中等、身体线性度中等,而怒族族群的体脂含量低、身体线性度大,这点差别较大。夏尔巴女性的体型与其余6个南方族群女性的体型显著不同,其体型特点是体脂含量较高,身体线性度小,骨骼、肌肉相对发达,因此除骨骼、肌肉与夏尔巴男性体型一致外,体脂含量和身体线性度与男性还是有一定的区别。

(2)同一个语族的族群体型有一定的共性,但也有所区别,其共性相对来说大于彼此之间的差异。不同语系的族群体型差异相对较大,如北方阿尔泰语系族群与南方的汉藏语系族群、南亚语系的少数民族族群的体型差异就很明显,但南方语族的汉藏语系族群、南亚语系少数民族族群之间的体型差异则相对较小。

2.5.5 夏尔巴人等汉藏语系11个族群的体型比较、体型三因子的主成分分析及体型散点图

包金萍等[35]为了了解汉藏语系各个主要支系的特点,选取了我国汉藏语系有代表性的、资料比较齐全的部分族群(羌语支的羌族[63]、木雅人[64]、尔苏人[64],山南语支的怒族、珞巴族[65]、僜人[65],藏语支的门巴族[65]、汉语族的云南省汉族[66]、四川省汉族[25]、甘肃省汉族[25])的体型数据与夏尔巴人族群的体型数据进行比较,详见表2.20,并对其进行主成分分析,绘制这些族群的体型散点图,进一步了解汉藏语系不同族群之间的体型关系。遗憾的是,该项目在当时只有藏族青少年的体型资料发表,尚无藏族成人的体型资料发表,因此汉藏语系族群的体型多元分析无法引入藏族数据。怒族主要分布在云南省怒江傈僳族自治州的福贡县、贡山县、兰坪县。这3个怒族族群语言不通。包金萍等[35]引用的怒族资料采集于贡山县的丙中洛区,自称也是阿龙,属于藏缅语族山南语支。

2.5.5.1 汉藏语系11个族群体型比较

SAD值表示体型位置距离,此值越大代表两族群间的体型差异越大。从表2.20中11个族群的SAD值可以得出,夏尔巴男性的体型与尔苏人(SAD=

0.69)、木雅人(SAD=0.70)、僜人(SAD=0.73)、怒族(SAD=0.75)依次接近。夏尔巴女性的体型与尔苏人(SAD=0.55)、怒族(SAD=0.79)、木雅人(SAD=1.06)依次接近。

郑连斌等[65]研究发现，根据目前发表的我国族群 Heath-Carter 体型资料，我国南方族群男性多为均衡的中胚层体型，女性主要是偏内胚层的中胚层体型，其次为内胚层-中胚层均衡体型。我国北方族群男性多为偏内胚层的中胚层体型，女性几乎均为偏中胚层的内胚层体型。而我国夏尔巴男性平均体型为均衡的中胚层体型，女性为偏内胚层的中胚层体型，可以认为我国夏尔巴男性和夏尔巴女性均具有我国西南族群的体型特征。

表 2.20 夏尔巴人族群与我国汉藏语系族群体型比较结果[35]

族群	男			女		
	人数 n	平均体型值	SAD	人数 n	平均体型值	SAD
夏尔巴人族群	98	2.7-5.1-2.2	—	84	4.4-5.1-1.2	—
羌族族群	299	3.9-5.6-1.5	1.48	303	6.0-5.4-1.0	1.64
木雅人族群	77	3.3-5.3-1.9	0.70	88	5.4-5.3-0.9	1.06
尔苏人族群	69	3.1-5.5-1.8	0.69	51	4.9-5.3-1.1	0.55
怒族族群	183	2.1-4.9-2.6	0.75	134	4.3-4.5-1.7	0.79
云南省汉族族群	247	3.6-4.5-2.6	1.15	243	5.3-4.0-2.0	1.63
甘肃省汉族族群	251	3.2-4.5-1.9	0.84	249	5.6-4.3-1.0	1.46
四川省汉族族群	222	4.5-4.8-1.3	2.03	200	5.9-4.4-0.9	1.68
僜人族群	60	2.9-4.6-2.7	0.73	84	5.1-4.3-1.9	1.27
门巴族族群	69	3.5-4.1-2.3	1.28	59	4.9-4.1-1.6	1.19
珞巴族族群	56	3.0-4.4-2.5	0.82	60	5.0-3.9-1.6	1.40

注：SAD 值表示三维空间各族群平均体型与西藏自治区夏尔巴人平均体型点的距离。

2.5.5.2 汉藏语系 11 个族群体型三因子的主成分分析

为了进一步发现夏尔巴人族群的体型特征及与其他族群体型之间的关系，包金萍等[35]对表 2.20 中的 11 个族群体型三因子均数进行了主成分分析（图 2.7），具体结果如下。

对藏汉语系的 11 个族群男性内因子值、中因子值、外因子值进行主成分分析后，提取了 2 个因子，其结果显示，PC1 载荷较大的指标为内因子(0.765)和外因子(−0.965),对总变量方差的贡献率是 62.807%;PC2 载荷较大的指标为中因子(0.780),对总变量方差的贡献率为 33.669%,其两者的累计贡献率为 96.476%,表明 11 个男性族群的体型主要区别是内因子和外因子有所不同,其次是中因子。11 个族群男性的 PC1 值越大,其内因子值越大,外因子值越小,也就是体脂含量越高,身体线性度越小,越胖;PC2 值越大,其中因子值越大,也就是骨骼、肌肉含量越高,越发达。

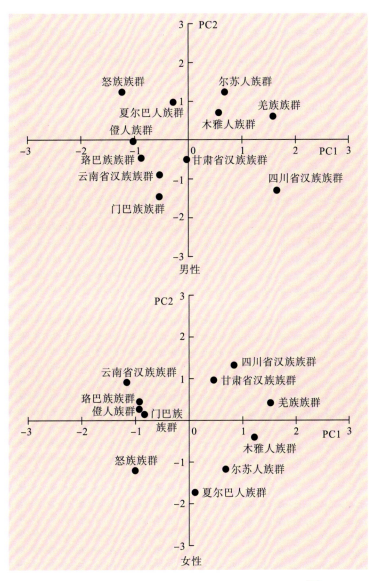

图 2.7 汉藏语系 11 个族群的主成分分析散点图[35]

图 2.7 中的男性主成分分析散点图显示,11 个族群被分为 4 个象限,其中第一象限的羌族族群、木雅人族群、尔苏人族群为一组,该组 PC1 值、PC2 值

均比较大。第二象限的夏尔巴人族群、怒族族群为一组，该组 PC1 值中等或小、PC2 值相对较大。第三象限的云南省汉族族群、僜人族群、门巴族族群、珞巴族族群、甘肃省汉族族群为一组，该组 PC1 值小或中等、PC2 值较小。第四象限的四川省汉族族群 PC1 值大、PC2 值小，并且与其他族群距离较远，独立为一组。在 11 个族群中，夏尔巴人族群 PC1 值中等、PC2 值大，也就是外因子值中等、内因子值中等，中因子值较大，即身体线性度中等，体脂发育水平中等，骨骼、肌肉比较发达。

若按照中因子的大小来划分族群，则可发现夏尔巴人族群、怒族族群、木雅人族群、尔苏人族群、羌族族群属于中因子值较大的体型类型，这个类型的共同特点是骨骼、肌肉发达。对图 2.7 男性综合考虑，可以发现夏尔巴男性的体型与怒族男性、木雅人男性、尔苏人男性的体型接近。

对藏汉语系的 11 个族群女性的内因子值、中因子值、外因子值进行主成分分析后，提取了 2 个因子，结果显示，PC1 载荷较大的指标是外因子（－0.937）和中因子（0.786），对总变量方差的贡献率为 61.621%；PC2 载荷较大的指标是内因子（0.784），对总变量方差的贡献率为 30.699%，两者的累计贡献率为 92.320%。可见，11 个女性族群的体型主要区别是外因子和中因子之间的不同，其次是内因子。11 个族群的 PC1 值越大，其外因子值越小，中因子值越大，也就是身体线性度越小、越丰满，骨骼、肌肉含量越高、越发达；PC2 值越大，其内因子值越大，体脂含量越高。

图 2.7 中的女性主成分分析散点图显示，11 个族群被分为 4 个象限，其中第一象限的羌族族群、甘肃省汉族族群、四川省汉族族群为一组，该组 PC1 值大、PC2 值也大。第二象限的云南省汉族族群、僜人族群、门巴族族群、珞巴族族群为一组，该组 PC1 值小、PC2 值较大。第四象限的木雅人族群、尔苏人族群为一组，该组 PC1 值较大、PC2 值小。第三象限的怒族族群因为其 PC1 值、PC2 值均很小，且与其他族群距离较远，未进入任何一个组。第四象限的夏尔巴人族群因为 PC1 值中等、PC2 值小，也未进入任何一个组。11 个族群中，夏尔巴女性的体型特点是身体线性度中等，骨骼和肌肉含量中等，体脂欠发达。相对来说，在 11 个族群中，夏尔巴女性的体型与怒族女性、尔苏人女性、木雅人女性的体型接近，这 4 个族群的共同体型特点是身体脂肪比较菲薄。

2.5.5.3 夏尔巴人等汉藏语系 11 个族群体型散点图

图 2.8 显示：11 个族群的男性、女性体型散点图都显示夏尔巴人族群（1）的体型点与木雅人族群（3）、尔苏人族群（4）的体型点距离最为接近，其次与同为藏缅语族的怒族族群的体型点距离也比较接近。相反，夏尔巴人族群与同为藏

缅语系的僜人族群(9)、门巴族族群(10)、珞巴族族群(11)的体型差距很大。

综上所述，11个族群的体型散点图同夏尔巴人族群与汉藏语系族群体型比较的SAD值及三因子主成分分析结果一致：夏尔巴人族群的体型与尔苏人族群、木雅人族群及怒族族群的体型最为接近。

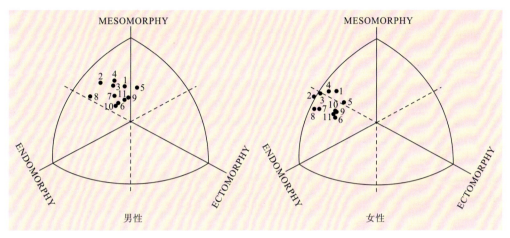

1—夏尔巴人族群 Sherpa；2—羌族族群 Qiang；3—木雅人族群 Muyag；4—尔苏人族群 Ersu；5—怒族族群 Nu；6—云南省汉族族群 Han(Yunnan)；7—甘肃省汉族族群 Han(Gansu)；8—四川省汉族族群 Han(Sichuan)；9—僜人族群 Deng；10—门巴族族群 Monba；11—珞巴族族群 Lhoba。

图2.8　11个族群的体型散点图[35]

2.5.6　夏尔巴人体型形成浅析

从夏尔巴人的平均体型(表2.17)、体型图(图2.5)及我国不同语系9个族群的男性、女性三因子主成分分析的体型特征来看，夏尔巴男性、女性均具有骨骼、肌肉发达的体型特点，且夏尔巴男性、女性的体脂率都不高(表2.17，男性为12.0%，女性为19.7%)，这样的体型特点与夏尔巴人自身的生活环境和劳作方式有关。

日喀则市定结县陈塘镇是我国境内夏尔巴人的主要定居点，曾是日喀则市唯一不通公路的乡镇，地理位置大体介于北面青藏高原和南面尼泊尔山地平原之间，平均海拔高度2000m左右，原始森林密布。由于夏尔巴人世居深山老林，地理闭塞，交通不便，进出陈塘镇的所有物资，全靠人背，因此陈塘镇夏尔巴人有负重的习俗，无论男性、女性，充当"背夫"是夏尔巴人的经济来源之一。长期的这种生活环境和劳作方式，使得夏尔巴人拥有了强健的骨骼和肌肉。根据我国BMI分类标准[67]，夏尔巴男性、女性都属于正常身体质量标准(表2.17)。

2.5.7 从体型特征探讨我国夏尔巴人的族源

2.5.7.1 夏尔巴人族源的3种类型

我国夏尔巴人属于未识别民族,不属于目前国家承认的56个民族中的任何一个民族。学术界主要从历史学、民族学的角度对夏尔巴人的族源进行了不同方面的探讨,但至今尚未得出一致的意见。

目前学术界对夏尔巴人的族源问题有以下3种类型观点。

第一类观点认为,夏尔巴人属于藏族。喇嘛身份的夏尔巴学者桑结甸增认为,木雅巴是"西藏六人种"之一的"董族"的亲属"格尔王"的后代[68]。黄颢据此认为,塞莫岗的木雅巴当属藏族,他们"约在宋代又伙同其他氏族后裔西迁定日,大概在元、明,其中一部南迁'夏尔康布'或'昆布'。由出自西藏自治区许多氏族(或家族)的这些康巴人,在长期发展中形成了夏尔巴人。没有南迁昆布而定居定日的夏尔巴人是在同一个时期形成发展起来的。"这些木雅康巴"且与住在其东部木雅热甫岗即今康定市折多山以西、乾宁以东地区的西夏后裔木雅人不同"[69]。黄先生的这个观点得到了藏语学界的支持。

第二类观点认为,夏尔巴人是党项羌的一支。陈乃文先生[70]指出,夏尔巴仅仅表示地理方位,弭药巴(即木雅巴)才表示族群之来源。根据汉、藏史籍众多记载勘同,弭药巴号称猕猴种,本出于西羌,与藏族同源,自唐代以来被看作党项羌的一支。他们认为,蒙古族灭亡西夏后,党项羌族中的一支南迁到西康木雅地区,后来在忽必烈南征木雅地区时,他们又逃离木雅迁往西藏自治区,其中一部分人翻越喜马拉雅山的囊巴山口,到达尼泊尔。

第三类观点认为,夏尔巴人为西夏人的后裔。这一观点目前并没有什么有力的材料或证据,不过这也不能说这个观点完全出自学者的凭空想象,这应该是西夏学界由来已久的"西夏灭亡后西夏后裔南徙论"的进一步发挥与演绎[71]。

切排根据藏文史料、汉文史料以及文化人类学等资料,提出夏尔巴人的祖先是我国康区的土著人(党项木雅人)的后裔[37]。

因此各种观点都认为夏尔巴人源于康区东部的木雅人。那么,其实争论的焦点在于木雅人到底属于哪一个民族。

2.5.7.2 夏尔巴人的体型特征结果支持其源于党项木雅人

影响体型形成的因素有很多,遗传因素、环境因素均对体型的形成起着重要作用,此外饮食习惯、生产方式、经济发展水平等对体型的形成也会产生一定的影响。

前面的研究结果中,无论是11个族群的体型散点图、夏尔巴人族群与汉藏语系族群体型比较的 SAD 值，还是三因子主成分分析结果，都一致认为，夏尔巴人族群的体型与尔苏人族群、木雅人族群的体型最为接近，其次为怒族族群的体型。

我国怒族主要分布在怒江两岸海拔 1500—2000m 的山腰和半山腰上，少数散居在江边地带和大山之巅，毗邻青藏高原东南部，具有寒、温、热 3 种不同气候。江边河谷炎热，冬季霜期短；半山气候温和，冬无严寒，夏无酷热；高山寒冷，冰峰积雪 6 个多月。怒族习惯于日食两餐，其主食绝大部分以玉米为主；长期从事较重的农业劳作，生产方式相对落后，男、女劳动强度大，这些因素对怒族成人的体脂较少，骨骼、肌肉较为发达的体型形成有一定的影响[56]。夏尔巴人与怒族都属于藏缅语族，但怒语属于彝语支，夏尔巴人语接近藏语，属于藏语支。夏尔巴人与怒族的海拔接近，居住环境均为山高坡陡谷深之地，交通不便，自然环境恶劣，其生产和生活方式接近。这些因素是二者体型存在较多共性的主要因素。二者不存在族源的关系[35]。

木雅人属于我国未识别的族群之一，是我国藏彝走廊上一个具有独特个性的特殊族群，主要位于四川省西南面青藏高原东部边缘大渡河中游、贡嘎山东南麓，气候属中纬度亚热带湿润气候区，具冬春干旱无严寒、夏秋多雨无酷热的特点。由于地形复杂，气候随海拔高度垂直变化[72]。它有着自己独特的语言，这种语言与藏语康方言、安多语以及毗邻而居族群的尔苏语、彝语都不相通，学术界称其为"木雅语"，此语言属汉藏语系藏缅语族。木雅人主食有荞粑粑、糌粑、玉米馍馍、土豆和肉等。党项人是我国古代北方少数民族之一，属西羌族的一支，谓之"党项羌"。学术界普遍认为，木雅人与党项有着密切的关系，是古老的党项部落的一支，可能是西夏亡国经历蒙古屠杀后，幸存南迁的党项遗民和当地的党项原始居民弭药人相互融合而形成的。

尔苏人主要居住在青藏高原东南缘横断山系的大渡河、安宁河、雅砻江三江流域（四川省石棉县、甘洛县、越西县），呈现出典型的高山峡谷地貌特征。尔苏语属汉藏语系藏缅语族羌语支，此语种与曾建立过西夏王国的党项人同源。历史上与羌族有很大的关系。

王子善等[73]通过对 27 个族群的聚类分析研究结果认为，木雅人男性、女性与尔苏人男性、女性的体质特征相近，欧氏距离平方最小；通过聚类分析知 2 个族群的体质特征位于南、北两大族群之间，与京族、客家人距离较近，与柯尔克孜族、乌孜别克族、撒拉族等北方族群距离次之，而与僜人、仡佬族、苗族等南方族群距离较远，属于藏彝走廊类型。这一结果与宇克莉等[16]从体质特征方面认为夏尔巴人族群与藏彝走廊类型的结果吻合。

夏尔巴人所在的陈塘镇位于喜马拉雅山脉中段南坡、珠穆朗玛峰东南侧的原始森林地带里；东南与尼泊尔接壤，北接定结县日屋镇，西临定日县曲当乡，平均海拔2040m，四季如春，夏无盛夏、冬无严冬、温和多雨，境内气候宜人，属亚热带季风气候。陈塘镇夏尔巴人由于所在地理位置的特殊性，一直处于比较封闭的状态中。夏尔巴人主食有玉米、大米、干扁豆，喜爱喝酥油茶、甜茶、"巴鲁"（玉米酒）、青稞酒、酸奶和烧酒。他们喜熟食，不吃生肉，不吃鱼，偏爱咖喱。

尽管夏尔巴人和木雅人生活的环境差距较大，饮食成分也有所区别，但他们之间的体型却非常相似，很大原因可能是遗传因素的一致。因此，体型特征分析比较结果支持夏尔巴人是党项羌一支的观点[35]，这与切排等[37]认为夏尔巴人是我国康区党项木雅人的后裔结论一致。

参考文献

[1] WILLIAN A H. 当代人类学[M]. 王铭铭, 等, 译. 上海：上海人民出版社, 1987：1.

[2] 张实. 中国体质人类学学科体系及其实践[J]. 云南师范大学学报（哲学社会科学版）, 2012, 44(03)：88-94.

[3] 黄新美. 体质人类学基础[M]. 广州：科学普及出版社广州分社, 1983：1.

[4] 庄孔韶. 人类学概论[M]. 北京：中国人民大学出版社, 2006：96.

[5] 张实. 体质人类学[M]. 昆明：云南大学出版社, 2003：24-25.

[6] 席焕久, 陈昭. 人体测量方法[M]. 北京：科学出版社, 2010：145-200.

[7] 邵象清. 人体测量手册[M]. 上海：上海辞书出版社, 1985：23-38.

[8] 张兴华, 宇克莉, 郑连斌. 中国14个特殊旁系群族的头面部特征比较[J]. 人类学学报, 2019, 38(e)：357-368.

[9] 潘雷, 魏东, 吴秀杰. 现代人颅骨头面部表面积的纬度分布特点及其与温度的关系[J]. 中国科学：地球科学, 2014, 44(8)：1844-1853.

[10] LEONG S C, ECCLES R. A systematic review of the nasal index and the significance of the shape and size of the nose in rhinology[J]. Clinical Otolaryngology, 2010, 34(3)：191-198.

[11] WU X J, LIU W, BAE C J. Craniofacial Variation Between Southern and Northern Neolithic and Modern Chinese[J]. International Journal of Osteoarchaeology, 2012, 22(1)：98-109.

[12] LI H J, ZHANG Q C, ZHU H. The size variation and related implications of mandibles in northern China in the past 7000 years[J]. Chinese Science Bulletin, 2012, 57(4)：387-394.

[13] 吴秀杰, 刘武, 张全超, 等. 中国北方全新世人群头面部形态特征的微观演化[J]. 科学通报, 2007, 52(2)：192-198.

[14] 杨兴鑫. 青海、阿拉善蒙古族和硕特部体质特征及遗传特征研究[D]. 呼和浩特：内蒙古

师范大学，2020：21.
[15] 李咏兰．中国乡村汉族男性体部指标的多元分析[J]．解剖学报，2018，49(2)：240-245.
[16] 宇克莉，向小雪，李咏兰，等．中国夏尔巴人的体质特征研究[J]．人类学学报，2021，40(5)：801-810.
[17] 郑连斌，陆舜华，张兴华，等．珞巴族与门巴族的体质特征[J]．人类学学报，2009，28(4)：401-407.
[18] 宇克莉，杜慧敏，贾亚兰．布朗族的体质特征[J]．解剖学杂志，2017，40(5)：574-602.
[19] 李明，李跃敏，余发昌，等．云南拉祜族的体质特征研究[J]．人类学学报，2001，20(1)：39-44.
[20] 张兴华，杨亚军，王子善，等．中国八甲人与空格人的体质特征[J]．人类学学报，2017，36(2)：268-279.
[21] 宇克莉，王子善，张兴华，等．尔苏人与木雅人身体成分分析[J]．天津师范大学学报：自然科学版，2018，38(1)：70-75.
[22] 张兴华，宇克莉，杨亚军，等．中国白马人的体质特征[J]．人类学学报，2020，39(1)：143-151.
[23] 宇克莉，董文静，李咏兰，等．四川凉山彝族的人体测量学[J]．人类学学报，2018，37(3)：478-483.
[24] 李晶，李珊，宇克莉，等．羌族的体质特征[J]．解剖学杂志，2018，41(4)：440-445，486.
[25] 郑连斌，李咏兰，席焕久，等．中国汉族体质人类学研究[M]．北京：科学出版社，2017：20-26.
[26] 李咏兰，郑连斌．中国蒙古族体质人类学研究[M]．北京：科学出版社，2018：125.
[27] 陆舜华，郑连斌，索利娅，等．俄罗斯族体质特征分析[J]．人类学学报，2005，24(4)：291-300.
[28] 崔静，邵兴周，王静兰，等．新疆哈萨克族体质特征调查[J]．人类学学报，1991，10(4)：303-313.
[29] 艾琼华，肖辉，赵建新，等．维吾尔族的体质特征研究[J]．人类学学报，1993，12(4)：357-365.
[30] 张洪波，高放，康龙丽，等．西藏门巴族人群 $HLA-A$、B 和 $DRB1$ 基因座多态性[J]．中华医学遗传学杂志，2005，22(3)：344-346.
[31] 康龙丽．西藏珞巴族 $HLA-DRB1$ 基因多态性[J]．中南大学学报：医学版，2005，30(2)：135-139.
[32] 陈立明．藏族与门巴族珞巴族历史关系简论[J]．西藏民族大学学报：哲学社会科学版，2009，30(6)：28-33.
[33] 宋红潮，梁友芳．身高的遗传学研究概况[J]．中国临床新医学，2018，11(11)：1160-1163.
[34] 向小雪，杜慧敏，宇克莉，等．门巴族、珞巴族与夏尔巴人身体成分特点及比较[J]．人类学学报，2021，40(01)：109-117.
[35] 包金萍，郑连斌，宇克莉，等．从体型特征来探讨中国夏尔巴人的族源[J]．人类学学报，

2021,40(04):653-663.

[36] 陈锋. 西藏世居人群的母系遗传多样性和夏尔巴人遗传特征[D]. 咸阳：西藏民族学院，2014:24.

[37] 切排,桑代吉. 夏尔巴人的历史与现状调查[J]. 西北民族研究,2006(01):64-74,206.

[38] 任光祥,方钊,饶似玉,等. 贵州白族头面部体质人类学特征研究[J]. 黔南民族医专学报,2021,34(1):63-69.

[39] GUPTA R, BASU A. Variations in body dimensions in relation to altitude among the Sherpas of the eastern Himalayas[J]. Ann Hum Biol, 1981, 8(2):145-152.

[40] 郑连斌,陆舜华. 我国23个群体体质的聚类分析与主成分分析[J]. 人类学学报,1997,16(2):66-73.

[41] 黎彦才,胡兴宇,汪澜. 中国33个少数民族（部族）体质特征的比较研究[J]. 人类学学报,1993,12(1):49-54.

[42] CARTER J E L, HEALTH B H. Somatotyping Development and Applications[M]. Cambridge: Cambridge University Press, 1990:373-387.

[43] WEINER J S, LAURIE J A. Practical Human Biology[M]. London: Academic Press Inc., 1981:75-83.

[44] SANCHEZ-ANDRES A. Genetic and environmental influences on somatotype components: family study in a Spanish population[J]. Hum Biol, 1995, 67(5):727-738.

[45] KATZMARZYK P T, MALINA R M, PERUSSE L, et al. Familial resemblance for physique: heritabilities forsomatotype components[J]. Ann Hum Bio1, 2000, 27(5):467-477.

[46] TOSELLI S, TARAZONA-SANTOS E, PETTENER D. Body size, composition, and blood pressure of high-altitude Quechua from the Peruvian Central Andes(Huancavelica, 3,680 m)[J]. Am J Human Biol, 2001, 13(4):539-547.

[47] SUKHANOVA N. Somatotype as an indicator of individual growth rates and maturation of a child[J]. Gig Sanit, 1998, (5):36-37.

[48] KOLEVA M, NACHEVA A, BOEV M. Somatotype and disease prevalence in adults[J]. Rev Environ Heath, 2002, 17(1):65-84.

[49] MONYEKI K D, TORIOLA A L, DE RIDDER J H, et al. Stability of somatotypes in 4 to 10 year-old rural South African girls[J]. Ann Hum Biol, 2002, 29(1):37-49.

[50] KATZMARZYK P T, MALINA R M. Body size and physique among Canadians of First Nation and European ancestry[J]. Am J Phys Anthropol, 1999, 108(2):161-172.

[51] 郑连斌,李咏兰,席焕久,等. 中国汉族体质人类学研究[M]. 北京：科学出版社,2017:164-176.

[52] 席焕久. 新编老年医学[M]. 北京：人民卫生出版社,2001:45-406.

[53] 吕志梅,杜文雯,张继国,等. 2015年中国15省（自治区、直辖市）18—65岁居民体脂率人群分布及其与体质指数关系[J]. 卫生研究,2020,49(2):195-200.

[54] 田金源,郑连斌,宇克莉,等. 大凉山彝族体型的Heath-Carter人体测量[J]. 解剖学杂志,2015,38(1):72-75.

[55] 万星光,徐飞,李辉煌,等. 湘西苗族成人 Heath-Carter 法体型分布[J]. 解剖学杂志, 2010, 33(4): 535-537.

[56] 罗冬梅,郑连斌,陆舜华,等. 怒族成人 Heath-Carter 法体型研究[J]. 天津师范大学学报: 自然科学版, 2007, 27(4): 11-15.

[57] 黄秀峰,周庆辉,钟斌. 瑶族体型的 Heath-Carter 人体测量法研究[J]. 右江民族医学院学报, 2003, 25(1): 1-5.

[58] 杨建辉,郑连斌,陆舜华,等. 布依族成人 Heath-Carter 法体型研究[J]. 人类学学报, 2005, 24(3): 198-203.

[59] 黄世宁,蒲红琴,庞祖荫. 侗族成人 Heath-Carter 法体型研究[J]. 人类学学报, 2004, 23(1): 73-78.

[60] 于会新,郑连斌,陆舜华,等. 佤族成人 Heath-Carter 法体型研究[J]. 天津师范大学学报: 自然科学版, 2008, 28(2): 16-20.

[61] 陆舜华,郑连斌,栗淑媛,等. 乌孜别克族成人的体型特点[J]. 人类学学报, 2004, 23(3): 224-228.

[62] 朱钦,王树勋,陆舜华,等. 鄂温克族成人的 Heath-Carter 法体型研究[J]. 人类学学报, 2000, 19(2): 115-121.

[63] 魏榆,宇克莉,张兴华,等. 四川羌族成人的 Heath-Carter 体型特征[J]. 天津师范大学学报: 自然科学版, 2017, 37(5): 70-74.

[64] 魏榆,张兴华,宇克莉,等. 中国基诺族、木雅人、尔苏人、八甲人与空格人5个族群的体型特征[J]. 解剖学报, 2017, 48(5): 605-609.

[65] 郑连斌,陆舜华,张兴华,等. 中国莽人、僜人、珞巴族与门巴族 Heath-Carter 法体型研究[J]. 人类学学报, 2010, 29(2): 176-181.

[66] 邹智荣,李雪雁,刘承杏,等. 云南汉族成人的 Heath-Carter 法体型研究[J]. 四川大学学报: 医学版, 2006, 37(2): 321-323.

[67] 中华人民共和国国家卫生和计划生育委员会. 成人体重判定(WS/T428—2013)[S]. 中华人民共和国卫生行业标准, 2013: 1-2.

[68] 中国社会科学院民族研究所编辑的内部资料. 夏尔巴人资料汇编[M]. 1979: 22-32.

[69] 黄颢. 夏尔巴人族源试探[J]. 西藏民族学院学报, 1980(03): 22-26, 59.

[70] 陈乃文. 夏尔巴源流探索[J]. 中央民族学院学报, 1983(04): 44-47, 23.

[71] 王丽莺,杨浣,马升林,等. 夏尔巴人族源问题再探[J]. 四川民族学院学报, 2012, 21(3): 24-26.

[72] 李璟. 对木雅藏族的民族学与历史学考察: 以四川石棉县蟹螺乡木耳堡子木雅人为例[D]. 成都: 四川大学, 2006: 3.

[73] 王子善,张兴华,宇克莉,等. 中国木雅人与尔苏人的体质特征[J]. 解剖学杂志, 2017, 40(5): 562-573.

第3章 夏尔巴人的分子人类学研究

分子人类学（molecular anthropology）是人类学的分支，是一门自然科学和社会科学的交叉学科，主要由遗传学、计算生物学、解剖学、历史学、考古学、民族学、语言学和地理学交叉组成。它利用人类基因组的分子分析以及DNA遗传信息分析人类起源、民族演化、古代社会文化结构等多方面、多层次的问题。遗传学是一门自然科学，它不同于人文科学研究，因为自然科学的研究方法是假设驱动。研究者先根据相关背景资料做出假设，然后相应地设计实验，通过实验得出数据，并对这些数据进行分析，从而回答和检验原先的假设。这是自然科学的思维方式。在分子人类学的研究过程中所做的假设，是从人文科学特别是历史学资料中找来的根据。但是，一旦假设提出，后面的研究过程实际上不受其他学科的影响，而是遵循遗传学研究自身的路径和规律。结果得出之后，又必须回到原来的相关学科去检验。所以，遗传学仅仅是分子人类学的一个工具。这样一个工具应用于历史研究，就形成了历史人类学，这对于历史研究有很大的作用[1]。

分子人类学研究的材料是人类基因组。人类基因组由细胞核中的染色体DNA和细胞质中的线粒体DNA（mitochondrial DNA，mtDNA）组成，其物质基础是DNA大分子。DNA由于复制错误，在传代过程中会积累突变。突变主要有限制性内切酶片段长度多态性（restriction fragment length polymorphism，RFLP）、短串联重复序列多态性（short tandem repeat，STR）、单核苷酸多态（single nucleotide polymorphism，SNP）和拷贝数差异（copy number variation，CNV）等类型。由于遗传漂变、瓶颈效应或者自然选择的作用，突变类型在群体之间会形成一定比例的差异。分子人类学就是用基因组分析人群之间的差异来研究人类演化历史的学科。通过检查不同特定人群的DNA序列，科学家能判断特定人群之间或之内的亲属关系。人类学家根据基因序列的特定相似处判断不同的人群是否属于同一基因组，以及是否发源自同一个地方。这就得以帮助人类学家跟踪迁徙和定居的模式，去发现现代人类是如何形成和发展的。

在过去分子人类学还没有兴起的年代，研究历史探寻民族起源只能靠有限的史料和考古发现来大概推测，这是非常具有局限性的。尤其是史料，是非常有限的，也未必是真实的[2]。所以，分子人类学的兴起将大大打破这些局限，向人们揭示一个更真实、更准确的历史，从而更加清晰地分析一个民族的起源。一般来讲，人类学家会通过常染色体、父系 Y 染色体、母系 mtDNA 3 个维度来判断一个群体的起源。

一个人的常染色体来自他的全部（父系和母系）祖先，会随着通婚而不断组合变化，所以常染色体从个体上体现个人的通婚状况，从群体上体现民族的遗传基因特征。

Y 染色体是纯父系遗传的单倍型遗传物质，总是由父亲传给儿子，世代相传，在群体间差异最显著，可以很好地追溯人群父系源流，所以被广泛应用于父系群体遗传结构研究。Y 染色体作为分子人类学的一大利器，其本身的特性需要详细地分析，以确保它被用于分子人类学时的可信度[1]。对反映群体历史和遗传的 Y 染色体证据的解读大多基于下述假设，即 Y 染色体男性特有区段上的标记位点不受自然选择作用。通过 Y 染色体，我们可以判断一个族群整体的历史起源。

人类的 mtDNA，以其基因组小，拷贝数高，突变率高，无重组，单一的母系遗传等特点，成为研究人类进化的一个常用分子标记，被广泛地应用到群体遗传学和分子人类学的研究中。mtDNA 伴随母系遗传，决定母系的来源，男性该基因少量遗传给下一代；在男性精子中，线粒体位于精子的尾部。在受精的时候，精子只有头部进入卵子的体内，尾部则自然脱落，因此，子女的 mtDNA 大多来源于母亲，呈现随母系遗传的方式[3]。这种缺乏重组，单一的母系遗传使线粒体单倍型序列成为研究人类进化历史一种非常适宜的工具，其在人群中的多样性，可以重建一棵独一无二的母系树，追溯人类进化历史中母系的起源、扩张、瓶颈及迁徙。但在 2018 年有学者证明，父亲也可以将少量 mtDNA 遗传给后代[4]。如果这种现象在人类社会广泛存在，那么我们对人类进化和迁徙的认知有可能也会被改写。

3.1 夏尔巴人的祖先起源和遗传历史的研究现状

在丹增·诺尔盖和埃德蒙·希拉里开创性地登上珠穆朗玛峰之后，夏尔巴人的族源、迁徙以及与汉族、藏族的关系和适应机制也得到了广泛的研究[5]。夏尔巴人的族属问题尚无定论，仍是历史学、人类学和遗传学中最具争议的难题之一。

现存的考古资料表明，第一批人类早在 3 万年前就来到了青藏高原，随后从不同的时间和地点相继迁移，最终在喜马拉雅山地区形成了复杂的人口历史拼盘[5]。夏尔巴人于喜马拉雅山地区南侧集居，一部分居住在尼泊尔北部边境的昆布、比贡、劳布吉等地；一部分居住在西藏自治区日喀则市聂拉木县樟木镇、定结县陈塘镇和定日县绒辖镇。

黄颢[6]认为，夏尔巴人是藏族的一个分支，夏尔巴人的祖先是藏族中的董氏族。董氏族先祖是格尔杰，格尔杰一词中的"杰"有"王"的意思，因此格尔杰也可翻译为格尔王。格尔杰的后裔多居住在木雅日芒，也称为木雅族，此后木雅族(董氏族)中又分出3个支系，其中一支就被称为"夏尔巴"，但这并不是现代所称的夏尔巴人的全部含意。由于战乱，董氏族后裔从长期居住的康地赛莫岗地区西迁至定日并居住了相当长的时期，居住在定日的迁徙者被称为"康巴人"。此后"康巴人"又继续南迁，越过中尼边境的囊巴雪山进入一个"无人空地"，并在这里繁衍了康巴人的后裔，称为"昆布"。康巴人将自己繁衍后代的地方称为"夏尔康布"，意为"东方康地的子孙"，而居住在这里的康巴人后代就称为"夏尔巴"。自此，居住在我国和尼泊尔交界的康巴人就统称为"夏尔巴"。

陈乃文、切排和贡波扎西等[7-9]认为，夏尔巴人的祖先弭药巴是党项羌的一支，源于西羌，有猕猴种之传说，与藏族同源。"弭药"一词最早见于《旧唐书·党项羌传》，吐蕃强盛后，拓跋氏被迫内迁至吐蕃役属区，称为"弭药"，即藏文史所谓"蕃弭药"，意为吐蕃属辖的弭药。藏史《拉达克王统记》中明确指出，藏族董氏族与弭药一起称为董弭药。因此，陈乃文等认为，弭药人是藏族的一个分支，弭药源于藏族。夏尔巴人的祖先于宋朝末期西迁至后藏，后辗转越过喜马拉雅山，进入尼泊尔的索卢-昆布，后来其中一个分支约300年前又迁入我国樟木口岸。

王思亓[10]认为，夏尔巴人是藏族董氏与鲜卑后裔党项部族等相融合的董弥药的后代。有些夏尔巴人自称"木雅"，汉语音译为"弥药"。木雅人为董氏的后裔，吐蕃征服党项后，迁往木雅的藏族董氏与党项族融合，形成夏尔巴人的先人族群——"董弥药"。13世纪该族群南迁，于16世纪中叶进入尼泊尔，随后又以索卢-昆布为中心向东、西迁徙，形成夏尔巴人如今分散居住在我国境内及尼泊尔、印度等地的格局。

以上均是从历史资料、田野调查和夏尔巴人的口述资料中得出的结论，并不能精确地描绘出夏尔巴人的起源、扩张、迁徙和人口形成情况，具有一定的局限性。近年来，有学者利用体质人类学数据探究夏尔巴人的族源问题。此外，诸多国内外分子人类学家利用生物学数据和生物信息学分析方法得出了关于夏尔巴人更为精确的起源、迁徙和定居模式。

包金萍等[11]从体质人类学角度探究我国夏尔巴人的族源。他们采集了182例(男98例、女84例)夏尔巴人的身高、体重、上臂紧张围、小腿围、肱骨内外上髁间径、股骨内外上髁间径、肱三头肌皮褶、肩胛下皮褶、小腿外侧皮褶、髂前上棘皮褶10项指标，利用Heath-Carter体型法和主成分分析法计算分析夏尔巴人的体型特征(图2.7)。结果发现，与我国汉藏语系族群体型比较，夏尔巴男性的体型与尔苏人、木雅人、僜人、怒族男性的体型比较接近，夏尔巴女性的体型与尔苏人、木雅人、怒族女性的体型最为接近，故认为居住在西藏自治区的夏尔巴人族群具有我国西南族群的体型特征。包金萍等还指出，体部特征分析不支持夏尔巴人是藏族分支的观点(与后文中Zhang Chao等[12]提出的观点一致)，但这个结论还存在一定争议,因为他们并没有得到大量的藏族体质人类学测量数据与之比较。不过,他们最终的体型特征分析结果支持夏尔巴人源于党项木雅人,用生物学数据证明其研究结果与之前历史文献和田野调查所得结果一致。

与藏族相比,M. Sazzini 等[13]证明了夏尔巴人受到了长期的隔离,并显示了有效人口规模的减少。此外,他们还发现了南亚血统族群历史混合的遗传特征,特别是他们发现与来自印度东北部的低海拔藏缅语族那加人(Nagas)的亲缘关系仅与塔芒人(Tamangs)接近,而在夏尔巴人中没有发现。这表明,尽管来自相同的原始藏缅语族人的祖先,但很可能是在藏族和夏尔巴人占领高海拔环境之前,这些人群很早就分化了。

A. M. Cole 等[14]利用常染色体基因型数据探索了居住在高海拔地区的藏族和夏尔巴人的遗传历史。该研究确定了夏尔巴人和藏族 2 个高海拔族群的共同祖先组成部分,而这部分基因在南亚或中亚低地族群中是不存在的。这种"高海拔"祖先成分的比例在夏尔巴人中高度富集,藏族则表现出混合成分,东亚成分在当代汉族族群中富集。他们从 1245 个个体中收集了基因型数据,这些个体来自尼泊尔、中国、印度、巴基斯坦、哈萨克斯坦、乌兹别克斯坦、塔吉克斯坦和吉尔吉斯斯坦在内的泛喜马拉雅山地区,并对不同族群进行了主成分分析、杂合分析和纯合性分析。在喜马拉雅山地区的族群中发现了明确的子结构,其遗传结构广泛地反映了该地区的地理特征。尼泊尔境内各亚族群的遗传结构具有明显的异质性和主成分分析特征。在尼泊尔亚群中,北部喜马拉雅族群的祖先比例存在差异,其中尼泊尔 Rai、Magar 和 Tamang 族群携带最大比例的藏族祖先成分;居住在喜马拉雅山地区的族群对印度北部的基因库有明显的影响。说明夏尔巴人是一个非常孤立的群体,很少有来自周围尼泊尔人口的基因流动。

康龙丽等[15]使用 Y 染色体和 mtDNA 遗传标记为跨越喜马拉雅山脉的北向基因流动提供了线索,并阐明了夏尔巴人的起源与之前历史学学者提出的迁徙路线和时间大致相同。康龙丽等认为,约 83% 的夏尔巴人 Y 染色体(包括单倍群 C、单倍群 D 和单倍群 O)可归属于东亚或东南亚。这些谱系的基因单倍型水平的详细遗传结构揭示了夏尔巴人族群与藏缅语族族群(特别是藏族族群)之间强烈的亲缘关系。从母系方面来看,可以追溯到东亚或东南亚血统的 mtDNA 约占夏尔巴人的 82.5%,大部分线粒体高变区 I(HVSI)单倍型与藏缅语族族群和阿尔泰语族族群样本共享或密切相关。同时,在一些谱系中观察到的内部同质性表明,夏尔巴人起源过程中可能存在奠基者效应,特别是 Y 染色体单倍群 D1 - M15 和单倍群 O3a2c1a - M117,mtDNA 单倍群 A4 和单倍群 C4a。也就是说,这些单倍群的夏尔巴人是由一小部分来自藏缅语族人口的移民衍生而来的。

S. Bhandari 等[16]收集了 582 名居住在尼泊尔和我国西藏自治区的夏尔巴人的 DNA 样本,以研究其母系(mtDNA)和父系(Y 染色体)的遗传多样性。分析表明,夏尔巴人与世居藏族分享了大部分父系和母系血统,代表了一个最近衍生出来的亚血统。2 个夏尔巴人特异性 mtDNA 亚单倍群（C4a3b1 和 A15c1）的估计年代表明，夏尔巴人与藏族之间的遗传差异不到 1500 年。这些发现否定了夏尔巴人和汉族是藏族的双重祖先的理论，相反地，藏族是夏尔巴人的祖先，夏尔巴人适应高海拔的特征最近继承自他们居住在西藏自治区的祖先。

Zhang Chao、康龙丽、Xu Shuhua 等[12]分析了 111 名夏尔巴人（我国西藏自治区和尼泊尔部分地区）、177 名藏族（西藏自治区和青海省），Lu Dongsheng、康龙丽、Xu Shuhua 等分析了 33 名藏族、5 名夏尔巴人与 39 名平原汉族的全基因组数据，结合现有的族群数据，与藏族相比，发现夏尔巴人南亚血统水平比藏族高，藏族东亚和中亚/西伯利亚血统水平比夏尔巴人高，尽管他们之间（11300—3200 年前）的差异要比汉族与 2 个族群中的任何一个（16000—6200 年前）的差异晚得多。夏尔巴人和藏族都存在子群结构，与地理或语言族群相对应。通过对夏尔巴人和藏族样本进行基因分型，识别和验证了夏尔巴人和藏族之间与适应高海拔或紫外线辐射相关的遗传变异。分析表明，夏尔巴人和藏族都是混合族群，但这一发现并不支持藏族的祖先来自夏尔巴人和汉族的这种假说。因此他们提出了一种新的模式来解释夏尔巴人和藏族的不同的人口历史和适应性。虽然这些学者的结论与其他学者不同，但他们也指出了自己研究的不足，那就是都没有得到大样本验证，因此得出的结论也只是一种基于大数据分析的观点。

3.1.1 夏尔巴人与藏族旧石器时代、新石器时代的人口历史

虽然新石器时代的人口历史以及夏尔巴人和藏族之间的遗传关系仍然存在争议，但 Lu Dongsheng 等[18]的数据证明了旧石器时代和新石器时代，高原生存者与当代藏族之间的遗传连续性，并通过自然选择保持高频率。夏尔巴人最初是 500 年前从西藏自治区东部迁徙到尼泊尔珠穆朗玛峰地区的藏族，依据是他们在藏缅语上的相似性、对藏传佛教教派的信奉、口头传说和其他传统。夏尔巴人由于没有文字记载的历史，使他们的起源更具传奇色彩。在阐明 2 个高地族群的遗传关系时，最近的遗传证据导致了相互矛盾的结论。基于常染色体基因组数据，C. Jeong 等[17]假设，现代藏族是与夏尔巴人和汉族有血缘关系的祖先族群的混合体，因此，他们对高海拔地区的遗传适应很可能是从夏尔巴人祖先那里遗传的。相反，最近 2 项基于 mtDNA 和 Y 染色体数据的研究报告提出，夏尔巴人是最近派生出来的藏族亚系，可追溯到 1500 年前，这表明夏尔巴人可能在其祖先长期居住在青藏高原期间获得了高海拔适应性特征，然后最近向尼泊尔迁移。这些不同的观点可能源于不同的遗传物质、研究方法或解释，这表明夏尔巴人和藏族复杂的遗传混合起源。

Zhang Chao、Lu Dongsheng 等[12,18]提出了简化模型（图 3.1），描述了旧石器时代和新石器时代夏尔巴人和藏族的人口历史。他们认为，从南喜马拉雅山地区族群到夏尔巴人族群的基因流动，东亚基因对现代藏族的贡献，以及夏尔

巴人、藏族及其亚群之间的不同接触共同导致了 2 个高原族群的遗传多样性。

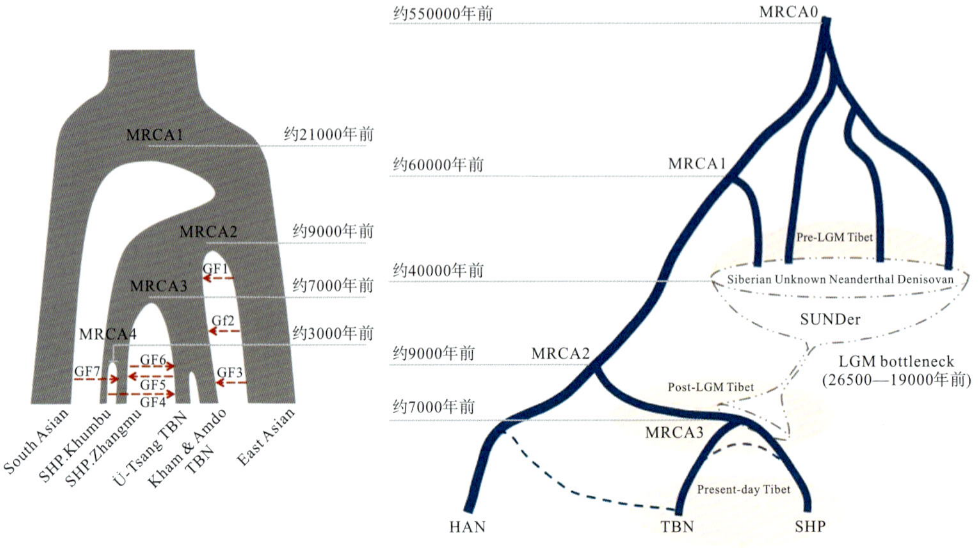

图 3.1　夏尔巴人和藏族的起源和人口历史示意图

Lu Dongsheng 等对 5 名中国夏尔巴人、33 名藏族和 39 名汉族的基因组进行了高覆盖率测序（>30×），然后与 2 名尼泊尔夏尔巴人和 7 名印度人的基因组数据组成下一代测序（next-generation sequencing，NGS）包，使用多重顺序马尔可夫聚合（pairwise sequentially Markovian coalescent，MSMC）分析来推断历史有效人口规模和分化时间，可以看到尼泊尔夏尔巴人在大约 3 万年前就有一个小的有效群体规模（effective populationsizes，N_e）（图 3.2a）。同时，中国夏尔巴人的人口规模相对大于尼泊尔夏尔巴人，而低于藏族、印度人和汉族。2 个夏尔巴人族群，特别是尼泊尔夏尔巴人，在 9000—8000 年前经历了瓶颈效应事件（图 3.2a），当时汉族经历了持续的新石器时代人口扩张。因此他们推测，尼泊尔夏尔巴人人口规模的减少是大约 1 万年前汉族农业人口扩张的结果。与尼泊尔夏尔巴人相比，藏族在那段时间的人口规模略有增加（图 3.2），表明始于 11000—7000 年前的新石器时代早期，基因从青藏高原以外流入藏，但没有流入夏尔巴人。

因此他们估计藏族从汉族分化到 15000—9000 年前，远早于最近一项基于外显子组测序数据的研究估计的 2750 年前。他们还估计，中国夏尔巴人在 11000—7000 年前与藏族共享祖先。这些结果表明，夏尔巴人与藏族之间的差异要晚于藏族与汉族之间的差异。C. Jeong 等在之前的一项研究中认为，尼泊尔夏尔巴人在大约 4 万年前就开始与中国汉族分道扬镳，藏族是汉族与古夏尔巴人的混合后裔。Zhang Chao 等分析了 C. Jeong 等报道的 2 个尼泊尔夏尔巴人的基因组，以及中国夏尔巴人、藏族和汉族的基因组（表 3.1），以分析 2 项研究之间

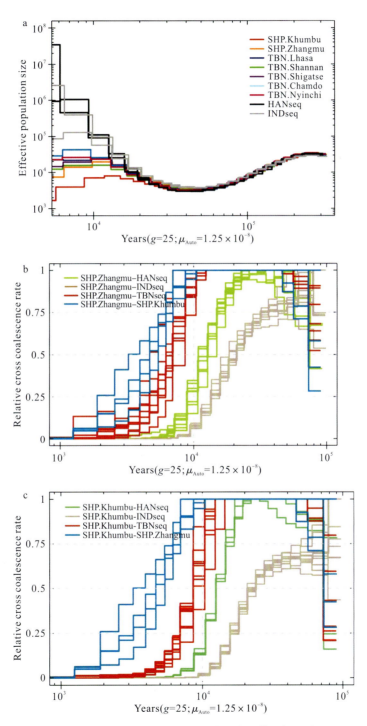

图 3.2 夏尔巴人与藏族的历史有效群体规模和起源时间

表 3.1 Zhang Chao 等研究中使用的人口样本和数据

族群	样本数量	通过质控样本数量	测序平台	样本来源	海拔/m	数据来源	Symbol
藏族族群	31	31	Affy6.0	青海省(31)	约4350	Simonson, et al. [19]	TBN. Qinghai(42)
藏族族群	50	49	Affy6.0	拉萨市(20)、日喀则市(18)、青海省(11)	>3000	Peng, et al. [20]	TBN. Shigatse(43)
藏族族群	69	64	Affy6.0	拉萨市(10)、昌都市(9)、林芝市(9)、山南市(9)和日喀则市(25)	>3000	Xu, et al. [21] Zhang, et al. [12]	TBN. Lhasa(30) TBN. Shannan(9) TBN. Nyingchi(9) TBN. Chamdo(9)
夏尔巴人族群	61	55	Affy6.0	日喀则市樟木镇(55)	约3400	Zhang, et al. [12]	SHP. Zhangmu(55)
夏尔巴人族群	2	2	NGS	尼泊尔索卢-昆布 Solo-Khumbu region, Nepal(2)	约3800	Jeong, et al. [17]	SHP. Khumbu(2) (SHPseq2 in NGS panel)
夏尔巴人族群	69	49	Illumina HO-Q	尼泊尔索卢-昆布 Solo-Khumbu region, Nepal(49)	约3800	Jeong, et al. [17]	SHP. Khumbu(49)
藏族族群	5	5	NGS	日喀则市樟木镇(5)	约3400	Lu, et al. [18]	SHPseq(5)
藏族族群	33	33	NGS	拉萨市(3)、昌都市(6)、那曲市(2)、林芝市(2)、山南市(7)和日喀则市(12)	>3000	Lu, et al. [18]	TBNseq(33)
汉族族群	39	39	NGS	中国各地(39)	<2500	Lu, et al. [18]	HANseq(39)
印度族群	7	7	NGS	南亚各地	<2500	Chambers, et al. [22]	IND
203个世界人口族群	2345	2345	Affy HumanOri	世界各地(2345)	—	Patterson, et al.	Followed the original paper
藏族族群	118	118	SNaPshot	西藏自治区6个地市	>3000	Zhang, et al. [12]	—
夏尔巴人族群	78	78	SNaPshot	日喀则市樟木镇	约3400	Zhang, et al. [12]	—

的差异。他们估计尼泊尔夏尔巴人与中国夏尔巴人的分歧时间为7800—1240年前,尼泊尔夏尔巴人与藏族的分歧时间为13300—6100年前,均略晚于尼泊尔夏尔巴人与汉族的分歧时间(18000—9500年前)(图3.2)。因此,他们分析证实尼泊尔夏尔巴人的基因库与汉族基因库的分化时间远低于4万年前。为了检验藏族是否像C.Jeong等假设的那样——是汉族和夏尔巴人混合的后代,Zhang Chao等进一步用G-PhoCS(一个从个体基因组序列推断祖先群体大小、群体分化时间和迁移率的软件包)对同一数据集进行分析,得出夏尔巴人与藏族之间的分化时间约为5100年前,汉族与2个高地群体之间的分化时间约为6100年前,结果与基于遗传分化指数(F-statistics,F_{ST})和有效群体规模的分化时间(T_F)估计相一致。因此表明C.Jeong等的假设并不成立(表3.2、表3.3)。

表3.2 由MSMC、F_{ST}和G-PhoCS估计的夏尔巴人、藏族和汉族之间的分歧时间

分歧	MSMC	F_{ST}和Ne	G-PhoCS
尼泊尔夏尔巴人和中国夏尔巴人	1240—7800	1875	1500
夏尔巴人和藏族	3200—11300 中国夏尔巴人和中国藏族	1850—3850 中国夏尔巴人和中国藏族	5100
	6100—13300 尼泊尔夏尔巴人和中国藏族	2200—4450 尼泊尔夏尔巴人和中国藏族	
高地民族和汉族	700—18500 中国夏尔巴人和中国汉族	4050 中国夏尔巴人和中国汉族	6100
	9500—18000 尼泊尔夏尔巴人和中国汉族	4575 尼泊尔夏尔巴人和中国汉族	
	6200—15800 中国藏族和中国汉族	3125—5300 中国藏族和中国汉族	

3.1.2 夏尔巴人与藏族之间不同的人口历史和适应性差异

在藏族和夏尔巴人内部,地理和文化因素在人口结构形成中的作用知之甚少。由于藏族居住在横断山脉的不同地区,复杂的地形可能阻碍了族群群体之间的沟通。尽管历史上西藏自治区有3个方言区(卫藏、康藏和安多),但在不同的藏族族群中的基因流动却很少。另外,夏尔巴人主要居住在尼泊尔昆布地区,在中尼边境的定结县和樟木镇有一部分。昆布夏尔巴人认为自己有别于其他夏尔

表 3.3 基于 F_{ST} 和 Ne (T_F) 估计的发散时间

项目	昆布夏尔巴人	樟木镇夏尔巴人	昌都市藏族	拉萨市藏族	林芝市藏族	青海省藏族	山南市藏族	日喀则市藏族	汉族
昆布夏尔巴人	0	—	—	—	—	—	—	—	—
樟木镇夏尔巴人	75.03517452	0	—	—	—	—	—	—	—
昌都市藏族	175.1021587	152.9905392	0	—	—	—	—	—	—
拉萨市藏族	99.4091899	84.28159419	127.451659	0	—	—	—	—	—
林芝市藏族	178.0916603	154.1324178	175.6156492	128.6983106	0	—	—	—	—
青海省藏族	109.7551039	90.72805593	121.4626893	62.29403727	124.5871285	0	—	—	—
山南市藏族	155.4501294	141.7797115	183.7515094	118.5173963	181.9520458	132.1023824	0	—	—
日喀则市藏族	88.52221759	74.83595547	129.5063096	52.08545169	130.9166838	63.4616983	111.2678317	0	—
汉族	182.9228989	162.6991631	194.4988604	144.6842509	201.896477	124.782149	211.6406732	146.2082403	0

巴人和非夏尔巴人，这表明夏尔巴人的历史更为复杂。昆布夏尔巴人的遗传组成是否不同于西藏自治区夏尔巴人，是否存在夏尔巴亚群之间的遗传接触仍有待阐明。现有的考古学和遗传学资料不足以直接解决2个高地群族之间及其内部的复杂关系。

很多学者报道了藏族与夏尔巴人关于 $EPAS1$、$EGLN1$ 等基因的一些共同适应机制[19-21]。Zhang Chao 等利用全基因组序列数据，在夏尔巴人中鉴定出 68 个具有高衍生等位基因频率（DAF）的非同义遗传变异，但在藏族和汉族中没有（表 3.4）。为了避免夏尔巴人样本序列的相对较小的偏倚，他们进一步用较大样本量的夏尔巴人（$n=78$）和藏族（$n=118$）样本验证靶基因型（target-genotyping）的等位基因频率。确定变异显示相对较小的人口分化，他们对比分析了序列数据验证等位基因频率（表 3.4）。然而，每个下一代测序组位点的等位基因频率与靶基因分型组的等位基因频率呈线性相关（$P=0.02$），尽管不明显，但表明候选位点存在差异。

他们还发现，位于基因中的 10 个假定功能性错义突变可能有助于族群对极端高海拔环境的适应，包括低氧和高水平的紫外线辐射。例如，$OXR1$（抗氧化基因 1）在清除活性氧（ROS）方面扮演着关键的角色，并防止氧化应激导致的 DNA 损伤和细胞死亡。另外，ALDH3A1（乙醛脱氢酶 3A1）通过直接吸收紫外线，在保护角膜免受紫外线辐射或紫外线诱导的氧化应激中发挥着关键和多方面的作用。此外，低氧也使 $ALDH3A1$ 的表达无效。有趣的是，在 $ALDH3A1$ 中发现新错义突变的衍生等位基因（chr17：19645417，$GRCh37$），在藏族族群（0）和世界其他族群中不存在（根据目前可访问的数据库），但在夏尔巴人族群（约 10%）中存在（表 3.5）。由衍生等位基因（A）组成的单倍型的纯合度在用扩展单倍型纯合度（EHH）和综合单倍型评分（iHS）测量时得到了扩展（图 3.3a、b），表明阳性选择发生在 $ALDH3A1$ 区域。群体分支统计（PBS）和跨群体扩展单倍型纯合性（XP-EHH）的结果也支持该基因组区域的选择信号（图 3.4）。该衍生等位基因改变了 ALDH3A1 蛋白序列（Ensembl 蛋白 ID ENSP00000378923）的 197 位氨基酸，从甲硫氨酸到亮氨酸（p.Met197Leu），该区域是高度保守的 CADD 和 GERP 评分（表 3.5）。

表 3.4 通过扩大目标基因分型 panel 中夏尔巴人和藏族的样本大小重新检测 66 个错义突变及其衍生等位基因频率

染色体	pos	rsid	Ref	Alt	Ances	DAF$_{SHPseq}$	DAF$_{HANseq}$	DAF$_{HANseq}$	$F_{ST(SHPseq,TBNseq)}$	DAF$_{TBN}$*	DAF$_{SHP}$*	DAF$_{SHPseq}$	DAF_ESA	DAF_SAS	DAF_AFR	DAF_EUR	DAF_AMR	CADD	GERP	Gene
8	107691513	rs28921397	A	G	A	0.5000	0.0000	0.0000	0.7800	0.0172	0.0789	0.0000	0.0029	0.0000	0.0000	0.0000	0.0000	31	5.9600	OXR1
8	108264111	NA	G	A	G	0.5000	0.0152	0.0000	0.6900	0.0086	0.0724	0.0000	—	—	—	—	—	31	5.9000	ANGPT1
6	42933464	rs3530695	G	A	G	0.5000	0.0152	0.0513	0.6900	0.0129	0.0724	0.0000	0.0404	0.0653	0.1387	0.0586	0.0474	31	5.7600	PEX6
17	19645417	NA	T	A	T	0.4000	0.0000	0.0000	0.7100	0.0000	0.0987	0.0000	—	—	—	—	—	31	4.4900	ALDH8A1
16	31099000	rs001075024	C	T	C	0.4000	0.0000	0.0000	0.7100	0.0043	0.1600	0.0000	0.0021	0.5408	0.0000	0.0020	0.0000	20.7000	5.0100	RP11-196G11.1
14	92981606	rs55930890	C	G	C	0.5000	0.1026	0.1026	0.6400	0.0647	0.1316	0.2500	0.1470	0.3344	0.1294	0.3140	0.1942	5.8110	-2.5800	RIN3
1	18808526	rs2992752	A	C	C	0.5000	0.0303	0.0897	0.6400	0.1034	0.1711	0.0000	0.1063	0.5139	0.3393	0.3887	0.2638	0.0020	0.6900	KLHDC7A
1	18808292	rs2992753	C	A	A	0.5000	0.0303	0.0897	0.6400	0.1034	0.1711	0.0000	0.1053	0.5130	0.3400	0.3887	0.2638	12.5100	4.9200	KLHDC7A
1	18807897	rs2992755	C	G	G	0.5000	0.0303	0.0897	0.6400	0.1078	0.1711	0.0000	0.1054	0.5128	0.4310	0.3887	0.2768	6.4040	1.1800	KLHDC7A
19	6751293	rs1049232	T	G	G	0.8000	0.1364	0.2180	0.6200	0.1983	0.2829	0.0000	0.3121	0.1290	0.3057	0.1816	0.2694	14.0200	1.3200	TRIP10
19	6751281	rs1049230	C	T	C	0.8000	0.1364	0.2180	0.6200	0.1983	0.2829	0.0000	0.3121	0.1280	0.3057	0.1816	0.2670	11.8300	-0.0620	TRIP10
19	6751279	rs1049229	A	G	G	0.2000	0.8636	0.7821	0.6200	0.8017	0.7200	1.0000	0.6879	0.8700	0.6943	0.8184	0.7331	10.8400	1.0000	TRIP10
4	15964670	rs35496730	C	A	C	0.4000	0.0152	0.0513	0.5800	0.0517	0.1513	0.2500	0.0854	0.1734	0.0775	0.1536	0.1271	1.6620	-2.0800	FGFBP2
17	48712705	rs12604031	G	A	A	0.4000	0.0152	0.0385	0.5800	0.0388	0.1053	0.0000	0.0861	0.2462	0.2072	0.4084	0.2394	4.0340	-2.7000	ABC3
9	131812201	rs17432596	G	C	A	0.3000	0.0000	0.0385	0.6000	0.0043	0.0921	0.0000	0.0238	0.0012	0.0000	0.0000	0.0000	9.1890	-1.7600	FAM73B
7	88965150	rs74564278	A	G	A	0.3000	0.0000	0.0000	0.6000	0.0043	0.0658	0.0000	0.0071	0.0906	0.0905	0.0097	0.0193	2.772	-1.5900	ZNR84B
7	88964061	rs80006813	A	C	A	0.3000	0.0000	0.0000	0.6000	0.0043	0.0658	0.0000	0.0082	0.0906	0.0694	0.0097	0.0167	7.2880	4.0900	ZNR84B

续表

染色体	pos	rsid	Ref	Alt	Ances	DAF$_{SHPseq}$	DAF$_{HANseq}$	DAF$_{HANseq}$	F$_{ST(SHPseq, TBSseq)}$	DAF$_{TBN*}$	DAF$_{SHP*}$	DAF$_{SHPseq2}$	DAF_ESA	DAF_SAS	DAF_AFR	DAF_EUR	DAF_AMR	CADD	GERP	Gene
3	196921405	rs52782947	A	G	A	0.3000	0.0000	0.0000	0.6000	0.0129	0.0789	0.0000	0.0011	0.0000	0.0000	0.0000	0.0000	22.3000	5.1700	*DLG1*
21	45509771	rs146810291	G	A	G	0.3000	0.0000	0.0000	0.6000	0.0000	0.0724	0.2500	0.0000	0.0010	0.0000	0.0000	0.0000	8.9280	1.6000	*TRAPPC10*
2	27529154	rs142922734	G	C	G	0.3000	0.0000	0.0000	0.6000	0.0000	0.0000	0.0000	0.0000	0.0010	0.0007	0.0030	0.0000	17.0800	4.4400	*TRIM54*
16	2147163	rs45053536	G	A	G	0.7000	1.0000	0.9872	0.6000	0.0000	0.0197	0.0000	0.0000	0.0010	0.0000	0.0000	0.0000	16.1800	4.4400	*PKD1*
12	117768315	rs549340789	G	A	G	0.3000	0.0000	0.0000	0.6000	0.0086	0.0855	0.0000	0.0022	0.0000	0.0000	0.0000	0.0000	17.7900	4.7400	*NOS1*
10	94695617	rs1326331	C	T	T	0.3000	0.0000	0.0000	0.6000	0.0043	0.0395	0.0000	0.0040	0.1221	0.0084	0.3173	0.1465	21.7000	5.7500	*EXOC6*
6	90402482	rs9294445	G	T	G	0.5000	0.9546	0.8590	0.6000	0.8879	0.8224	0.2500	0.9077	0.3801	0.5998	0.4590	0.7031	0.0020	3.3100	*MDN1*
6	90390443	rs9353689	C	T	C	0.5000	0.9546	0.8590	0.6000	0.8879	0.8267	0.2500	0.9077	0.3862	0.6141	0.4705	0.7089	7.3770	-0.3280	*MDN1*
7	1733192	rs56130225	C	T	C	0.6000	0.9697	0.9359	0.6000	0.0517	0.0658	0.0000	0.0612	0.1043	0.0623	0.1085	0.0660	0.5260	-2.1500	*AC074389.6*
7	1733182	rs79449824	C	T	C	0.4000	0.0303	0.0641	0.5600	0.0517	0.0658	0.0000	0.0612	0.1063	0.2014	0.1094	0.0799	1.4120	-3.1200	*AC074389.6*
6	43100537	rs78422682	T	G	T	0.4000	0.0303	0.0000	0.5600	0.0129	0.0395	0.0000	0.0107	0.0893	0.0955	0.0813	0.0593	6.2520	1.5200	*PTK7*
3	50332697	rs13100173	G	A	G	0.4000	0.0303	0.0897	0.5300	0.0517	0.1513	0.0000	0.0853	0.2569	0.1335	0.4621	0.3427	7.3080	1.6500	*HYAL3*
14	104642520	rs117428385	G	A	G	0.4000	0.0303	0.0128	0.5300	0.0259	0.1579	0.0000	0.0175	0.0023	0.0000	0.0000	0.0000	4.8740	1.7000	*KIF26A*
11	64597506	rs3741395	T	C	T	0.4000	0.0303	0.0385	0.5300	0.0431	0.1118	0.0000	0.0480	0.3968	0.2138	0.5765	0.3475	10.7100	-0.4150	*CDC42BPG*
10	45959385	rs12765244	G	A	A	0.6000	0.9697	0.9744	0.5300	0.9095	0.8026	0.7500	0.9472	0.9774	0.9418	0.9213	0.9682	21.2000	5.9700	*MARCH8*
10	45956828	rs3764990	G	A	G	0.4000	0.0303	0.0256	0.5300	0.0905	0.1974	0.2500	0.0528	0.0226	0.0143	0.0787	0.0293	18.8400	5.6500	*MARCH8*
1	15687896	rs857705	C	T	C	0.6000	0.9697	0.8974	0.5300	0.0431	0.0724	0.0000	0.1518	0.2536	0.2913	0.2236	0.1560	0.0140	-2.9400	*OR6K3*

续表

染色体	pos	rsid	Ref	Alt	Ances	DAF$_{SHPseq}$	DAF$_{HANseq}$	DAF$_{HANseq}$	$F_{ST(SHPseq,TBNseq)}$	DAF$_{TBN}$*	DAF$_{SHP}$*	DAF$_{SHPseq2}$	DAF$_{ESA}$	DAF$_{SAS}$	DAF$_{AFR}$	DAF$_{EUR}$	DAF$_{AMR}$	CADD	GERP	Gene
6	90315789	rs3748085	A	G	G	0.5000	0.0606	0.1154	0.5300	0.1164	0.1711	0.7500	0.0931	0.3245	0.3154	0.1680	0.1302	20.1000	4.0700	ANKRD6
19	56249615	rs80009430	G	C	G	0.5000	0.0606	0.1154	0.5300	0.1250	0.1645	0.5000	0.1454	0.0402	0.0224	0.0050	0.0067	11.5200	-3.2200	NLRP9
13	115047305	rs3752105	G	A	G	0.4000	0.8939	0.9359	0.5300	0.1164	0.2171	0.2500	0.1023	0.3338	0.5362	0.2562	0.1640	11.1200	0.3830	UPF3A
17	18221010	rs12449313	A	G	A	0.9000	0.2727	0.4103	0.5200	0.3448	0.4145	0.2500	0.3197	0.1511	0.1474	0.2431	0.2404	1.2320	-7.6500	SMCR8
17	18118485	rs7198	G	G	A	0.1000	0.7273	0.5769	0.5200	0.6595	0.5855	0.7500	0.6785	0.8499	0.7118	0.7563	0.7392	18.7900	-7.0500	FLII
17	18137141	rs2290505	A	G	G	0.9000	0.2727	0.4231	0.4900	0.3405	0.4145	0.2500	0.3225	0.1521	0.1534	0.2392	0.2502	0.0020	2.6300	LLGL1
17	18137141	rs7205130	G	A	A	0.2000	0.7879	0.6154	0.5000	0.7609	0.5789	1.0000	0.6712	0.6276	0.4723	0.3744	0.3097	0.063	3.2100	CTD-3088G3.8
16	11608299	rs7189101	T	A	T	0.8000	0.2121	0.3846	0.5000	0.2391	0.4276	0.0000	0.3287	0.3714	0.4388	0.6256	0.6864	0.4980	-2.0300	CTD-3088G3.8
16	11608244	rs83034	C	T	C	0.8000	0.2121	0.1026	0.5000	0.2284	0.3092	0.5000	0.1412	0.3201	0.1098	0.3534	0.3395	21.1000	4.5500	WLS
1	66603586	rs10813831	G	C	G	0.3000	0.0152	0.0256	0.4900	0.0216	0.0526	0.0000	0.1070	0.1528	0.2077	0.2773	0.1589	7.5050	-2.0800	DDX8
9	32526146	rs200891942	A	A	A	0.3000	0.0152	0.0000	0.4900	0.0129	0.1053	0.0000	0.0010	0.0000	0.0000	0.0000	0.0000	21.1000	5.9500	CDC42L
7	21948010	rs1040461	C	T	T	0.7000	0.9849	0.8974	0.4900	0.9483	0.9013	1.0000	0.9106	0.9316	0.8013	0.9052	0.9043	21.8000	5.7900	RAB23
6	57055354	rs61740375	A	G	A	0.7000	0.9849	0.8846	0.4900	0.0517	0.0987	0.0000	0.0904	0.0684	0.1134	0.0948	0.0892	10.2500	2.0400	KIAI586
6	56919443	rs150145464	A	C	A	0.7000	0.9849	0.9872	0.4400	0.0302	0.0526	0.0000	0.0136	0.0010	0.0000	0.0000	0.0000	1.9640	-2.7600	COQ2
4	84205995	rs138364911	A	C	A	0.3000	0.0152	0.0000	0.4400	0.0302	0.0461	0.0000	0.0019	0.0023	0.0035	0.0009	0.0000	19.0400	3.8000	WDR19
4	39245910	rs12489516	C	T	T	0.3000	0.0152	0.0641	0.4400	0.0819	0.1053	0.2500	0.0505	0.0331	0.0035	0.0409	0.0421	21.1000	4.7700	CPA3
3	148597612	rs190140224	G	A	G	0.3000	0.0152	0.0128	0.4400	0.0259	0.0987	0.0000	0.0071	0.0000	0.0000	0.0000	0.0000	5.8540	-5.0300	ABBBP

续表

染色体	pos	rsid	Ref	Alt	Ances	DAF_{SHPseq}	DAF_{HANseq}	DAF_{HANseq}	$F_{ST(SHPseq,TBNseq)}$	DAF_{TBN*}	DAF_{SHP*}	DAF_{SHPseq}	DAF_ESA	DAF_SAS	DAF_AFR	DAF_EUR	DAF_AMR	CADD	GERP	Gene
2	37232879	rs2302657	A	C	A	0.3000	0.0152	0.0128	0.4400	0.0086	0.1067	0.2500	0.0325	0.0023	0.0000	0.0000	0.0000	16.8700	5.6300	HEATR5B
2	109545691	rs1761321	T	C	T	0.3000	0.0152	0.1795	0.4400	0.0345	0.1447	0.0000	0.0910	0.0023	0.0012	0.0000	0.0000	10.2700	4.0900	EDAR
19	3193327	rs117922207	G	A	G	0.3000	0.0152	0.0000	0.4400	0.0043	0.0526	0.0000	0.0058	0.0000	0.0000	0.0000	0.0000	18.2900	4.1700	NCLN
18	6977844	rs671871	A	G	G	0.7000	0.9849	0.9359	0.4400	0.9181	0.8882	1.0000	0.9116	0.8669	0.3707	0.8280	0.7992	20.6000	2.1500	LAMA1
17	64222164	rs1801692	C	T	C	0.3000	0.0152	0.0385	0.4400	0.0302	0.1118	0.0000	0.0330	0.0470	0.0109	0.0391	0.0187	0.0020	−2.2900	APOH
17	4348459	rs200883298	C	G	C	0.3000	0.0152	0.0000	0.4400	0.0086	0.0724	0.0000	0.0021	0.0000	0.0000	0.0000	0.0000	0.0360	−2.6800	SPNS3
16	3304739	rs1146018	A	G	A	0.3000	0.0152	0.0513	0.4400	0.0172	0.0267	0.0000	0.0579	0.0000	0.0000	0.0000	0.0000	0.0120	−1.5100	MEFV
15	65489128	rs938952	C	T	T	0.3000	0.0152	0.0000	0.4400	0.0259	0.0592	0.2500	0.0081	0.1170	0.4205	0.1982	0.1222	4.5540	3.4600	CILP
14	22294137	rs24740210	G	A	G	0.3000	0.0152	0.0256	0.4400	0.0086	0.0329	0.0000	0.0569	0.0000	0.0007	0.0000	0.0000	6.0650	−0.4320	TRAV70
12	93195435	rs73362428	T	A	T	0.3000	0.0152	0.0641	0.4400	0.0783	0.0667	0.0000	0.0375	0.0184	0.0365	0.0124	0.0104	0.5450	1.8100	EEA1
1	91405998	rs149597385	C	C	C	0.3000	0.0152	0.0000	0.4400	0.0259	0.1184	0.0000	0.0100	0.0012	0.0000	0.0000	0.0000	32.0000	4.6300	ZNF644
1	156551628	rs116035113	G	A	G	0.3000	0.0152	0.0000	0.4400	0.0474	0.1250	0.0000	0.0030	0.0010	0.0475	0.0125	0.0124	23.9000	4.8300	TTC24
2	46707674	rs116983452	C	T	C	0.4000	0.2121	0.9744	0.1017	0.7241	0.6389	1.0000	0.0207	0.0035	0.0000	0.0000	0.0000	11.1800	2.9700	TMEM247
1	231537623	rs186996510	G	C	G	0.1000	0.5910	0.0385	0.5200	0.5500	0.4800	0.2500	0.0100	0.0020	0.0000	0.0000	0.0020	14.7300	3.5100	EGLN

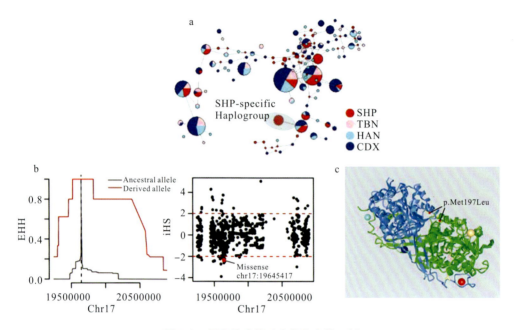

图 3.3 假定的功能适应性突变的示例

选择位于 *ALDH3A1* 中的一种新型错义突变（chr17：19645417）作为示例

此外，Zhang Chao 等[12]在夏尔巴人和藏族中发现了另一个新的突变（chr8：108264111，*GRCh37*），其衍生等位基因频率分别为 7.2% 和 0.9%。该基因位于 *ANGPT1* 上，与血管发育和血管生成相关，是藏族低氧适应的候选基因。最后，*NOS1*（一氧化氮合酶 1）基因编码属于一氧化氮合成酶家族的蛋白（NOS1、NOS2 和 NOS3），并可能通过局部旁分泌控制血管舒缩张力、中枢控制心血管和呼吸反应来调节氧输送。NOS1 通过 s-亚硝基化稳定 HIF-α；NOS2 可能是高地人的选择候选靶点；NOS3 位点的 2 个多态性与尼泊尔夏尔巴人中的一氧化氮（NO）合成率有关。尽管此前有文献提出这样的假设，但 Zhang Chao 等的研究结果首次表明，NOS1 中 SNP rs549340789 的非同义突变可能有利于夏尔巴人的低氧适应。

为了排除可能改变等位基因频率的漂变效应，Zhang Chao 等根据估计的人口模型进行了模拟。所有 11 个夏尔巴人族群和西藏自治区族群之间存在差异的候选位点均获得了显著的 P 值，表明仅凭漂移无法导致所观察到的等位基因频率差异。夏尔巴人高衍生等位基因频率（DAFs）水平在 8%—25% 的变异体（表 3.5）虽然不是非常高，但可以通过多基因适应来诱导，而传统的选择检测方法在很大程度上无法检测到。这与高海拔被认为是一种重要的进化选择压力并不冲突，因为在藏族和夏尔巴人的 *EPAS1* 区域都发现了强烈的正向选择信号。此外，2 个错义变异 rs116983452 和 rs186996510 分别位于 *TMEM247* 和 *EGLN1*（表 3.5），

表 3.5 夏尔巴人中选定的推测可能的适应性遗传变异

染色体	位置	rsID	Ref	Alt	Ances	DAF_{SHPseq}	DAF_{TBNseq}	DAF_{HANseq}	DAF_{TBN*}	DAF_{SHP*}	$DAF_{SHPseq2}$	DAF_{ESA}	DAF_{SAS}	DAF_{AFR}	DAF_{EUR}	DAF_{AMR}	CADD	GERP	Gene	P
8	10769513	s28921397	A	G	A	0.5	0.0000	0.0000	0.0172	0.0789	0.0000	0.0029	0.0000	0.0000	0.0000	0.0000	31.0000	5.9600	OXR1	0.003
8	108264111	NeA	G	A	G	0.5	0.0152	0.0000	0.0086	0.0724	0.0000	—	—	—	—	—	31.0000	5.9000	ANGPT1	0.000
17	19645417	NA	T	A	T	0.4	0.0000	0.0000	0.0000	0.0987	0.0000	—	—	—	—	—	31.0000	4.4900	ALDH3A1	0.000
3	196921405	rs27829647	A	G	A	0.3	0.0000	0.0000	0.0129	0.0789	0.0000	0.0011	0.0000	0.0000	0.0000	0.0000	22.3300	5.1700	DLG1	0.000
12	117768315	rs49340789	G	A	G	0.3	0.0000	0.0000	0.0086	0.0855	0.0000	0.0022	0.0000	0.0000	0.0000	0.0000	17.7900	4.7400	NOS1	0.000
10	45956828	rs3764990	G	A	G	0.4	0.0303	0.0256	0.0905	0.1974	0.2500	0.0528	0.0226	0.0143	0.0787	0.0293	18.8400	5.6500	44263.0000	0.001
7	21948010	rs20089194	A	G	A	0.3	0.0152	0.0000	0.0129	0.1053	0.0000	0.0010	0.0000	0.0000	0.0000	0.0000	21.1000	5.9500	CDCA7L	0.000
2	37232879	rs2302657	A	C	A	0.3	0.0152	0.0128	0.0086	0.1067	0.2500	0.0325	0.0023	0.0012	0.0000	0.0000	16.8700	5.6300	HEATR6B	0.000
2	109545691	rs6176321	T	C	T	0.3	0.0152	0.1795	0.0345	0.1447	0.0000	0.0910	0.0023	0.0012	0.0000	0.0000	10.2700	4.0900	EDAR	0.000
1	91405998	rs149597385	C	T	C	0.3	0.0152	0.0000	0.0259	0.1184	0.0000	0.0100	0.0012	0.0000	0.0000	0.0000	32.0000	4.6300	ZNF644	0.001
1	156551628	rs116035113	G	T	G	0.3	0.0152	0.0000	0.0474	0.1250	0.0000	0.0030	0.0010	0.0475	0.0125	0.0124	23.3000	4.8300	TTC24	0.002
2	4670674	rs116983552	C	C	C	0.4	0.2121	0.0256	0.7241	0.6389	1.0000	0.0207	0.0035	0.0000	0.0000	0.0000	11.1800	2.9700	TMEM247	—
1	231557623	rs186496510	G	C	G	0.1	0.5910	0.0385	0.5500	0.4800	0.2500	0.0100	0.0020	0.0000	0.0000	0.0020	14.7300	3.5100	EGLN1	—

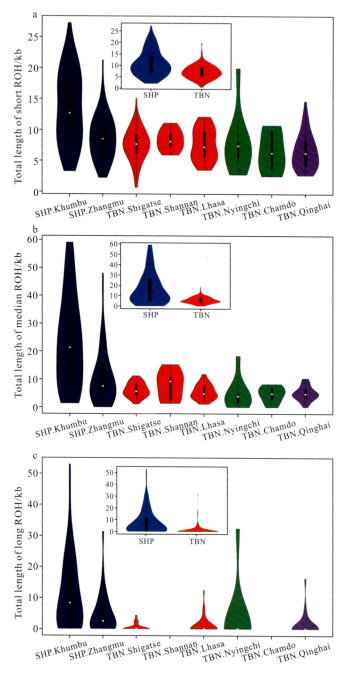

图 3.4 夏尔巴人、藏族及其亚组纯合性(ROH)的(a)短、(b)中值和(c)长的总长度

它们都是 HIF 通路中检测氧供应变化并对其做出反应的关键成分(区域)。这 2 个基因在我国夏尔巴人和藏族中都有很高的高衍生等位基因频率,这支持了他们共享适应性变异的前提。尽管如此,在 ALDH3A1、ANGPT1 和其他基因(表 3.5)中,18 个被鉴定的变异可能是夏尔巴人特异性的适应性变异。进一步研究

这些变异与表型特征（如血红蛋白水平）的关系，并在体内、外进行分子实验，将为验证自体适应信号提供最佳证据。

C.Jeong 等[17]提出一种假设，认为现代藏族是汉族和古代夏尔巴人的混合后裔，夏尔巴人祖先早在4万年前就开始与东亚人分离。而 Zhang Chao 等[12]基于 mtDNA 和 Y 染色体数据的其他研究给出了不同的结论，提出夏尔巴人是随着藏族和汉族祖先人口的分化而从藏族分离出来的。这可能是因为2个研究中源于对夏尔巴人和藏族祖先模式的不同解释造成的。根据 C.Jeong 等的推断，藏族是2种遗传成分混合的族群：一种在夏尔巴人族群中高度富集（但在低海拔族群中很少见），被称为"高海拔成分"；另一种在低海拔东亚人中富集，被称为"低海拔成分"。然而，很难确定族群间的聚集模式是由最近不同祖先群体之间的混合还是族群分化前的共同祖先造成的。相反，他们认为藏族和夏尔巴人之间共有的高海拔成分更有可能来自他们的共同祖先。此外，通过多序列马氏链溯祖模型（multiple sequentially Markovian coalescent，MSMC）分析，Zhang Chao 等发现，夏尔巴人（包括中国夏尔巴人和尼泊尔夏尔巴人）从藏族中分离出来的时间要晚得多（约7000年前），是在藏族和汉族（约9000年前）分开之后（图3.1）。之前的研究估计，夏尔巴人从汉族和傣族开始分化到大约4万年，由于序列数据有限（只有2个序列），且成对递次式马氏溯祖模型（pairwise sequentially Markovian coalescent，PSMC）的分析基于单个基因组，可能存在偏倚。此外，尼泊尔夏尔巴人长期与世隔绝的历史可能会造成更多的不确定性（图3.4）。

Zhang Chao 等认为，地理和文化在人口迁移和人口结构中的作用是人类进化遗传学的中心主题。卫藏、康藏和安多藏族内部存在的人口亚结构，可能是由于历史上文化的差异和青藏高原横断山脉高山峡谷周围复杂地形的自然屏障，阻碍了各亚群之间的交流。学者观察到东亚基因对藏族的巨大影响，以及从藏族到夏尔巴人的基因流动的存在，支持了东亚基因流入我国西藏自治区和尼泊尔部分地区的观点。尽管喜马拉雅山脉的自然屏障（低氧环境）有效地限制了南亚的基因流动，但从夏尔巴人的南喜马拉雅族群中观察到的遗传成分（图3.5）和混合信号（图3.6）表明基因流动是双向的。南亚人的基因流动具有选择性的渗透性，适应高海拔的高原人较容易通过喜马拉雅山脉并在高原地区定居。夏尔巴人体内有少量南亚祖先遗传成分从喜马拉雅山脉南部转移到北部的基因携带者。在 Zhang Chao 等的估计中，夏尔巴人显示为昆布夏尔巴人3.5%（0.3%±1.2%）和樟木镇夏尔巴人（6.2%±5.0%）的南亚血统，个体间比例为0—20%。这一估计与 mtDNA 调查结果相一致。mtDNA 调查的尼泊尔夏尔巴人占比为0.34%—2.53%，中国夏尔巴人占比为8%—17%。

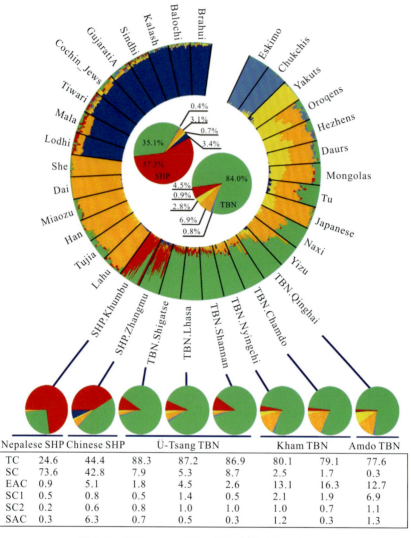

	Nepalese SHP	Chinese SHP	Ü-Tsang TBN			Kham TBN		Amdo TBN
TC	24.6	44.4	88.3	87.2	86.9	80.1	79.1	77.6
SC	73.6	42.8	7.9	5.3	8.7	2.5	1.7	0.3
EAC	0.9	5.1	1.8	4.5	2.6	13.1	16.3	12.7
SC1	0.5	0.8	0.5	1.4	0.5	2.1	1.9	6.9
SC2	0.2	0.6	0.8	1.0	1.0	1.0	0.7	1.1
SAC	0.3	6.3	0.7	0.5	0.3	1.2	0.3	1.3

图 3.5　假设 $K=6$ 时基于数据集的遗传混合结果

Zhang Chao 等认为，青藏高原族群有着共同的遗传起源，他们在藏缅语族语言上的相似性，对藏传佛教教派、口头传说和其他传统的坚持，都说明他们有着共同的祖先。但经历了复杂的族群分化、长时间的隔离、局部的适应和最近的基因流动，共同塑造了高原族群人类遗传多样性的遗传景观、人口历史现状和独特的地方适应性。

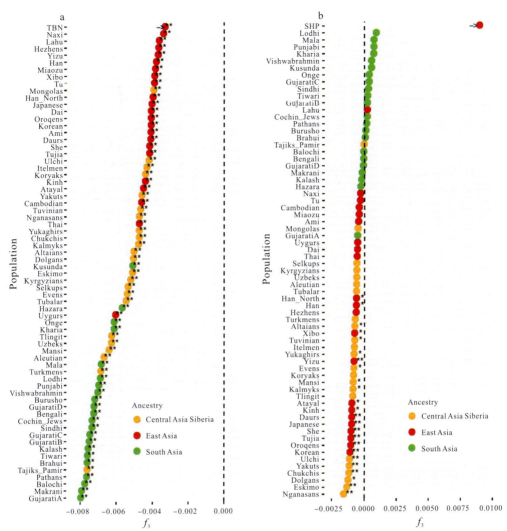

图 3.6　基于数据集 2 的 f_3 测试(a)〔f_3(SHP；SHPproxy，X)和(b) f_3(TBN；SHPproxy，X)〕

SHPproxy 表示夏尔巴人高海拔祖先个体的代表，具有相对纯的遗传成分，受基因流的影响较小，X 代表东亚、中亚/西伯利亚和南亚族群。在测试中，$Z \leqslant -3$ 的标记为"**"，而 $-3 < Z \leqslant -2$ 标记为"*"。当测试 f_3(SHP；SHPproxy，X)(A)时，所有测试都产生显著的负值。当用 TBN-proxy(B)代替 SHPproxy 时，假设 X 是东亚人，Z 是负数。

3.1.3　夏尔巴人在喜马拉雅山脉的北向渗透

喜马拉雅山脉被认为是人类迁徙的天然屏障，尤其是从印度次大陆向北扩散到青藏高原的过程。然而，尽管大多数夏尔巴人都有西藏自治区血统，但在生活于西藏自治区的夏尔巴人身上已经观察到少量来自印度次大陆的遗传成分。父系 Y 染色体单倍群 r1aa-m17、单倍群 J-M304 和单倍群 F*-M89 占夏尔巴父系基因库的近 1.7%。母系 mtDNA 中，单倍群 M5c2、单倍群 M21d、单倍群 U 也占夏尔巴人的 0.8%。这些起源于南亚的血统表明，喜马拉雅山脉具有双向基因流动的渗透性。

诸多历史文献记载，夏尔巴人从西藏自治区东部的康地和四川省西部迁移到喜马拉雅山脉南麓并定居于其两侧[6-10]。为了更全面地了解夏尔巴人与东亚、南亚族群的遗传关系，康龙丽、李辉等[2,15]检测了西藏自治区夏尔巴人族群和藏族等族群的 Y 染色体和 mtDNA 数据，结合已有文献报道其他族群的相关数据，研究了夏尔巴人的起源和迁移模式。他们比较的族群包括汉藏语系、阿尔泰语系、台卡岱语系、苗族语系、南亚语系、德拉威语系和印欧语系的族群，川西地区的木雅格、祁雨、嘉戎、羌族、霍尔巴族和藏族几个族群，以及青海省、拉萨市、那曲市、山南市、林芝市、昌都市、日喀则市等地的藏族族群。

根据 Y 染色体联合体（YCC）的命名法，康龙丽等[15]从 84 名男性个体样本中确定了 9 个 SNP 单倍群（表 3.6）。单倍群 D1-M15 被认为是旧石器时代遗传遗产，广泛分布于大部分藏缅语族、台卡岱语系（侗台语族）和苗瑶语族，在夏尔巴人也普遍存在（11.90%）。单倍群 D3-P99 及其亚系 D3a-P47 几乎只分布在藏缅语族族群中，在夏尔巴人族群中也非常常见（分别为 7.14% 和 15.48%）。O3a2c1a-M117 是单倍群 O3 的三大亚系之一，占中国汉族族群的 16% 左右，在藏族族群中也有较高的频率，占夏尔巴人族群的近一半（45.24%）。汉藏语系另 2 个主要成分 O3a2c1*-M134 和 O3a1c-002611 的频率在夏尔巴人族群中可以忽略不计（分别为 1.19% 和 0）；M117 是 M134 的下游，M134 是它的祖先单倍型，早于 M117。与中亚和西亚相关的单倍群 r1aa-m17 和 J-M304 在我国西南族群中也检测到相当高的频率，尤其是 r1aa-m17，占夏尔巴占的 11.90%。

图 3.7 显示了基于 68 个族群的主成分分析图，包括康龙丽等研究中的夏尔巴人族群和从文献中检索到的 67 个参考族群。由于他们之间单倍群 D1-M15、单倍群 D3-P99、单倍群 O3a2c1a-M117 的广泛共享，因此包括夏尔巴人族群在内，几乎所有的藏缅语族族群都聚集在区域（black）的左上角。共享高频率的单倍群 R、单倍群 L 和单倍群 H，南亚次大陆的印欧族群、德拉威族群和南亚族群群体区域的聚集在右上角，而阿尔泰语系族群介于东亚族群和南亚族群之间。由于单倍群 R 的频率比较高，夏尔巴人族群有轻微偏离东亚集群的倾向。

康龙丽等[15,24]使用 Y-STR 的 R_{st} NJ 树（Neighbor-Joining，NJ）和结构分析显示，这些族群在单倍群和单倍型水平上的总体聚类模式，在单倍群 R1a1a-M17 中，夏尔巴人族群主要与来自阿富汗、印度的族群聚集在 NJ 树中。然而，正如结构图所揭示，夏尔巴人与尼泊尔的纽瓦克人和巴基斯坦的布拉惠人具有大多数单倍型（图 3.8）。在 10 个夏尔巴人的 R1a1a-M17 样本中仅鉴定出

表 3.6 夏尔巴人的 Y 染色体 SNP 和 STR 数据

样本编号	群体	采样地点	单倍群	SNP	G-DYS19	B-DYS389I	B-DYS389B	B-DYS390	Y-DYS391	Y-DYS392	Y-DYS393	R-DYS437	R-DYS438	Y-DYS439	R-DYS448	B-DYS456	G-DYS458	R-YGATAH4	Y-DYS635	G-DYS85a	G-DYS85b
XEB002	Sherpa	Shigatse, Tibet	O3a2c1a	M117+	15	13	16	23	10	—	12	15	11	12	20	15	18	12	20	13	19
XEB003	Sherpa	Shigatse, Tibet	D1	M15+	15	12	17	26	10	10	12	14	10	11	19	15	23	11	20	17	17
XEB004	Sherpa	Shigatse, Tibet	O3a2c1a	M117+	14	12	15	24	10	14	12	15	11	12	20	15	18	12	20	13	18
XEB005	Sherpa	Shigatse, Tibet	D1	M15+	15	12	16	24	10	10	12	14	11	11	19	14	19	11	20	16	17
XEB006	Sherpa	Shigatse, Tibet	D3a	P7+	15	13	16	25	10	7	13	14	11	12	19	16	16	11	21	11	11
XEB008	Sherpa	Shigatse, Tibet	R1a1a	M17+	14	13	18	25	10	11	13	14	12	11	20	15	16	13	23	11	14
XEB009	Sherpa	Shigatse, Tibet	D3a	P7+	15	14	14	24	10	—	13	14	10	11	19	19	17	11	20	14	16
XEB012	Sherpa	Shigatse, Tibet	O3a2c1a	M117+	14	12	15	22	9	—	12	14	12	11	18	14	18	11	20	14	16
XEB014	Sherpa	Shigatse, Tibet	O3a2c1a	M117+	15	12	16	24	10	14	12	15	11	13	19	15	18	11	20	13	19
XEB015	Sherpa	Shigatse, Tibet	O3a2c1a	M117+	14	12	20	23	10	14	12	15	11	11	20	14	19	12	20	13	20
XEB017	Sherpa	Shigatse, Tibet	O3a2c1a	M117+	14	12	16	23	10	14	12	15	11	13	20	15	18	12	20	13	18
XEB020	Sherpa	Shigatse, Tibet	O3a2c1a	M117+	15	12	16	28	10	10	12	15	10	13	19	15	22	11	21	16	16
XEB023	Sherpa	Shigatse, Tibet	D1	M15+	15	13	17	23	10	14	12	15	11	12	20	15	18	12	20	13	19
XEB024	Sherpa	Shigatse, Tibet	O3a2c1a	M117+	15	12	16	23	10	14	13	15	12	12	20	15	18	12	21	15	17
XEB026	Sherpa	Shigatse, Tibet	O3a2c1a	M117+	15	12	16	23	10	14	13	15	11	12	20	15	18	12	21	15	17

续表

样本编号	群体	采样地点	单倍群	SNP	G-DYS19	B-DYS389I	B-DYS389B	B-DYS390	Y-DYS391	Y-DYS392	Y-DYS93	R-DYS37	R-DYS38	Y-DYS39	R-DYS48	B-DYS456	G-DYS58	R-YGATAH4	Y-DYS35	G-DYS85a	G-DYS85b
XEB027	Sherpa	Shigatse,Tibet	F*	M89+、M201−、P125−、M9−	14	10	17	23	10	11	14	14	10	11	19	14	15	11	21	15	16
XEB029	Sherpa	Shigatse,Tibet	O3a2c1a	M117+	15	13	16	23	10	14	12	15	11	12	20	15	18	12	20	13	19
XEB031	Sherpa	Shigatse,Tibet	D3*	P99+	16	13	16	23	10	7	12	14	11	11	22	15	16	11	22	12	14
XEB036	Sherpa	Shigatse,Tibet	O3a2c1a	M117+	15	13	16	23	10	14	12	15	11	12	20	15	18	12	20	13	19
XEB039	Sherpa	Shigatse,Tibet	O3a2c1a	M117+	15	12	16	23	10	14	12	15	11	13	20	15	18	12	21	13	18
XEB042	Sherpa	Shigatse,Tibet	O3a2c1a	M117+	15	13	16	23	11	14	11	14	11	12	20	15	18	12	20	13	19
XEB043	Sherpa	Shigatse,Tibet	D3*	P99+	15	14	15	24	10	7	13	14	10	11	21	17	17	13	21	11	13
XEB047	Sherpa	Shigatse,Tibet	C	M130	15	14	16	23	10	11	12	14	11	12	21	15	16	10	20	11	18
XEB048	Sherpa	Shigatse,Tibet	O3a2c1a	M117+	15	12	16	23	10	14	12	15	11	12	21	16	17	12	21	13	19
XEB049	Sherpa	Shigatse,Tibet	O3a2c1a	M117+	15	12	16	23	10	14	12	15	11	13	20	15	17	12	20	13	18
XEB050	Sherpa	Shigatse,Tibet	O3a2c1a	M117+	14	12	16	23	10	14	13	14	11	13	18	18	19	11	22	13	20
XEB051	Sherpa	Shigatse,Tibet	D3a	P47+	15	14	16	23	10	7	13	14	11	12	20	15	17	12	20	11	11
XEB056	Sherpa	Shigatse,Tibet	O3a2c1a	M117+	14	12	16	23	10	15	12	14	10	11	19	15	18	11	20	13	19
XEB057	Sherpa	Shigatse,Tibet	D1	M15+	15	12	17	28	10	10	12	14	11	12	20	15	22	12	20	16	16
XEB058	Sherpa	Shigatse,Tibet	O3a2c1a	M117+	14	12	15	24	10	14	12	15	11	10	20	15	18	11	20	13	18
XEB059	Sherpa	Shigatse,Tibet	R1a1a	M17+	15	13	17	25	11	11	14	14	11	10	20	16	16	12	21	11	14

续表

样本编号	群体	采样地点	单倍群	SNP	G-DYS19	B-DYS389I	B-DYS388B	B-DYS390	Y-DYS390	Y-DYS391	Y-DYS392	Y-DYS393	R-DYS437	R-DYS438	Y-DYS439	R-DYS448	B-DYS456	G-DYS458	R-YGATAH4	Y-DYS635	G-DYS385a	G-DYS385b
XEB062	Sherpa	Shigatse, Tibet	R1a1a	M17+	14	13	18	25	10	11	13	14	12	11	20	15	16	13	23	11	14
XEB072	Sherpa	Shigatse, Tibet	D3a	P47+	16	14	17	24	10	7	12	14	11	12	20	15	16	12	21	12	15
XEB073	Sherpa	Shigatse, Tibet	D3a	P47+	15	13	16	25	10	7	13	14	11	12	19	16	16	11	21	11	11
XEB074	Sherpa	Shigatse, Tibet	J	M304+	14	12	16	25	10	12	12	15	9	12	19	13	15	12	21	12	17
XEB075	Sherpa	Shigatse, Tibet	O3a2c1a	M117+	14	12	16	24	10	14	12	15	11	13	20	16	16	12	20	13	19
XEB076	Sherpa	Shigatse, Tibet	D3a	P47+	15	14	16	23	10	7	13	14	11	13	18	18	17	11	22	11	11
XEB077	Sherpa	Shigatse, Tibet	O3a2c1a	M117+	14	12	16	23	10	14	12	15	11	13	20	14	19	11	20	13	21
XEB081	Sherpa	Shigatse, Tibet	O3a2c1a	M117+	14	12	18	23	10	14	12	15	12	11	20	14	18	11	20	11	19
XEB083	Sherpa	Shigatse, Tibet	R1a1a	M17+	14	13	18	25	10	11	13	14	12	11	20	15	16	13	23	11	14
XEB084	Sherpa	Shigatse, Tibet	O3a2c1a	M117+	14	12	15	23	11	14	12	15	11	13	20	15	17	12	20	13	21
XEB098	Sherpa	Shigatse, Tibet	R1a1a	M17+	15	13	17	25	10	11	14	14	11	10	20	16	16	12	21	11	14
XEB100	Sherpa	Shigatse, Tibet	O3a2c1a	M117+	14	12	15	23	10	15	12	15	11	11	20	15	18	12	20	14	19
XEB101	Sherpa	Shigatse, Tibet	O3a2c1a	M117+	15	13	16	23	10	14	12	14	11	12	20	15	18	12	20	13	19
XEB102	Sherpa	Shigatse, Tibet	D1	M15	15	12	17	26	10	10	12	15	11	11	19	15	23	11	20	17	17
XEB103	Sherpa	Shigatse, Tibet	O3a2c1a	M117+	15	13	16	23	10	14	13	14	11	12	20	15	18	13	21	15	17
XEB104	Sherpa	Shigatse, Tibet	D3*	P99+	16	13	16	23	10	7	12	14	11	11	22	15	16	11	22	12	14
XEB108	Sherpa	Shigatse, Tibet	D3*	P99+	16	14	17	24	10	7	12	14	11	12	20	15	16	12	21	12	15

续表

样本编号	群体	采样地点	单倍群	SNP	G-DYS19	B-DYS891	B-DYS889B	B-DYS390	Y-DYS391	Y-DYS392	Y-DYS393	R-DYS37	R-DYS38	Y-DYS39	R-DYS448	B-DYS56	G-DYS58	R-YGATAH4	Y-DYS35	G-DYS85a	G-DYS85b
XEB110	Sherpa	Shigatse,Tibet	D3a	P47+	15	13	16	25	10	7	13	14	11	12	19	16	16	11	21	11	11
XEB111	Sherpa	Shigatse,Tibet	D3a	P47+	15	14	16	23	10	7	13	14	11	13	18	18	17	11	22	11	11
XEB113	Sherpa	Shigatse,Tibet	R1a1a	M17+	14	13	18	25	10	11	13	14	12	11	20	15	16	13	23	11	14
XEB114	Sherpa	Shigatse,Tibet	O3a2c1a	M117+	14	12	15	24	10	14	12	15	11	12	20	15	18	12	20	13	18
XEB115	Sherpa	Shigatse,Tibet	O3a2c1a	M117+	15	13	16	23	10	14	12	14	12	12	20	15	18	12	20	13	19
XEB116	Sherpa	Shigatse,Tibet	R1a1a	M17+	14	13	18	25	10	11	13	14	9	11	20	14	16	13	23	11	14
XEB124	Sherpa	Shigatse,Tibet	J	M304+	15	12	17	24	11	11	12	15	11	12	19	16	16	10	22	13	17
XEB125	Sherpa	Shigatse,Tibet	R1a1a	M17+	15	13	17	25	11	11	14	14	11	10	20	16	16	12	21	11	14
XEB126	Sherpa	Shigatse,Tibet	O3a2c1a	M117+	15	12	17	25	11	14	12	15	11	10	20	16	17	12	20	12	21
XEB130	Sherpa	Shigatse,Tibet	D3*	P99+	15	14	16	24	10	7	11	14	11	12	21	16	17	13	21	11	13
XEB131	Sherpa	Shigatse,Tibet	D3*	P99+	15	14	16	24	10	7	14	14	11	12	21	17	17	13	22	12	13
XEB135	Sherpa	Shigatse,Tibet	C	M130+	15	13	16	24	10	11	13	14	11	12	20	15	18	11	21	15	14
XEB136	Sherpa	Shigatse,Tibet	O3a2c1a	M117+	15	12	16	23	10	14	13	15	11	12	20	15	18	12	21	15	17
XEB139	Sherpa	Shigatse,Tibet	O3a2c1a	M117+	15	12	16	23	10	14	13	15	11	12	20	15	18	13	21	13	17
XEB145	Sherpa	Shigatse,Tibet	O3a2c1a	M117+	14	11	16	24	10	13	12	15	11	14	19	18	16	12	20	11	20
XEB149	Sherpa	Shigatse,Tibet	O3a2c1a	M117+	15	14	16	23	10	7	13	14	11	13	18	17	17	11	22	13	11
XEB149	Sherpa	Shigatse,Tibet	O3a2c1a	M117+	14	12	15	24	10	14	12	15	11	12	20	15	18	12	20	13	18

第3章 夏尔巴人的分子人类学研究

续表

样本编号	群体	采样地点	单倍群	SNP	G-DYS19	B-DYS391I	B-DYS389II	B-DYS390	Y-DYS391	Y-DYS392	Y-DYS393	R-DYS37	R-DYS438	Y-DYS39	R-DYS48	B-DYS456	G-DYS458	R-YGATAH4	Y-DYS35	G-DYS386a	G-DYS385b
XEB150	Sherpa	Shigatse, Tibet	O3a2c1a	M117+	15	14	18	24	10	11	13	14	9	10	20	15	16	12	23	11	13
XEB151	Sherpa	Shigatse, Tibet	D3a	P47+	15	14	16	23	10	7	13	14	11	13	18	18	17	11	22	11	11
XEB152	Sherpa	Shigatse, Tibet	D3a	P47+	15	14	16	23	10	7	13	14	11	13	18	18	17	11	22	11	11
XEB159	Sherpa	Shigatse, Tibet	D3a	P47+	15	14	16	23	10	7	13	14	11	13	18	18	17	11	22	11	11
XEB160	Sherpa	Shigatse, Tibet	D1	M15+	15	12	17	27	10	10	12	14	10	11	18	15	21	11	20	17	17
XEB161	Sherpa	Shigatse, Tibet	D1	M15+	15	12	17	27	10	10	12	14	10	11	18	15	22	12	20	16	17
XEB162	Sherpa	Shigatse, Tibet	O3a2c1a	M117+	14	11	16	24	10	14	12	15	11	14	19	15	16	12	20	13	20
XEB163	Sherpa	Shigatse, Tibet	J	M304+	14	12	16	25	10	12	12	14	9	12	19	13	15	12	21	12	17
XEB164	Sherpa	Shigatse, Tibet	D1	M15+	15	12	17	26	10	10	12	14	10	11	19	15	23	11	20	17	17
XEB166	Sherpa	Shigatse, Tibet	R1a1a	M17+	14	13	18	25	10	11	13	14	12	11	20	15	16	13	23	11	14
XEB169	Sherpa	Shigatse, Tibet	O3a2c1a	M117+	14	12	16	23	10	14	12	15	11	13	20	15	19	12	20	13	20
XEB170	Sherpa	Shigatse, Tibet	D1	M15+	15	12	17	26	10	12	12	14	10	11	19	15	21	11	20	17	17
XEB171	Sherpa	Shigatse, Tibet	O3a2c1a	M117+	14	12	16	23	11	14	12	15	11	13	20	15	19	12	20	13	20
XEB172	Sherpa	Shigatse, Tibet	O3a2c1a*	M134+	15	13	16	23	10	12	13	14	12	11	19	14	17	12	19	12	17
XEB173	Sherpa	Shigatse, Tibet	D3a	P47+	15	14	16	25	11	7	13	14	11	12	19	16	16	11	22	11	11
XEB174	Sherpa	Shigatse, Tibet	D1	M15+	15	13	16	23	11	7	12	14	10	11	17	15	17	11	21	14	19
XEB180	Sherpa	Shigatse, Tibet	D1	M15+	15	14	17	25	10	11	14	14	11	10	20	16	16	12	21	11	14
XEB184	Sherpa	Shigatse, Tibet	R1a1a	M17+	15	13	17	25	11	11	14	14	11	11	20	16	16	12	21	14	18
XEB185	Sherpa	Shigatse, Tibet	O3a2c1a	M117+	14	12	15	24	10	14	12	15	11	12	20	15	18	12	20	13	18

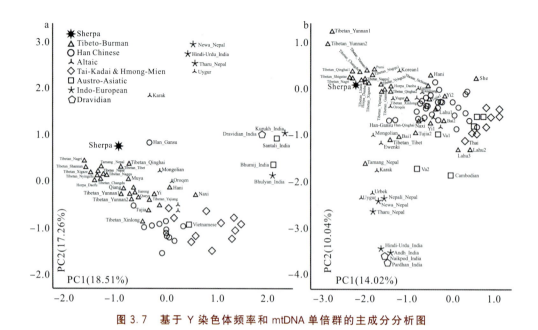

图 3.7　基于 Y 染色体频率和 mtDNA 单倍群的主成分分析图

2 种单倍型，这表明当该谱系参与夏尔巴人或该谱系经历瓶颈时发生了奠基者效应(founder effect)。在单倍群 O3a2c1a－M117 中，大多数西藏自治区的族群与尼泊尔的夏尔巴人族群和塔芒人族群一起紧密聚集在 NJ 树上。然而，夏尔巴人样本的更多单倍型与来自除尼泊尔以外的东亚的藏族族群和其他藏缅语族族群共享祖先(图 3.8b)。类似地，夏尔巴人族群的 D1－M15 的单倍型与来自东亚的藏族族群、中国西北地区汉族族群和壮族族群(包括在台卡岱语系)有共同的祖先。与 R1a1a－M17 相似，夏尔巴人族群的 D1－M15 样本的单倍型多样性很低，夏尔巴人族群的单倍型只是藏族族群的一小部分，可能也是由于夏尔巴人族群迁徙时的奠基者效应(图 3.8c)所致。因此，单倍群 D3－P99 和单倍群 D3a－P47 几乎全部分布在藏缅语族族群中；不仅如此，D3 的单倍型在不同群体中也表现出很强的相似性，在 *DYS392* 位点有独特的 7 个重复(图 3.8，表 3.6)。

利用分布在 mtDNA 基因组编码区的 HVSⅠ区序列基序和单核苷酸多态性的组合，180 个样本被分配到 mtDNA 单倍群(haplogroups)，共鉴定出 30 个单倍群或亚群(表 3.7)。在夏尔巴人族群中最常见的 mtDNA 单倍群依次为 A4、C4a3b、M9a1a、D4 和 U(包括 U*和 U2a)。大多数 mtDNA 谱系属于欧亚大陆东部的特定族群，包括来自东北亚的族群(A、D4、D5、G、C 和 Z)和华南或东南亚族群(F、M9、M12 和 M13)，分别占 59.02% 和 23.50%。南亚族群血统(M5c2、M21d、U* 和 U2a)占夏尔巴人族群的 7.65%。在夏尔巴人族群 mtDNA 谱系中，少量的南亚族群成分证实了上述 Y 染色体证据，即南亚次大陆向北流入西藏自治区的基因确实发生过，并在夏尔巴人的形成中发挥了一些作用。

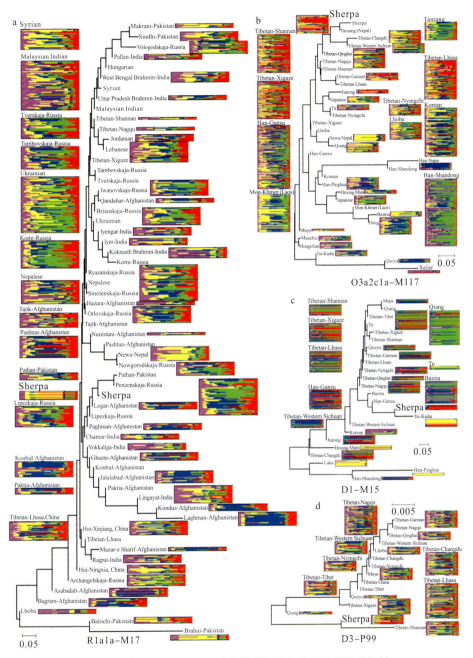

图 3.8 基于 Y-STR Rst 遗传距离和结构分析的邻接无根树

康龙丽等[15]使用基于 100 个族群的 mtDNA 单倍群频率分布的主成分分析来显示母系遗传模式(图 3.7)。包括夏尔巴人在内的大部分藏缅语族族群都紧紧地聚集在区域的左上角,印欧族群和德拉威族群位于左下角。与 Y 染色体主成分分析图相似,阿尔泰语系族群聚集在东亚藏缅语族族群和南亚族群之间。

表 3.7 基干数据集 2 的 f_3 测试〔(a) f_3(SHP; SHPproxy, X) 和 (b) f_3(TBN; SHPproxy, X)〕

样本编号	采集地点	性别	单倍群	HVS I 序列基序	3010 C/T	7598 G/A	663 T/C	10400 G/A	10310 G/A	4216 T/C	4491 C/T	10646 G/A	11719 G/A	4715 T/C	4833 T/C	8271 A/G	5301 T/C	7028 C/T	13263 A/G	14569 G/A	5417 C/T	12705 C/T	15607 A/G	12308 T/C	9824 T/C	5178 C/A
XEB001	Sherpa, Tibet	女	A4	223 290 319 362	C	G	T	G	G	T	C	G	A	T	T	A	T	T	A	G	C	T	A	T	T	C
XEB002	Sherpa, Tibet	男	D5*	A73G C150T A263G T489C 522delC 523delA T16172C A16183N T16189C C16223T T16362C A16399G G16483A	C	G	T	A	A	T	C	G	A	A	T	A	C	T	A	G	C	T	A	T	T	A
XEB003	Sherpa, Tibet	男	C4a3b	223 298 311 327 357	C	G	T	A	G	T	C	G	A	A	T	A	T	T	T	G	C	T	A	T	T	C
XEB004	Sherpa, Tibet	男	A4	223 290 319 362	C	G	C	G	G	T	C	G	A	T	T	A	T	T	A	G	C	T	A	T	T	C
XEB005	Sherpa, Tibet	男	M13a2	145 168 188 223 257 311	C	G	T	A	A	T	C	G	A	A	T	A	T	T	A	G	C	T	A	T	T	C
XEB006	Sherpa, Tibet	男	M5c2	129 223 240 291	C	G	T	A	G	T	C	G	A	T	T	A	T	T	A	G	C	T	A	T	T	C
XEB007	Sherpa, Tibet	女	C4a3b	223 298 311 327 357	—	—	—	—	—	—	—	—	—	—	—	—	—	—	—	—	—	—	—	—	—	—
XEB008	Sherpa, Tibet	男	C4a3b	223 298 311 327 357	C	G	C	G	G	T	C	G	A	A	T	A	T	T	A	G	C	T	A	T	T	C
XEB009	Sherpa, Tibet	男	A11	223 290 293C 319	C	G	T	A	G	C	C	G	A	T	T	A	T	T	A	G	C	T	A	T	T	C
XEB010	Sherpa, Tibet	女	A4	223 290 319 362	C	G	C	G	G	T	C	G	A	T	T	A	T	T	A	G	C	T	A	T	T	C
XEB011	Sherpa, Tibet	女	A4	223 290 319 362	C	G	C	A	G	C	C	G	A	T	T	A	T	T	A	G	C	T	A	T	T	C
XEB012	Sherpa, Tibet	男	?	145 188 189 192 223 293 304	—	—	—	—	—	—	—	—	—	—	—	—	—	—	—	—	—	—	—	—	—	—
XEB013	Sherpa, Tibet	男	A4	223 290 319 362	C	G	C	A	G	T	C	G	A	T	T	A	T	T	A	G	C	T	A	T	T	C
XEB014	Sherpa, Tibet	男	C4a3b	223 298 311 327 357	C	G	T	G	G	C	C	G	A	T	T	A	T	T	G	G	C	T	A	T	T	C

续表

样本编号	采集地点	性别	单倍群	HVSI序列基序	3010 C/T	7598 G/A	663 T/C	10400 G/A	10310 G/A	4216 T/C	4491 C/T	10646 G/A	11719 G/A	4715 T/C	4833 T/C	8271 A/G	5301 T/C	7028 C/T	13263 A/G	14569 G/A	5417 C/T	12705 C/T	15607 A/G	12308 T/C	9824 T/C	5178 C/A
XEB015	Sherpa.Tibet	男	M9a1a	223 234 316 320 362	C	G	T	A	G	T	C	G	A	T	T	A	T	T	A	G	C	T	A	T	T	C
XEB016	Sherpa.Tibet	女	D4*	223 362	T	G	T	A	G	T	C	G	A	A	T	A	T	T	A	G	C	T	A	T	T	A
XEB017	Sherpa.Tibet	男	C1a3b	223 298 311 327 357	C	G	T	A	G	T	C	G	A	C	T	A	T	T	G	G	C	T	A	T	T	C
XEB018	Sherpa.Tibet	女	M5c2	129 223 240 291	C	G	T	A	G	T	C	G	A	T	T	A	T	T	A	G	C	T	A	T	T	C
XEB019	Sherpa.Tibet	女	C	—	C	G	T	A	G	T	C	G	A	C	T	A	T	T	G	G	C	T	A	T	T	C
XEB020	Sherpa.Tibet	男	M9a1a2	145 223 234 316	C	G	T	A	G	T	C	G	A	T	T	A	T	T	A	G	C	T	A	T	T	C
XEB021	Sherpa.Tibet	女	A	—	C	G	C	A	G	T	C	G	A	T	T	A	T	T	A	G	C	T	A	T	T	C
XEB022	Sherpa.Tibet	女	A4	223 290 319 362	C	G	C	A	G	T	C	G	A	T	T	A	T	T	A	G	C	T	A	T	T	C
XEB023	Sherpa.Tibet	男	A4	223 290 319 362	C	G	C	A	G	T	C	G	A	T	T	A	T	T	A	G	C	T	A	T	T	C
XEB024	Sherpa.Tibet	男	A4	223 290 295 319 362	C	G	C	A	G	T	C	G	A	T	T	A	T	T	A	G	C	T	A	T	T	C
XEB025	Sherpa.Tibet	女	M9a1a	223 234 316 362	C	G	T	A	G	T	C	G	A	T	T	A	T	T	A	G	C	T	A	T	T	C
XEB026	Sherpa.Tibet	男	M*	126 223 344	C	G	T	A	G	T	C	G	A	T	T	A	T	T	A	G	C	T	A	T	T	C
XEB027	Sherpa.Tibet	男	A11	223 290 293C 302 319	C	G	C	A	G	T	C	G	A	T	T	A	T	T	A	G	C	T	A	T	T	C
XEB028	Sherpa.Tibet	女	M9a1a	223 234 316 362	C	G	T	A	G	T	C	G	A	T	T	A	T	T	A	G	C	T	A	T	T	C
XEB029	Sherpa.Tibet	男	M*	48 129 223	C	G	T	A	G	T	C	G	A	T	T	A	T	T	A	G	C	T	A	T	T	C
XEB030	Sherpa.Tibet	女	M9a1a	223 234 316 362	C	G	T	A	G	T	C	G	A	T	T	A	T	T	A	G	C	T	A	T	T	C

续表

样本编号	采集地点	性别	单倍群	HVSI序列基序	3010 C/T	7598 G/A	663 T/C	10400 G/A	10310 G/A	4216 T/C	4491 C/T	10646 G/A	11719 G/A	4715 T/C	4833 T/C	8271 A/G	5301 T/C	7028 C/T	13263 A/G	14569 G/A	5417 C/T	12705 C/T	15607 A/G	12308 T/C	9824 T/C	5178 C/A
XEB031	Sherpa,Tibet	男	D5*	A73G C150T A263G T489C 522delC 523delA T16092C G16153A A16164G T16172C A16183N T16189C C16223T T16243C T16362C			T	A		T	C	G	A	T	T	A	C	T	A	G	C	T	A	T	T	A
XEB032	Sherpa,Tibet	女	A4	223 290 319 362	C	G	C	G	G	T	C	G	A	T	T	A	T	T	A	G	C	T	A	T	T	C
XEB033	Sherpa,Tibet	女	A4	223 290 319 362	C	G	C	G	G	T	C	G	A	T	T	A	T	T	A	G	C	T	A	T	T	C
XEB034	Sherpa,Tibet	女	A4	223 290 319 362	C	G	C	G	G	T	C	G	A	T	T	A	T	T	A	G	C	T	A	T	T	C
XEB035	Sherpa,Tibet	男	N*	223 292	C	G	T	G	G	T	C	G	A	T	T	A	T	T	A	G	C	T	A	T	T	C
XEB036	Sherpa,Tibet	男	M70	214 223 297 342 381	C	G	C	G	G	T	C	G	A	T	T	A	T	T	A	G	C	T	A	T	T	C
XEB037	Sherpa,Tibet	女	M70	214 223 297 342 381	C	G	C	G	G	T	C	G	A	T	T	A	T	T	A	G	C	T	A	T	T	C
XEB038	Sherpa,Tibet	女	A4	145 223 234 316	C	G	T	G	G	T	C	G	A	T	T	A	T	T	A	G	C	T	A	T	T	C
XEB039	Sherpa,Tibet	男	M9a1a2	111 129 266 304 356	C	G	C	A	A	T	C	G	A	T	T	A	T	T	A	G	C	C	A	T	T	C
XEB040	Sherpa,Tibet	女	F1c1a	111 129 266 304 356	C	G	T	A	A	T	C	G	A	T	T	A	T	T	A	G	C	T	A	T	T	C
XEB041	Sherpa,Tibet	女	F1c1a	145 188 189 192 223 293 304	C	G	T	A	A	C	C	G	A	C	T	A	T	T	A	G	C	T	A	T	T	C
XEB042	Sherpa,Tibet	男	M21d	223 298 311 327 357	C	G	T	A	A	T	C	G	A	C	T	A	T	T	A	G	C	T	A	T	T	C
XEB043	Sherpa,Tibet	男	C4a3b	223 298 311 327 357	C	G	T	A	A	T	C	G	A	T	T	A	T	T	G	G	C	T	A	T	T	C
XEB044	Sherpa,Tibet	女	C4a3b	223 298 311 327 357	C	G	T	A	A	T	C	G	A	T	T	A	T	T	G	G	C	T	A	T	T	C

续表

样本编号	采集地点	性别	单倍群	HVS I序列基序	3010 C/T	7598 G/A	663 T/C	10400 G/A	10310 G/A	4216 T/C	4491 C/T	10646 G/A	11719 G/A	4715 T/C	4833 T/C	8271 A/G	5301 T/C	7028 C/T	13263 A/G	14569 G/A	5417 C/T	12705 C/T	15607 A/G	12308 T/C	9824 T/C	5178 C/A
XEB045	Sherpa.Tibet	女	F	—	C	G	T	G	A	T	C	G	A	T	T	A	T	T	A	A	C	C	A	T	T	C
XEB046	Sherpa.Tibet	女	C	—	C	G	T	A	G	T	C	G	A	C	T	A	T	T	A	G	C	T	A	T	T	C
XEB047	Sherpa.Tibet	男	D5*	A73G C150T A263G T489C 522delC 523delA T16172C A16183N T16189C C16223T T16362C A16399G G16483A	C	G	T	A	G	T	C	G	A	A	C	A	C	T	A	G	C	T	A	T	T	A
XEB048	Sherpa.Tibet	男	G3a1	223 298 311 327 357	C	G	T	A	G	T	C	G	A	T	T	A	T	T	A	A	C	T	A	T	T	C
XEB049	Sherpa.Tibet	男	D4	A73G A263G T489C T16093C T16189N C16223T T16362C	C	G	T	A	G	T	C	G	A	T	T	A	T	T	A	G	C	T	A	T	T	A
XEB050	Sherpa.Tibet	男	D4*	223 362	T	G	T	A	G	T	C	G	A	T	T	A	T	T	A	G	C	T	A	T	T	A
XEB051	Sherpa.Tibet	男	M11a2	173 223	C	G	T	A	G	T	C	G	A	T	T	A	T	T	A	G	C	T	A	T	T	C
XEB052	Sherpa.Tibet	女	A4	223 298 311 327 357	C	G	T	A	G	T	C	G	A	T	T	A	T	T	A	G	C	T	A	T	T	C
XEB053	Sherpa.Tibet	女	C4a3b	223 298 311 327 357	C	G	T	A	G	T	C	G	A	C	T	A	T	T	A	G	C	T	A	T	T	C
XEB054	Sherpa.Tibet	女	C4a3b	223 298 311 327 357	C	G	T	A	G	T	C	G	A	C	T	A	T	T	A	G	C	T	A	T	T	C
XEB055	Sherpa.Tibet	女	N*	223 292	C	G	C	A	G	T	C	G	A	T	T	A	T	T	A	G	C	T	A	T	T	C
XEB056	Sherpa.Tibet	男	A4	223 290 319 362	C	G	C	A	G	T	C	G	A	T	T	A	T	T	A	G	C	T	A	T	T	C
XEB057	Sherpa.Tibet	男	C4a3b	223 298 311 327 357	C	G	C	A	G	T	C	G	A	T	T	A	T	T	A	G	C	T	A	T	T	C
XEB058	Sherpa.Tibet	男	M9a1a	223 234 311 316 362	C	G	C	A	G	T	C	G	A	T	T	A	T	T	A	G	C	T	A	T	T	C

续表

样本编号	采集地点	性别	单倍群	HVS I 序列基序	3010 C/T	7598 G/A	663 T/C	10400 G/A	10310 G/A	4216 T/C	4491 C/T	10646 G/A	11719 G/A	4715 T/C	4833 T/C	8271 A/G	5301 T/C	7028 C/T	13263 A/G	14569 G/A	5417 C/T	12705 C/T	15607 A/G	12308 T/C	9824 T/C	5178 C/A
XEB059	Sherpa,Tibet	男	A4	223 290 319 362	C	G	C	G	G	T	C	G	A	T	T	A	T	T	A	G	C	T	A	T	T	C
XEB060	Sherpa,Tibet	女	C4a3b	223 298 311 327 357	C	G	T	A	G	T	C	G	A	C	T	A	T	T	G	G	C	C	A	T	T	C
XEB061	Sherpa,Tibet	女	A4	223 290 319 362	C	G	C	G	G	T	C	G	A	T	T	A	T	T	A	G	C	T	A	T	T	C
XEB062	Sherpa,Tibet	男	A4	223 290 319 362	C	G	C	G	G	T	C	G	A	T	T	A	T	T	A	G	C	T	A	T	T	C
XEB063	Sherpa,Tibet	女	D4j3	184 223 311 362	T	G	T	A	G	T	C	G	A	T	T	A	T	T	A	G	C	T	A	T	T	A
XEB064	Sherpa,Tibet	女	C4a3b	223 298 311 327 357	C	G	T	A	G	T	C	G	A	C	T	A	T	T	G	G	C	C	A	T	T	C
XEB065	Sherpa,Tibet	女	M9a1a	223 234 316 362	C	G	T	A	G	T	C	G	A	T	T	A	T	T	A	G	C	T	A	T	T	C
XEB066	Sherpa,Tibet	女	U2a	51 206C 271	C	G	C	G	G	T	C	G	A	T	T	A	T	T	A	G	C	T	A	T	T	C
XEB067	Sherpa,Tibet	女	A4	223 290 319 362	C	G	C	G	G	T	C	G	A	T	T	A	T	T	A	G	C	T	A	T	T	C
XEB068	Sherpa,Tibet	女	C4a3b	223 298 311 327 357	C	G	T	A	G	T	C	G	A	C	T	A	T	T	G	G	C	C	A	T	T	C
XEB069	Sherpa,Tibet	女	M9a1b1	158 223 234 335 362	C	G	T	A	G	T	C	G	A	T	T	A	T	T	A	G	C	T	A	T	T	C
XEB070	Sherpa,Tibet	女	C4a3b	223 298 311 327 357	C	G	T	A	G	T	C	G	A	C	T	A	T	T	G	G	C	C	A	T	T	C
XEB071	Sherpa,Tibet	女	M9a1a	223 234 316 362	C	G	T	A	G	T	C	G	A	T	T	A	T	T	A	G	C	T	A	T	T	C
XEB072	Sherpa,Tibet	男	U*	51 168 224	C	G	C	G	G	T	C	G	A	T	T	A	T	T	A	G	C	C	A	T	T	C
XEB073	Sherpa,Tibet	男	A4	223 290 319 362	C	G	C	G	G	T	C	G	A	T	T	A	T	T	A	G	C	T	A	T	T	C
XEB074	Sherpa,Tibet	男	C4a3b	223 298 311 327 357	C	G	T	A	G	T	C	G	A	C	T	A	T	T	G	G	C	C	A	T	T	C

续表

样本编号	采集地点	性别	单倍群	HVS I 序列基序	3010 C/T	7598 G/A	663 T/C	10400 G/A	10310 G/A	4216 T/C	4491 C/T	10646 G/A	11719 G/A	4715 T/C	4833 T/C	8271 A/G	5301 T/C	7028 C/T	13263 A/G	14569 G/A	5417 C/T	12705 C/T	15607 A/G	12308 T/C	9824 T/C	5178 C/A
XEB075	Sherpa, Tibet	男	A4	223 290 319 362	C	G	C	G	G	T	C	G	A	T	T	A	T	T	A	G	C	T	A	T	T	C
XEB076	Sherpa, Tibet	男	D4*	223 362	T	G	T	A	G	T	C	G	A	T	T	A	T	T	A	A	C	T	A	T	T	A
XEB077	Sherpa, Tibet	男	A4	223 290 319 362	C	G	C	G	G	T	C	G	A	T	T	A	T	T	A	G	C	T	A	T	T	C
XEB078	Sherpa, Tibet	女	G3a1	215 223 274	C	G	T	A	G	T	C	G	A	C	T	A	T	T	A	G	C	T	A	T	T	C
XEB079	Sherpa, Tibet	女	M9a1a2	145 223 234 316	C	G	T	A	G	T	T	G	A	T	T	A	T	T	A	G	C	T	A	T	T	C
XEB080	Sherpa, Tibet	女	D4	223 311 362	T	G	T	A	G	T	C	G	A	T	T	A	T	T	A	A	C	T	A	T	T	A
XEB081	Sherpa, Tibet	男	M9a1b1	158 223 234 362	C	G	T	A	G	T	C	G	A	C	T	A	T	T	G	G	C	T	A	T	T	C
XEB082	Sherpa, Tibet	女	C4a3b	223 298 311 327 357	T	G	T	G	G	T	C	G	A	T	T	A	T	T	A	G	C	T	A	T	T	C
XEB083	Sherpa, Tibet	男	D4	185 223 362	C	G	C	G	G	T	C	G	A	T	T	A	T	T	A	A	C	T	A	T	T	A
XEB084	Sherpa, Tibet	男	U2a	51 206C 271	C	G	C	A	G	T	C	G	A	T	T	A	T	T	A	G	C	C	A	T	T	C
XEB085	Sherpa, Tibet	女	A4	223 290 319 362	C	G	T	A	G	T	C	G	A	T	T	A	T	T	A	G	C	T	A	T	T	C
XEB086	Sherpa, Tibet	女	U*	51 168 224 311	C	G	C	G	G	T	C	G	A	C	T	A	T	T	A	G	C	C	A	T	T	C
XEB087	Sherpa, Tibet	女	C	—	C	G	T	A	G	T	C	G	A	C	T	A	T	T	A	G	C	T	A	T	T	C
XEB088	Sherpa, Tibet	女	M9a1a	223 234 316 362	C	G	T	A	G	T	T	G	A	T	T	A	T	T	A	G	C	T	A	T	T	C
XEB089	Sherpa, Tibet	女	Z	185 223 260 298	C	G	T	A	G	T	C	G	A	T	T	A	T	T	A	G	C	T	A	T	T	C
XEB090	Sherpa, Tibet	女	M9a1b1	158 223 234 362	C	G	T	A	G	T	C	G	A	C	T	A	T	T	A	G	C	T	A	T	T	C

续表

样本编号	采集地点	性别	单倍群	HVS I 序列基序	3010 C/T	7598 G/A	663 T/C	10400 G/A	10310 G/A	4216 T/C	4491 C/T	10646 G/A	11719 G/A	4715 T/C	4833 T/C	8271 A/G	5301 T/C	7028 C/T	13263 A/G	14569 G/A	5417 C/T	12705 C/T	15607 A/G	12308 T/C	9824 T/C	5178 C/A
XEB091	Sherpa,Tibet	女	A4	223 290 319 362	C	G	C	G	G	T	C	G	A	T	T	A	T	T	A	G	C	C	A	T	T	C
XEB092	Sherpa,Tibet	女	D4*	223 362	T	G	C	A	A	T	C	G	A	T	T	A	T	T	A	G	C	C	A	T	T	A
XEB093	Sherpa,Tibet	女	A4	223 290 319 362	C	G	C	G	G	T	C	G	A	T	T	A	T	T	A	G	C	C	A	T	T	C
XEB094	Sherpa,Tibet	女	M9a1a	223 234 316 362	C	G	T	A	A	T	T	G	A	T	T	A	T	T	A	G	C	C	A	T	T	C
XEB095	Sherpa,Tibet	女	C4a3b	223 298 311 327 357	C	G	C	A	A	T	C	G	A	C	T	A	T	T	A	G	C	C	A	T	T	C
XEB096	Sherpa,Tibet	女	M*	48 129 223	C	G	C	A	A	T	C	G	A	T	T	A	T	T	A	G	C	C	A	T	T	C
XEB097	Sherpa,Tibet	女	A4	223 290 319 362	C	G	T	G	G	T	C	G	A	T	T	A	T	T	A	G	C	C	A	T	T	C
XEB098	Sherpa,Tibet	男	M9*	A73G A263G T489C T16086C C16223T A16316G T16362C	C	G	C	G	G	T	C	G	A	T	T	A	T	T	A	G	C	C	A	T	T	C
XEB099	Sherpa,Tibet	女	A4	223 290 319 362	C	G	C	G	G	T	C	G	A	T	T	A	T	T	A	G	C	C	A	T	T	C
XEB100	Sherpa,Tibet	男	M9a1a	223 234 316 362	C	G	T	A	A	T	T	G	A	C	T	A	T	T	A	G	C	C	A	T	T	C
XEB101	Sherpa,Tibet	男	M*	181 223 311 319	C	G	T	A	A	T	C	G	A	T	T	A	T	T	A	G	C	C	A	T	T	C
XEB102	Sherpa,Tibet	男	C4a3b	223 298 311 327 357	C	G	T	A	A	T	C	G	A	C	T	A	T	T	G	G	C	C	A	T	T	C
XEB103	Sherpa,Tibet	男	M*	126 223 344	C	G	T	A	A	T	C	G	A	T	T	A	T	T	A	G	C	C	A	T	T	C
XEB104	Sherpa,Tibet	男	M9a1a2	145 223 234 316	C	G	T	A	A	T	C	G	A	T	T	A	T	T	A	G	C	C	A	T	T	C
XEB105	Sherpa,Tibet	女	C4a3b	223 298 311 327 357	C	G	T	A	A	T	C	G	A	C	T	A	T	T	G	G	C	C	A	T	T	C
XEB106	Sherpa,Tibet	女	F	—	C	G	T	A	A	T	C	G	A	T	T	A	T	T	A	G	C	C	A	T	T	C

续表

样本编号	采集地点	性别	单倍群	HVS I 序列基序	3010 C/T	7598 G/A	663 T/C	10400 G/A	10310 G/A	4216 T/C	4491 C/T	10646 G/A	11719 G/A	4715 T/C	4833 T/C	8271 A/G	5301 T/C	7028 C/T	13263 A/G	14569 G/A	5417 C/T	12705 C/T	15607 A/G	12308 T/C	9824 T/C	5178 C/A
XEB107	Sherpa, Tibet	女	A4	223 290 319 362	C	G	C	G	G	C	C	G	A	T	T	A	T	T	A	G	C	T	A	T	T	C
XEB108	Sherpa, Tibet	男	U*	51 168 224	C	G	T	G	A	T	C	G	A	T	T	A	T	T	A	G	C	C	A	C	T	C
XEB109	Sherpa, Tibet	女	M9*	223 311 316 362	C	G	T	A	G	T	T	G	A	T	T	A	T	T	A	G	C	C	A	T	T	C
XEB110	Sherpa, Tibet	男	D4g2a1a/D4e5	223 274 362	T	G	T	A	G	T	C	G	A	T	T	A	T	T	A	G	C	T	A	T	T	A
XEB111	Sherpa, Tibet	男	A11	223 290 293C 319	C	G	C	G	G	C	C	G	A	T	T	A	T	T	A	G	C	T	A	T	T	C
XEB112	Sherpa, Tibet	女	A4	223 290 311 319 362	—	—	—	—	—	—	—	—	—	—	—	—	—	—	—	—	—	—	—	—	—	—
XEB113	Sherpa, Tibet	男	M9a1a	223 234 316 362	C	G	C	A	G	T	C	G	A	T	T	A	T	T	A	G	C	T	A	T	T	C
XEB114	Sherpa, Tibet	男	A4	223 290 319 362	C	G	C	G	G	C	C	G	A	T	T	A	T	T	A	G	C	T	A	T	T	C
XEB115	Sherpa, Tibet	男	A4	223 290 295 319 362	C	G	C	A	G	C	C	G	A	T	T	A	T	T	A	G	C	T	A	T	T	C
XEB116	Sherpa, Tibet	男	M9a1a	223 233C 234 316 362	C	G	C	G	G	C	C	G	A	T	T	A	T	T	A	G	C	T	A	T	T	C
XEB117	Sherpa, Tibet	男	A4	223 290 319 362	C	G	C	G	G	C	C	G	A	T	T	A	T	T	A	G	C	T	A	T	T	C
XEB118	Sherpa, Tibet	女	C4a3b	223 298 311 327 357	—	—	—	—	—	—	—	—	—	—	—	—	—	—	—	—	—	—	—	—	—	—
XEB119	Sherpa, Tibet	女	?	114	—	—	—	—	—	—	—	—	—	—	—	—	—	—	—	—	—	—	—	—	—	—
XEB120	Sherpa, Tibet	女	A4	223 290 311 319 362	C	G	C	G	G	C	C	G	A	T	T	A	T	T	A	G	C	T	A	T	T	C
XEB121	Sherpa, Tibet	女	M11a2	173 223	C	G	T	A	G	T	C	G	A	T	T	A	T	T	A	G	C	T	A	T	T	C

· 113 ·

续表

样本编号	采集地点	性别	单倍群	HVSI序列基序	3010 C/T	7598 G/A	663 T/C	10400 G/A	10310 G/A	4216 T/C	4491 C/T	10646 G/A	11719 G/A	4715 T/C	4833 T/C	8271 A/G	5301 T/C	7028 C/T	13263 A/G	14569 G/A	5417 C/T	12705 C/T	15607 A/G	12308 T/C	9824 T/C	5178 C/A
XEB122	Sherpa,Tibet	女	D4g2a1a/D4e5	223 274 362	T	G	T	A	G	T	C	G	A	T	T	A	T	T	A	G	C	T	A	T	T	A
XEB123	Sherpa,Tibet	女	A4	223 290 319 362	C	G	C	G	G	T	C	G	A	T	T	A	T	T	A	G	C	C	A	T	T	C
XEB124	Sherpa,Tibet	男	F1c1a	111 129 266 304 362	C	G	T	G	A	T	C	G	A	T	T	A	T	T	A	G	C	C	A	T	T	C
XEB125	Sherpa,Tibet	男	A4	223 290 319 362	C	G	C	G	G	T	C	G	A	C	T	A	T	T	A	G	C	C	A	T	T	C
XEB126	Sherpa,Tibet	男	C4a3b	223 298 311 327 357	C	G	C	G	A	T	C	G	A	T	T	A	T	C	A	G	C	C	A	T	T	C
XEB127	Sherpa,Tibet	女	F	—	C	G	C	G	G	C	C	G	A	T	T	A	T	T	A	G	C	C	A	T	T	C
XEB128	Sherpa,Tibet	女	A	—	C	G	T	A	G	C	C	G	G	T	T	A	T	T	G	G	C	C	A	T	T	C
XEB129	Sherpa,Tibet	男	?	114	C	G	C	G	G	T	C	G	A	C	T	A	T	T	A	G	C	C	A	T	T	C
XEB130	Sherpa,Tibet	男	C4a3b	223 298 311 327 357	C	G	C	G	A	T	C	G	A	T	T	A	T	C	A	G	C	C	A	T	T	C
XEB131	Sherpa,Tibet	男	A4	A73G T152C A235G 522delC 523delA C16223T C16290T G16319A T16362C	C	G	T	A	G	T	C	G	A	T	T	A	T	T	A	G	C	C	A	T	T	C
XEB132	Sherpa,Tibet	女	M9a1a	223 234 316 362	C	G	T	A	G	T	C	G	A	T	T	A	T	T	A	G	C	C	A	T	T	C
XEB133	Sherpa,Tibet	女	M9*	223 316 362	C	G	T	G	A	T	C	G	A	T	T	A	T	T	A	G	C	C	A	T	T	C
XEB134	Sherpa,Tibet	女	M9a1a	223 234 316 362	C	G	T	A	G	T	C	G	A	T	T	A	T	T	A	G	C	C	A	T	T	C
XEB135	Sherpa,Tibet	男	F1c1a	111 129 266 304	C	G	T	G	A	T	C	G	A	T	T	A	T	T	A	G	C	C	A	T	T	C

续表

样本编号	采集地点	性别	单倍群	HVSⅠ序列基序	3010 C/T	7598 G/A	663 T/C	10400 G/A	10310 G/A	4216 T/C	4491 C/T	10646 G/A	11719 G/A	4715 T/C	4833 T/C	8271 A/G	5301 T/C	7028 C/T	13263 A/G	14569 G/A	5417 C/T	12705 C/T	15607 A/G	12308 T/C	9824 T/C	5178 C/A
XEB136	Sherpa,Tibet	男	M*	126 223 344	C	G	T	A	G	T	C	G	A	T	T	A	T	T	A	G	C	T	A	T	T	C
XEB137	Sherpa,Tibet	女	A4	223 290 319 362	C	G	C	G	G	C	C	G	A	T	T	A	T	T	A	G	C	T	A	T	T	C
XEB138	Sherpa,Tibet	女	A4	223 290 319 362	C	G	C	G	G	C	C	G	A	T	T	A	T	T	A	G	C	T	A	T	T	C
XEB139	Sherpa,Tibet	男	M*	126 223 293 344	C	G	T	A	G	T	C	G	A	T	T	A	T	T	A	G	C	T	A	T	T	C
XEB140	Sherpa,Tibet	女	A4	223 290 319 362	C	G	C	G	G	C	C	G	A	T	T	A	T	T	A	G	C	C	A	C	T	C
XEB141	Sherpa,Tibet	女	U*	51 168 224 311	C	G	C	G	G	C	C	G	A	T	T	A	T	T	A	G	C	T	A	T	T	C
XEB142	Sherpa,Tibet	女	A4	223 290 319 362	C	G	C	G	G	C	C	G	A	T	T	A	T	T	A	G	C	T	A	T	T	C
XEB143	Sherpa,Tibet	女	A4	223 290 319 362	C	G	C	G	G	C	C	G	A	T	T	A	T	T	A	G	C	T	A	T	T	C
XEB144	Sherpa,Tibet	女	M9a1a	111A 223 224 234 316 362	C	G	T	A	G	T	C	G	A	C	T	A	T	T	A	G	C	T	A	T	T	C
XEB145	Sherpa,Tibet	男	C4a3b	223 298 311 327 357	C	G	T	A	G	T	C	G	A	T	T	A	T	T	G	G	C	T	A	T	T	C
XEB146	Sherpa,Tibet	女	M5c2	129 223 240 291	C	G	C	G	G	C	C	G	A	T	T	A	T	T	A	G	C	T	A	T	T	C
XEB147	Sherpa,Tibet	女	M9a1a	223 234 316 362	—	—	—	—	—	—	—	—	—	—	—	—	—	—	—	—	—	—	—	—	—	—
XEB148	Sherpa,Tibet	女	U*	51 168 224 311	C	G	C	G	G	C	C	G	A	T	T	A	T	T	A	G	C	C	A	C	T	C
XEB149	Sherpa,Tibet	男	D4*	223 362	T	G	T	A	G	T	C	G	A	T	T	A	T	T	A	G	C	T	A	T	T	A
XEB150	Sherpa,Tibet	男	A4	223 290 319 362	C	G	C	G	G	C	C	G	A	T	T	A	T	T	A	G	C	T	A	T	T	C
XEB151	Sherpa,Tibet	男	U2a	51 206C 271	C	G	T	A	G	T	C	G	A	T	T	A	T	T	A	G	C	C	A	C	T	C

续表

样本编号	采集地点	性别	单倍群	HVSI序列基序	3010 C/T	7598 G/A	663 T/C	10400 G/A	10310 G/A	4216 T/C	4491 C/T	10646 G/A	11719 G/A	4715 T/C	4833 T/C	8271 A/G	5301 T/C	7028 C/T	13263 A/G	14569 G/A	5417 C/A	12705 C/T	15607 A/G	12308 T/C	9824 T/C	5178 C/A
XEB152	Sherpa,Tibet	男	U*	51 168 224 311	C	G	T	G	G	T	C	G	A	T	T	A	T	T	A	G	C	C	A	T	T	C
XEB153	Sherpa,Tibet	女	C4a3b	223 298 311 327 357	C	G	C	A	G	T	C	G	A	C	T	A	T	T	A	G	C	T	A	C	T	C
XEB154	Sherpa,Tibet	女	A4	223 290 319 362	C	G	T	G	G	T	C	G	A	A	T	A	T	T	A	G	C	T	A	T	T	C
XEB155	Sherpa,Tibet	女	M5c2	129 223 240 291	C	G	C	A	G	T	C	G	A	C	T	A	T	T	A	G	C	T	A	T	T	C
XEB156	Sherpa,Tibet	女	C4a3b	223 298 311 327 357	C	G	T	G	G	T	C	G	A	C	T	A	T	T	A	G	C	T	A	T	T	C
XEB157	Sherpa,Tibet	女	A4	223 290 319 362	C	G	C	A	G	T	C	G	A	A	T	A	T	T	A	G	C	T	A	T	T	C
XEB158	Sherpa,Tibet	男	M9a1a	223 234 316 362	C	G	T	G	G	T	C	G	A	T	T	A	T	T	A	G	C	T	A	T	T	C
XEB159	Sherpa,Tibet	男	M11a2	173 223	C	G	C	G	G	T	C		A	T	T	A	T	T	A	G	C	T	A	T	T	C
XEB160	Sherpa,Tibet	男	A4	A73G T152C A235G A263G T16092C C16223T C16290T G16319A T16362C	C	G	C	A	G	T	C	G	A	A	T	A	T	T	A	G	C	T	A	T	T	C
XEB161	Sherpa,Tibet	男	A4	223 290 319 362	C	G	T	G	G	T	C	G	A	A	T	A	T	T	A	G	C	T	A	T	T	C
XEB162	Sherpa,Tibet	男	C4a3b	223 298 311 327 357	C	G	C	A	G	T	C	G	A	C	T	A	T	T	A	G	C	T	A	T	T	C
XEB163	Sherpa,Tibet	男	M9a1a	223 234 316 362	C	G	T	G	G	T	C	G	A	C	T	A	T	T	G	G	C	T	A	T	T	C
XEB164	Sherpa,Tibet	男	C4a2'34	223 298 327 357	C	G	T	A	G	T	C	G	A	C	T	A	T	T	G	G	C	T	A	T	T	C
XEB165	Sherpa,Tibet	女	C4a3b	223 298 311 327 357	C	G	T	A	G	T	C	G	A	C	T	A	T	T	G	G	C	T	A	T	T	C
XEB166	Sherpa,Tibet	男	C4a3b	223 298 311 327 357	C	G	T	A	G	T	C	G	A	C	T	A	T	T	G	G	C	T	A	T	T	C

第3章 夏尔巴人的分子人类学研究

续表

样本编号	采集地点	性别	单倍群	HVSI序列基序	3010 C/T	7598 G/A	663 T/C	10400 G/A	10310 G/A	4216 T/C	4491 C/T	10646 G/T	11719 G/A	4715 T/C	4833 T/C	8271 A/G	5301 T/C	7028 C/T	13263 A/G	14569 G/A	5417 C/A	12705 C/T	15607 A/G	12308 T/C	9824 T/C	5178 C/A
XEB167	Sherpa,Tibet	女	A4	223 290 319 362	C	G	C	G	G	T	C	G	A	T	T	A	T	T	A	G	C	T	A	T	T	C
XEB168	Sherpa,Tibet	女	G2a1d	51 114 223 227 278 362	C	G	T	A	G	T	C	G	A	T	T	A	T	T	A	A	C	T	A	T	T	C
XEB169	Sherpa,Tibet	男	M62b	223 260 295	C	G	T	A	G	T	C	G	A	T	T	A	T	T	A	G	C	T	A	T	T	C
XEB170	Sherpa,Tibet	男	M9a1a	223 234 316 362	C	G	T	A	G	T	T	G	A	T	T	A	T	T	A	G	C	T	A	T	T	C
XEB171	Sherpa,Tibet	男	M9a1a	223 234 316 362	C	G	T	A	G	T	C	G	A	T	T	A	T	T	A	G	C	T	A	T	T	C
XEB172	Sherpa,Tibet	男	M9a1a2	145 223 234 316 354	C	G	T	A	G	T	C	G	A	T	T	A	T	T	G	G	C	T	A	T	T	A
XEB173	Sherpa,Tibet	男	D4*	223 362	T	G	T	A	G	T	T	G	A	C	T	A	T	T	A	G	C	T	A	T	T	C
XEB174	Sherpa,Tibet	男	C4a3b	223 298 311 327 357	C	G	T	A	G	T	C	G	A	T	T	A	T	T	A	G	C	T	A	T	T	C
XEB175	Sherpa,Tibet	男	C4a3b	223 298 311 327 357	C	G	T	A	G	T	C	G	A	T	T	A	T	T	A	G	C	T	A	T	T	C
XEB176	Sherpa,Tibet	女	M9a1a	223 234 316 362	C	G	C	G	G	T	C	G	A	T	T	A	T	T	A	G	C	T	A	T	T	C
XEB177	Sherpa,Tibet	女	A4	172 223 290 319 362	C	G	C	G	G	T	C	G	A	T	T	A	T	T	A	G	C	T	A	T	T	C
XEB178	Sherpa,Tibet	女	A11	223 290 293C 319	C	G	T	A	G	T	C	G	A	T	T	A	T	T	A	G	C	T	A	T	T	C
XEB179	Sherpa,Tibet	女	A4	223 290 319 362	C	G	C	G	G	T	C	G	A	T	T	A	T	T	A	G	C	T	A	T	T	C
XEB180	Sherpa,Tibet	男	M13a2	145 168 188 223 257 311	C	G	T	A	G	T	C	G	A	T	T	A	T	T	A	G	C	T	A	T	T	C
XEB181	Sherpa,Tibet	女	M12*	223 274 290 319 362	C	G	C	G	G	T	C	G	A	T	T	A	T	T	A	A	C	T	A	T	T	C
XEB184	Sherpa,Tibet	男	A4	223 290 311 319 362	C	G	C	G	G	T	C	G	A	T	T	A	T	T	A	G	C	T	A	T	T	C
XEB185	Sherpa,Tibet	男	M9a1a	223 234 311 316 362	C	G	T	A	G	T	C	G	A	T	T	A	T	T	A	G	C	T	A	T	T	C

鉴于谱系的频率变化较快，对基于单倍群频率比较的结果可能会产生误导，因此对个体谱系的网络分析很可能会为夏尔巴人和喜马拉雅人之间的母系关系提供更好的调查依据。单倍群 A4、单倍群 C4a 和单倍群 M9a 占夏尔巴人样本的 60% 以上，这些单倍群的网络是基于 HVSⅠ碱基序列分析的（图 3.9）。在单倍群 A4 中，夏尔巴人族群的大多数单倍型与藏缅语族族群、阿尔泰语系族群和汉族族群共享，并聚集在网络的主要分支中。南亚次大陆的印欧样本分散在整个网络的终端节点，表明单倍群 A4 在这些印欧族群中出现较晚。在单倍群 C4a 网络中，几乎所有的夏尔巴人族群样本聚集在一起，与来自加德满都的少数尼泊尔藏缅语族族群一起形成一个大的专属分支（图 3.9）。这些独特的单倍型可能代表了夏尔巴人的古老遗传组成部分。夏尔巴人最初的单倍群 C4a 个体可能在他们的历史上经历过奠基者效应或瓶颈效应，然后在很长一段时间内保持基因隔离。在单倍群 M9a 网络中，大约一半的夏尔巴人单倍群 M9a 样本与主要的祖先分支共享祖先单倍型，其他样本主要与印欧样本和藏缅语族样本聚集在末端小分支中（图 3.9）。单倍群 M9a 及其亚谱系的星形网络清楚地表明了藏缅语族人口中这些谱系的人口扩张。夏尔巴人族群和印欧族群的单倍群 M9a 样本可能是

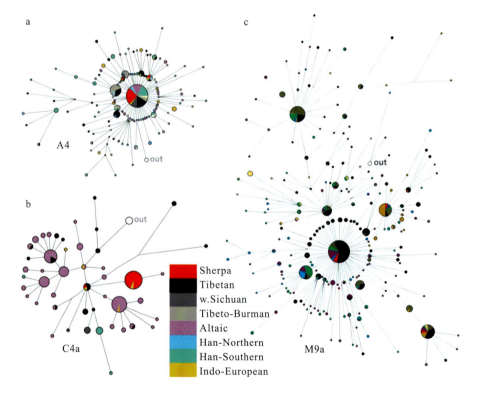

图 3.9　mtDNA HVSⅠ单倍型网络图

节点大小与单倍型的个体数量成正比。节点之间的连线长度与变异步骤成正比。简称：w.Sichuan，四川西部。

单倍群 M9a 在青藏高原扩张的结果。

此外，夏尔巴人还表现出一些直接从大单倍群 M 的根衍生出来的基础谱系，如单倍群 M5c2、单倍群 M21d、单倍群 M62b 和单倍群 M70。单倍群 M5 曾在印度的安得拉邦部落、印度教徒、什叶派穆斯林、逊尼派穆斯林、达伍迪·博赫拉穆斯林和马普拉穆斯林，以及尼泊尔的印度教徒、塔鲁人、尼瓦尔人和尼泊尔人（加德满都）中观察到。在此夏尔巴人样本中检测到 4 个 M5 样本，它们具有相同的 HVSⅠ区别基序（16，129—16，223—16，240—16，291）。然而，在 16、240 位点的突变很少被发现，康龙丽等研究成果中的数据库对相同的 HVSⅠ的搜索只得到 1 个 mtDNA 序列（北印度的逊尼派穆斯林）。在马来西亚半岛、菲律宾的东南亚土著人、尼泊尔的塔鲁人、越南的湛人和清迈的泰国人中发现了低频率的单倍群 M21。夏尔巴人的一个单倍群 M21d 样本与查姆人具有相似的 HVSⅠ单倍型。单倍群 M62 被认为是青藏高原旧石器时代晚期早期定居者的遗传遗迹。在夏尔巴人族群中检测到的单倍群 M62b 样本与拉萨市、林芝市和云南省的藏族族群具有相同的单倍型。单倍群 M70 已被视为藏族特有谱系，夏尔巴人单倍群 M70 样本也与藏族样本相同。

大约 83% 的夏尔巴人 Y 染色体，包括单倍群 C、单倍群 D 和单倍群 O，可以被指定为东亚或东南亚血统。这些谱系的单倍型水平的详细遗传结构揭示了夏尔巴人和藏缅语族族群（尤其是藏族族群）之间的密切亲缘关系。从母系遗传方面来看，可以追溯到东亚或东南亚血统的 mtDNA 约占夏尔巴人的 82.5%，大多数 HVSⅠ单倍型与藏缅语族族群和阿尔泰语系族群的样本共享或密切相关。在某些谱系中观察到的内部同质性表明，在夏尔巴人起源过程中可能存在奠基者效应，特别是对于 Y 染色体单倍群 D1 - M15 和单倍群 O3a2c1a - M117，mtDNA 单倍群 A4 和单倍群 C4a，也就是说，那些单倍群的夏尔巴人是由少数来自藏缅语族族群的移民人口衍生而来的。

在夏尔巴人身上观察到一些南亚基因成分，Y 染色体单倍群 R1a1a - M17、单倍群 JM304、单倍群 F * - M89 占夏尔巴人父系基因库的 17%。而在母系方面，单倍群 M5c2、单倍群 M21d、单倍群 U * 和单倍群 U2a 仅占夏尔巴人的 8%。这种明显的性别偏倚基因流可能是由于男女生理差异造成的，尤其是在高原极端环境下。父系单倍群 R1a1a - M17 在夏尔巴人中可能存在严重的奠基者效应或瓶颈效应。在之前的研究中，从印度次大陆到青藏高原的可忽略不计的基因流动表明了人类在喜马拉雅山脉的单向传播模式。然而，在夏尔巴人的案例中，已经观察到喜马拉雅山脉上一定的向北基因流动，也证实了历史学关于夏尔巴人迁徙的一部分说法。

3.1.4 夏尔巴人和藏族的遗传特征

Zhang Chao、Lu Dongsheng 等[12,18]认为，夏尔巴人和藏族各自具有一定的遗传特征（$F_{ST}=0.010$），略小于藏族和汉族之间的群体差异（$F_{ST}=0.011$）。他们之间的分歧(11300—3200 年前)比汉族族群和这两个族群中的任何一个之间的分歧(16000—6200 年前)要晚一些。

Zhang Chao 等分析了夏尔巴人和藏族在 203 个当代世界人口背景下的遗传关系，用无偏 F_{ST}（图 3.10）和外组 f_3 衡量，结果显示两个高地族群人口与东亚

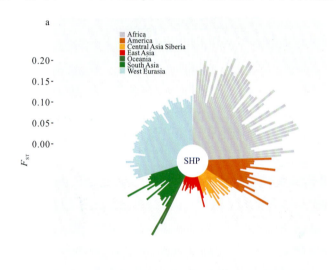

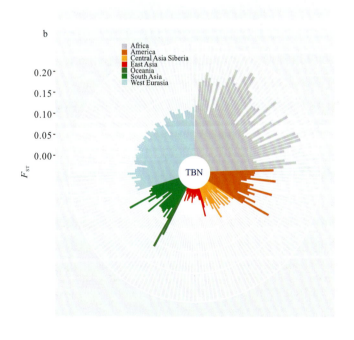

第3章 夏尔巴人的分子人类学研究

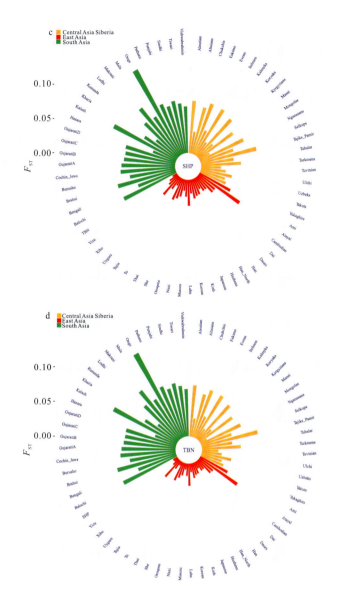

图 3.10 在全球族群背景下，用 F_{ST} 分析夏尔巴人和藏族的亲缘关系

族群最接近，其次是与中亚/西伯利亚人族群接近。夏尔巴人的总体遗传组成最接近藏族（$F_{ST}=0.007$），其次是生活在青藏高原上的周边族群，如土族（$F_{ST}=0.012$）、彝族（$F_{ST}=0.013$）和纳西族（$F_{ST}=0.016$），这可能是这些族群之间的直接共同祖先或互惠基因流动造成的。虽然南亚人口的地理位置接近夏尔巴人，但夏尔巴人和南亚人之间的遗传差异远远大于夏尔巴人和东亚人之间的遗传差异，这表明东亚和南亚次大陆之间存在着基因流动障碍。这些关系在分析藏族族群时大体一致，但有一些不同。虽然夏尔巴人与藏族的共享的等位基因数量最多，但藏族更接近于土族（$F_{ST}=0.005$）和彝族（$F_{ST}=0.006$）等，而不是夏尔巴人（$F_{ST}=0.007$），这一模式还得到了外组 f_3 测试的证实，表明在人口分离后，夏尔巴人和藏族的人口历史不同。此外，来自尼泊尔昆布的夏尔巴人与来自我国樟木镇的夏尔巴人最为接近。樟木镇的夏尔巴人与一些藏族亚群，特别是日喀则市藏族的遗传关系最为密切。这些结果表明，在族群分化后，樟木镇夏尔巴人可能与藏族有遗传接触。

主成分分析定位夏尔巴人族群和藏族族群被大多数东亚人口和少量中亚/西伯利亚和南亚人口包围，在二维 PC 图中，夏尔巴人族群和藏族族群分别被分为两个不同的子群（图3.7、图3.11至图3.13），当根据地理位置对个体进行分组

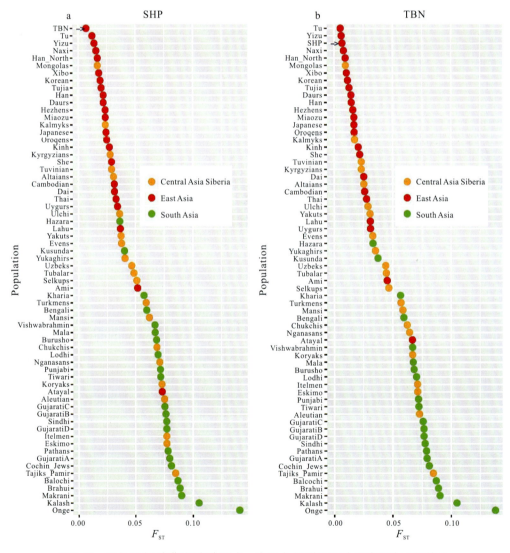

图 3.11　夏尔巴人（或藏族）与东亚人、中亚人/西伯利亚人和南亚人之间的 F_{ST}

TBN. Region 代表藏族亚群之一，X 代表东亚人、中亚/西伯利亚人或南亚人的人口。夏尔巴人、藏族或他们的亚群以其字体颜色和相应的蓝色箭头突出显示。

第3章 夏尔巴人的分子人类学研究

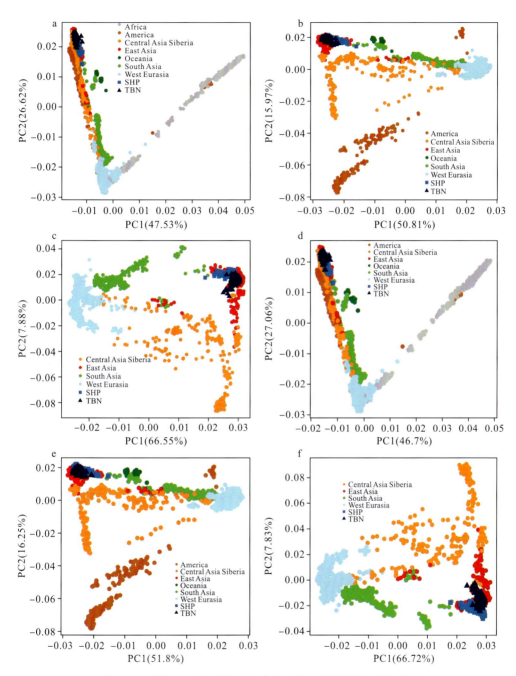

图 3.12　夏尔巴人和藏族在全球人口样本背景下的主成分分析

时，在夏尔巴人族群和藏族族群中都观察到了人口子结构（图3.7）。藏族聚集得更紧密，而夏尔巴人则分散得多。樟木镇和昆布的夏尔巴人被 PC1 分裂（图3.7）。来自不同基因型平台的批量效应不太可能解释两个区域夏尔巴人亚组的子结构，因为两个平台的微阵列数据与重复样本的全基因组测序数据一致

(图 3.14)。同时,藏族亚群按方言一般分为 3 个亚群,分别为卫藏(日喀则市藏族、拉萨市藏族和山南市藏族)、康藏(昌都市藏族和林芝市藏族)和安多藏族(青海省藏族)。F_{ST}(图 3.15)和外组 f_3(图 3.16、图 3.17)分析也证实了这些模式。

最后作者对数据进行分子方差分析(analysis of molecular variance,AMOVA)。假设夏尔巴人和藏族是两个不同的组。结果表明,虽然大多数(99%)的方差来自族群内水平,但组间方差显著($P \leqslant 0.001$),且大于组内族群间方差(表 3.8)。然而,将藏族亚组中的任何一个(日喀则市藏族、拉萨市藏族和山南市藏族、昌都市藏族、林芝市藏族或者青海省藏族)与樟木镇和昆布的夏尔巴人进行分类时,组内群体间方差显著超过组间方差($P < 0.001$)(表 3.8)。

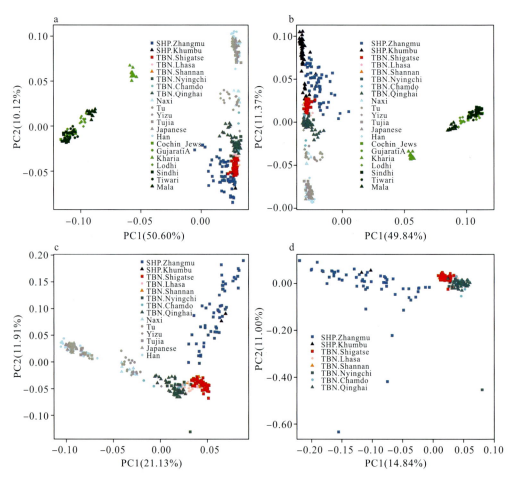

图 3.13 夏尔巴人和藏族在一些东亚和南亚样本背景下的主成分分析

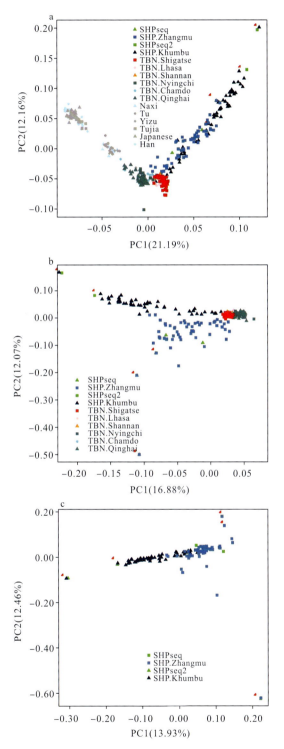

图 3.14 SHPseq 和 SHPseq2 的夏尔巴人和藏族的主成分分析

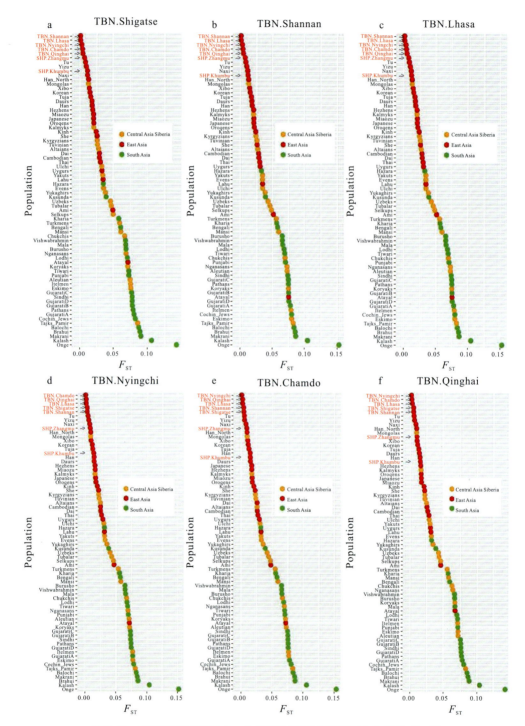

图 3.15 区域藏族和东亚人、中亚西伯利亚人和南亚人之间的 F_{ST} 值

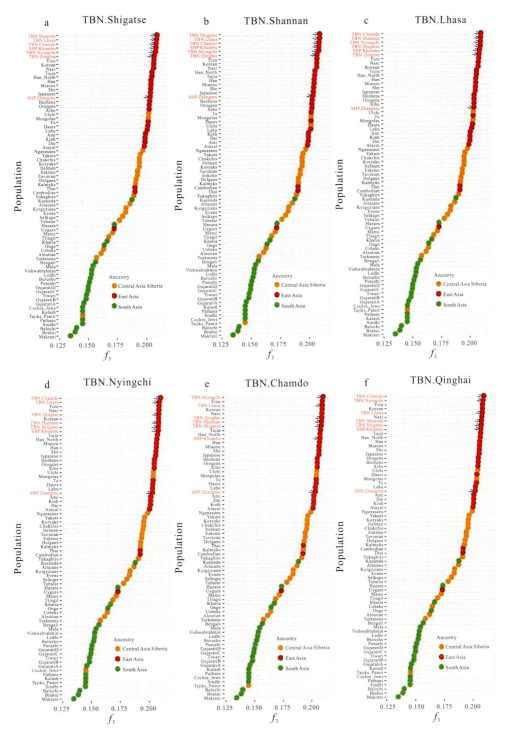

图3.16 Panel 1 基于数据集的外组 f_3 测试形式 f_3（TBN.Region；约鲁巴语，X）

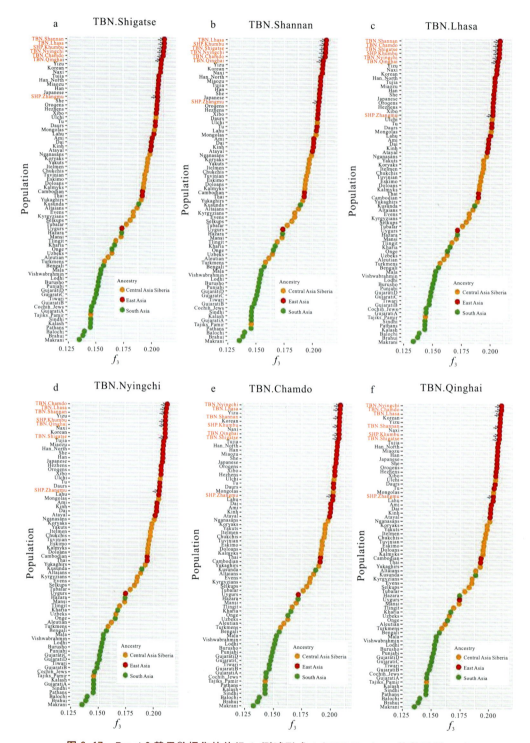

图 3.17 Panel 2 基于数据集的外组 f_3 测试形式 f_3 (TBN. Region；约鲁巴语，X)

表 3.8 分子方差分析（AMOVA）结果

变异源	小组 1 方差/%						
	夏尔巴人/藏族	夏尔巴人,日喀则市藏族/其他藏族	夏尔巴人,拉萨市藏族/其他藏族	夏尔巴人,山南市藏族/其他藏族	夏尔巴人,林芝市藏族/其他藏族	夏尔巴人,昌都市藏族/其他藏族	夏尔巴人,青海省藏族/其他藏族
组间	0.50**	0.17**	0.11**	0.35**	0.31**	0.31**	0.05**
群体之间/群体内的亚群体	0.24**	0.39**	0.43**	0.31**	0.32**	0.33**	0.46**
群体间	99.26	99.44	99.46	99.35	99.36	99.36	99.48

变异源	小组 2 方差/%						
	夏尔巴人/藏族	夏尔巴人,日喀则市藏族/其他藏族	夏尔巴人,拉萨市藏族/其他藏族	夏尔巴人,山南市藏族/其他藏族	夏尔巴人,林芝市藏族/其他藏族	夏尔巴人,昌都市藏族/其他藏族	夏尔巴人,青海省藏族/其他藏族
组间	0.53**	0.28**	0.23**	0.43**	0.40**	0.40**	0.12**
群体之间/群体内的亚群体	0.42**	0.55**	0.58**	0.47**	0.47**	0.49**	0.64**
群体间	99.04	99.17	99.20	99.08	99.13	99.08	99.24

注：将 2 个夏尔巴人亚群和 6 个藏族亚群划分为夏尔巴人族群和藏族群时，群间变异的来源明显大于群内变异。假设任何藏族亚群（山南市藏族除外）作为一个夏尔巴人族群在群内产生的变异源大于族群之间，表明夏尔巴人族群和藏族群在遗传上是两个可区分的种群。第 1 组中的昆布夏尔巴人和山南市藏族的小样本可能会导致结果出现偏差。

** — $P \leqslant 0.001$；* — $0.001 < P \leqslant 0.01$。

3.2 有关夏尔巴人遗传多样性研究

血型是一种十分稳定的遗传性状,具有孟德尔式的遗传特点,各民族血型分布各有其特点,人体的血型可作为一种遗传标记,对研究人类起源、进化和族群间的差异有一定意义。

3.2.1 夏尔巴人血型系统的遗传多样性研究

1975 年剑桥大学 C. R. Bangham 等[24]找到一个与西藏自治区藏族密切相关的族群,并收集他们的基因组数据。这个族群居住在尼泊尔东部的罗尔瓦林山谷,2 个主要的定居点是高里桑卡尔峰下的 Beding(海拔 3693m)和山谷脚下的 Simigaon(海拔 2120m)。Beding 的居民是夏尔巴人和藏族,Simigaon 的居民中夏尔巴人和塔芒人(另一个起源不明的藏缅语族族群)各占 50%。

C. R. Bangham 等利用 χ^2 检验发现 155 名夏尔巴人和塔芒人的 ABO 血型系统遗传多态性。在 Simigaon 的 ABO 系统中,无论是夏尔巴人还是塔芒人,观察到的和预期的表型频率都没有显著差异,而在 Beding 却存在显著差异,这主要是因为 AB 血型个体过多。在其他系统中,观察到的表型频率(表 3.9)接近每组的预期值。

3 个子样本的表型频率存在显著差异。在 Beding 和 Simigaon(夏尔巴人和塔芒人)ABO 系统中的分布有显著差异(Beding 的夏尔巴人与 Simigaon 的夏尔巴人有显著差异,而 Simigaon 内部塔芒人和夏尔巴人之间没有显著差异)。

在红细胞酶系统中,在磷酸葡萄糖变位酶基因座 1(phosphoglucomutase locus 1)中,Simigaon 的塔芒人与 Beding 和 Simigaon 的夏尔巴人有极显著差异($P<0.01$),但两组夏尔巴人之间无显著差异。在其他系统中,夏尔巴人和塔芒人之间或村庄之间没有显著差异。

在 Beding 和 Simigaon 采集的夏尔巴人的特征是 A 基因的频率较低,而在 Beding 采集的夏尔巴人的特征是 O 基因的频率较低,B 基因的频率较高。Simigaon 夏尔巴人的 ABO 基因频率与 NWSolu 和 Gyapchu 的夏尔巴人以及 Kham(西藏自治区东部)藏族的 ABO 基因频率相似。Dhunge 和昆布的夏尔巴人与 C. R. Bangham 等研究中 2 个村庄的夏尔巴人一样,A 基因频率较低。这与 Simigaon 的塔芒人、加德满都谷地的塔芒人、尼瓦尔人(Newar)形成对比,他们各自都有明显更高的 A 基因频率(表 3.10)。

表 3.9 Rolwaling 地区的 ABO 血型、红细胞酶多态性和苯硫脲味觉/非味觉多态性

系统族群	表型观测数				总数	等位基因观测频率		
ABO	O	A	B	AB		A	B	O
Beding (S)*	11	4	21	10	46	0.159	0.411	0.428**
Simigaon (S)	18	8	9	2	37	0.146	0.162	0.693
Simigaon (T)*	17	14	5	1	37	0.23	0.085	0.685
PGM	1	2-1	2	—	—	PGM	—	—
Beding (S)	16	21	5	—	42	0.631	—	—
Simigaon (S)	20	22	6	—	48	0.646	—	—
Simigaon (T)	23	10	1	—	34	0.824	—	—
EAP	A	BA	B	—		EAP		
Beding (S)	3	19	25	—	47	0.266		
Simigaon (S&T)	13	17	48	—	78	0.276		
ADA	1	2-1	2	—	—	ADA		
Beding (S)	34	9	0	—	43	0.895		
Simigaon (S&T)	74	6	0	—	80	0.963		
AK	1	2-1	2	—	—	AK		
Beding (S)	49	0	0	—	49	1		
Simigaon (S&T)	95	5	0	—	100	0.975		
Taster	Ta.	non-Ta.	—	—	—	T		
Beding (S)	35	—	—	—	38	0.719		
Simigaon (S&T)	61	—	—	—	78	0.533		

注：PGM—phosphoglucomutase；ADA—adenosine deaminase；EAP—erythrocyte acid phosphatase；AK—adenylate kinase.

Taster—phenylthiourea taster/non-taster polymorphism；Ta.—taster, non-Ta.—non taster.

* S—Sherpa；T—Tamang.

**—有显著差异，$P<0.05$。除了显著不同的地方，Simigaon 的夏尔巴人和塔芒人（Tamangs）的数据被合并在一起。在每个多态性中，观察到的表型频率接近预期的频率。

表 3.10 尼泊尔、西藏自治区人群中 ABO 血型系统的基因频率

族群	A	B	O	N
夏尔巴人(Sherpas)				
昆布(Khumbu)	0.094	0.200	0.706	105
甲丘(Gyapchu)	0.155	0.233	0.612	64
邓格(Dhunge)	0.105	0.284	0.610	45
索卢(NW Solu)	0.112	0.214	0.674	165
Old clans*	0.039	0.146	0.816	184
New clans*	0.020	0.396	0.584	25
塔芒人(Tamangs)				
加德满都(Katmandu)**	0.229	0.193	0.578	916
尼瓦尔人(Newars)				
加德满都(Katmandu)	0.318	0.182	0.501	290
藏族(Tibetans)				
康藏(Kham),拉萨市藏族(Lhasa),后藏(Tsang)	0.151	0.252	0.596	304

注:*—Khumbu、Pharak、Solu 和 Arun 山谷的夏尔巴人(Bangham 和 Sacherer,未发表数据)。**—数据由加德满都 Bir 医院提供,取自献血记录(Bangham 和 Sacherer,未发表数据)。

Beding 夏尔巴人与其他的相比,明显的区别在于他们的低 O 基因频率和高 B 基因频率。随后在昆布、New clans 夏尔巴人样本中发现了类似的高 B 基因频率(40%)和非常低的 A 基因频率(2%),而无论是在昆布、Solu 或是在 Arun、Old clans,夏尔巴人都具有很高的 O 基因频率和比较低的 A 基因频率、B 基因频率(表 3.10)。

虽然居住在两个村庄的夏尔巴人之间的红细胞酶多态性和苯硫脲味觉/非味觉多态性没有显著差异,但 Simigaon 夏尔巴人的 ABO 基因频率表明与 Solu 夏尔巴人有亲缘关系,而 Beding 夏尔巴人是 5 代前来自昆布的移民,与昆布和帕拉克(Pharak)的 New clans 人口相似,研究结果与 2 个村庄人口之间的口述传统、宗族信仰和词汇差异的证据是一致的。

3.2.2 夏尔巴人常染色体 STR 的遗传多样性

常染色体分子遗传标记的检测可用于群体遗传学、分子人类学、疾病相关基因关联分析和法医个体识别、亲子鉴定等研究。STR 群体遗传多态性可以反映出群体的分化历史和基因融合水平。

M. Ota、康龙丽和张致英等[23,25,26]分析了西藏自治区夏尔巴人族群的常染色体 15 个 STR 多态性,用软件 the Cervus 3.0 检测了 Hardy-Weinberg equilibrium(HWE)、遗传多样性指标和法医学参数,并与 40 个世界族群进行了比对。利用 the Arlequin(version3.5)software package 计算了遗传距离 F_{ST},利用 Stucture 软件(version2.3.4)进行了群体成分分析。用 R statistical software version 3.0.3 and Distruct version 1.1 绘制了热图(hot map)(图 3.18)。其中,夏尔巴人族群的常染色体 15 个 STR 位点的等位基因频率数据见表 3.11。

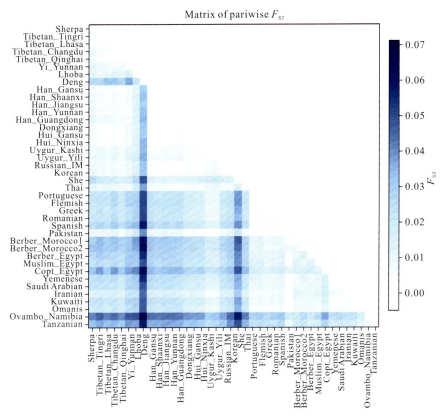

图 3.18 西藏自治区各民族人群和亚洲其他人群的 F_{ST} 值比较

在检测的夏尔巴人样本中,除了位点 *D18S51* 和 *FGA*,其他位点都处于 Hardy-Weinberg 平衡($P>0.05$),计算遗传距离 F_{ST},在夏尔巴人族群、藏族族群与其他 40 个世界族群中,遗传距离范围从 0.00315 到 0.04203;其中藏族和夏尔巴人之间的遗传距离最短($F_{ST}=0.00315$)。基于模型的分析方法分析西藏自治区族群遗传结构,用 STRUCTURE 软件,设定 k 值分别为 2—8,当 $k=4$ 时,40 个世界族群聚类结果为:藏族族群、汉族族群、夏尔巴人族群聚于东亚族群,新疆喀什地区、伊利哈萨克自治州的维吾尔族族群分享部分欧亚族群遗传特征。与其他族群相比,日喀则市藏族族群、夏尔巴人族群和拉萨市藏族

表 3.11 夏尔巴人族群常染色体 15 个 STR 的等位基因频率

染色体	D8S1179	D21S11	D7S820	CSF1PO	D3S1358	TH01	D13S317	D16S539	D2S1338	D19S433	VWA	TPOX	D18S51	D5S818	FGA
6	—	—	—	—	—	0.0967	—	—	—	—	—	0.0028	—	—	—
7	—	—	0.0028	—	—	0.1989	0.0028	—	—	—	—	—	—	0.0055	—
8	0.0028	—	0.2431	0.0691	—	0.0635	0.1630	0.0497	—	0.0028	—	0.4751	—	0.0055	—
9	—	—	0.0939	—	—	0.5691	0.1188	0.2956	—	—	—	0.1657	—	0.0884	—
9.3	—	—	—	—	—	0.0691	—	—	—	—	—	—	—	—	—
10	0.0718	—	0.1796	0.2238	—	0.0028	0.1713	0.0994	—	—	—	0.0470	0.0028	0.1215	—
10.1	—	—	0.0028	—	—	—	—	—	—	—	—	—	—	—	—
11	0.0304	—	0.2652	0.2928	—	—	0.2873	0.2680	—	0.0442	—	0.2762	—	0.3757	—
12	0.0801	—	0.2017	0.3398	—	—	0.1492	0.1630	—	0.0028	—	0.0331	0.0083	0.1851	—
12.2	—	—	—	—	—	—	—	—	—	0.2210	—	—	—	—	—
13	0.2873	—	0.0110	0.0470	0.0552	—	0.0773	0.0829	—	0.0773	—	—	0.2541	0.2017	—
13.2	—	—	—	—	—	—	—	—	—	0.3840	—	—	—	—	—
14	0.2099	—	—	0.0166	0.2293	—	0.0249	0.0331	—	0.0829	0.1989	—	0.1878	0.0166	—
14.2	—	—	—	—	—	—	—	—	—	0.0442	—	—	—	—	—
15	0.2210	—	—	0.0110	—	—	0.0055	0.0083	0.0083	—	0.0110	—	0.1271	—	—
15.2	—	—	—	—	—	—	—	—	—	0.1298	—	—	—	—	—
16	0.0912	—	—	—	0.3536	—	—	—	—	0.0028	0.2403	—	0.1381	—	—

续表

染色体	D8S1179	D21S11	D7S820	CSF1PO	D3S1358	TH01	D13S317	D16S539	D2S1338	D19S433	VWA	TPOX	D18S51	D5S818	FGA
16.2	—	—	—	—	—	—	—	—	—	0.0083	—	—	—	—	—
17	0.0028	—	—	—	0.2044	—	—	—	0.0249	—	0.2569	—	0.0331	—	—
18	0.0028	—	—	—	0.1492	—	—	—	0.1436	—	0.1602	—	0.0470	—	0.0470
19	—	—	—	—	0.0083	—	—	—	0.1823	—	0.1271	—	0.0939	—	0.0525
20	—	—	—	—	—	—	—	—	0.1160	—	0.0055	—	0.0331	—	0.0166
21	—	—	—	—	—	—	—	—	0.0304	—	—	—	0.0083	—	0.0552
22	—	—	—	—	—	—	—	—	0.0414	—	—	—	0.0249	—	0.1989
22.2	—	—	—	—	—	—	—	—	—	—	—	—	—	—	0.0110
23	—	—	—	—	—	—	—	—	0.2210	—	—	—	0.0414	—	0.2210
23.2	—	—	—	—	—	—	—	—	—	—	—	—	—	—	0.0055
24	—	—	—	—	—	—	—	—	0.1436	—	—	—	—	—	0.2127
24.2	—	—	—	—	—	—	—	—	—	—	—	—	—	—	0.0028
25	—	—	—	—	—	—	—	—	0.0691	—	—	—	—	—	0.0912
25.2	—	—	—	—	—	—	—	—	—	—	—	—	—	—	0.0055
26	—	—	—	—	—	—	—	—	0.0193	—	—	—	—	—	0.0387
26.2	—	—	—	—	—	—	—	—	—	—	—	—	—	—	0.0166
27	—	0.0055	—	—	—	—	—	—	—	—	—	—	—	—	0.0138

续表

染色体	等位基因														
	D8S1179	D21S11	D7S820	CSF1PO	D3S1358	TH01	D13S317	D16S539	D2S1338	D19S433	VWA	TPOX	D18S51	D5S818	FGA
28	—	0.0083	—	—	—	—	—	—	—	—	—	—	—	—	0.0110
28.2	—	0.0497	—	—	—	—	—	—	—	—	—	—	—	—	—
29	—	0.2956	—	—	—	—	—	—	—	—	—	—	—	—	—
29.2	—	0.0083	—	—	—	—	—	—	—	—	—	—	—	—	—
30	—	0.2541	—	—	—	—	—	—	—	—	—	—	—	—	—
31	—	0.0746	—	—	—	—	—	—	—	—	—	—	—	—	—
31.2	—	0.0939	—	—	—	—	—	—	—	—	—	—	—	—	—
32	—	0.0276	—	—	—	—	—	—	—	—	—	—	—	—	—
32.2	—	0.1243	—	—	—	—	—	—	—	—	—	—	—	—	—
33	—	0.0055	—	—	—	—	—	—	—	—	—	—	—	—	—
33.2	—	0.0470	—	—	—	—	—	—	—	—	—	—	—	—	—
34.2	—	0.0055	—	—	—	—	—	—	—	—	—	—	—	—	—
Ho	0.7620	0.8290	0.7570	0.6960	0.7130	0.6570	0.8340	0.7620	0.8780	0.8290	0.8120	0.5970	0.8730	0.7180	0.8120
He	0.8060	0.8150	0.7910	0.7430	0.7570	0.6200	0.8210	0.7960	0.8570	0.7720	0.7970	0.6690	0.8520	0.7630	0.8500
PIC	0.7760	0.7900	0.7550	0.6980	0.7160	0.5790	0.7950	0.7650	0.8380	0.7420	0.7630	0.6140	0.8330	0.7270	0.8300
DP	0.5600	0.8330	0.5980	0.8660	0.6480	0.7800	0.8330	0.8760	0.7530	0.9040	0.8880	0.9500	0.8610	0.9310	0.8640
PPE	0.8840	0.7600	0.8190	0.8910	0.8690	0.9060	0.7580	0.6990	0.6910	0.8240	0.8090	0.7840	0.8970	0.8500	0.7000

群间的遗传距离较短($F_{ST}=0.00315$),其次是汉族族群,而遗传距离最远的是纳米比亚人族群($F_{ST}=0.04203$)。日喀则市藏族族群、夏尔巴人族群和我国的其他族群(包括来自其他地区的藏族族群、汉族族群)之间的遗传距离远小于遗传距离最大的非洲族群,其次是西亚族群,结果与遗传距离分析和先前报道的一致,也表明了藏族族群和夏尔巴人族群之间的遗传关系近于其他东亚族群,支持藏族是夏尔巴人的遗传祖先。

3.2.3 夏尔巴人的Y染色体多样性

S. Bhandari等[5]总共收集了代表尼泊尔(350名)和我国西藏自治区(232名)2个地理族群的582名不相关的夏尔巴人的DNA样本,以及来自尼泊尔索卢-昆布区的90名非夏尔巴人的样本。利用目前人类Y染色体的系统发育树,将来自277名夏尔巴男性的样本分为4个主要的Y染色体单倍群,包括D-M174(44.04%)、O-M175(27.08%)、F-M89(9.75%)和K*M9(7.22%)。在这些群体中,D-M174和O-M175也是藏族族群中占优势的2个Y单倍型群体(分别占52.84%和33.13%),结果表明夏尔巴人族群和藏族族群之间有着密切的父系关系。同样,在夏尔巴人族群(G-M201、J-M304、M-P256、N-M231、P-M45、Q-M242和R-M207)中观察到几个罕见的(0.36%—3.61%)单倍型群体,它们在藏族族群中也以类似的低频率出现(图3.19)。

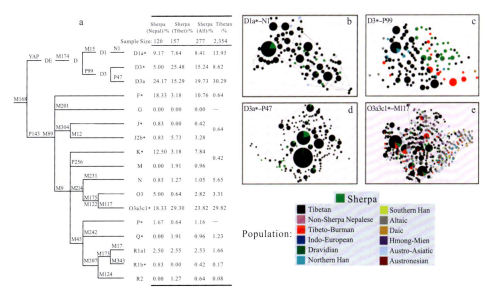

a—Y染色体单倍群的系统发育树及其在夏尔巴人族群和藏族族群中的频率分布。b—e—4个主要单倍群的Y-STR网络,显示了夏尔巴人族群和其他亚洲人群中STR单倍型的分布。人口根据其所属的语系被标记为不同的颜色。

图3.19 夏尔巴人族群、藏族族群和其他亚洲族群的Y染色体多样性比较

比较夏尔巴人族群、藏族族群和汉族族群的单倍群表明，D-M174 是夏尔巴人族群(43.38%)的主要单倍群，在藏族族群(52.84%)中普遍存在，但在汉族族群(1.4%—6.51%)和其他亚洲族群中少见，日本族群(34.7%)拥有与不同于藏族族群和其他亚洲族群高度分化的独特 D-M174 谱系。藏族族群有 5 个 D-M174 亚单倍群(D*-M174，0.08%；D1*-M15，1.40%；D1a-N1，13.93%；D3*-P99，8.62%；D3a-P47，30.29%)，其中 3 个也存在于夏尔巴人族群中(D1a-N1，8.41%；D3*-P99，15.24%；D3a-P47，19.73%)。为了探索 D-M174 亚单倍群的结构，S. Bhandari 等构建了这些亚谱系的 Y-STR 网络，并观察到夏尔巴人族群的 Y-STR 单倍型代表了在藏族族群中发现的一个子集，这意味着夏尔巴人族群的父系谱系可能来源于藏族族群。此外，在 D3*-P99 亚单倍群下有夏尔巴人族群特有的 Y-STR 单倍型，与藏族族群紧密相连，这意味着夏尔巴人族群和藏族族群在 D3*-P99 这一父系血统上有很少的差异。

3.2.4 夏尔巴人的 mtDNA 多样性

人体所有细胞(除红细胞)里均有线粒体。mtDNA 是承载线粒体遗传密码的物质，主要表现为母系遗传[15,20]。mtDNA 的结构类型是反映母系脉络的重要指标。通过检测现代人 mtDNA，可以探寻各民族、各地域的母系血缘关系和历史上各个民族间的母系血缘关系、历史故事、迁徙路线、历史名人的民族和身份等。

S. Bhandari 等[5]对 582 名夏尔巴人样本的 mtDNA 单倍群进行分类，得到几个主要的单倍群，包括 A (27.15%)、M9a (24.23%)、C4a (20.96%)、M70 (7.22%)和 D (5.84%)(表 3.11)，它们共同覆盖了 85.40% 的受试夏尔巴人样本。在藏族样本中，同样的 A 组(14.63%)、M9a 组(22.48%)和 D 组(16.53%)也构成了主要的单倍群。M9a 及其 4 个亚单倍群(M9a1a、M9a1a2、m9a1b1 和 M9a1a1c1b1a)广泛分布于东亚和东南亚，虽然 M9a1a1c1b1a 在大多数亚洲族群中相对较少，但在夏尔巴人族群中最为常见(占 M9a 个体总数的 58.16%)，在藏族族群中高频分布(占 M9a 个体总数的 58.06%)。在夏尔巴人族群和藏族族群中，M9a1a1c1b1a 的高频率分布表明他们之间有着密切的母系亲缘关系。在使用先前发表的 34 个和 S. Bhandari 等研究的 2 个来自属于 M9a1a1c1b1a 的 13 名夏尔巴人和 23 名藏族的 36 个完整的 mtDNA 基因组序列构建网络后，可以观察到所有夏尔巴人个体位于顶端分支，这表明他们可能来自藏族核心单倍型(图 3.20)。有趣的是，星形拓扑(即核心单倍型被其他单倍型包围，离核心只有一两个突变步骤)表明这一谱系相对较新的扩展，与之前在藏族的结果一致。夏尔巴人族群的单倍群 D(5.84%)进一步支持了这两个群体之间的密切遗传亲和性，这也广泛存在于西藏自治区族群。但更重要的是，M70 以前被认为是西藏自治区特有的血统，也存在于夏尔巴人中(7.22%)(表 3.12)。与观察到的 Y-单倍群的模式一样，夏尔巴人mtDNA单倍群的组成与在藏族中观察到的有很强的相似性。

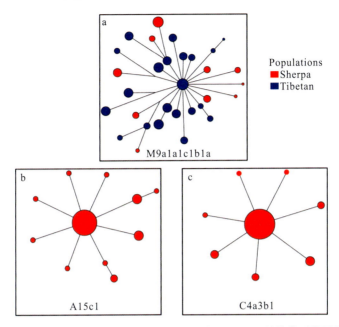

图3.20 夏尔巴人族群和藏族族群的3个mtDNA亚单倍体群体网络

表3.12 夏尔巴人和藏族mtDNA单倍群分布　　单倍群频率单位:%

人口	夏尔巴人(尼泊尔)	夏尔巴人(西藏)	夏尔巴人(全部)	藏族
样本量 n	350	232	582	6109
A	24.00	31.9	27.15	14.63
M9a	27.14	19.83	24.22	22.48
M8	28.00	17.24	23.71	7.71
M70	11.14	1.29	7.22	0.16
D	4.57	7.76	5.84	16.53
F	1.14	4.74	2.58	11.44
M13	0.57	3.45	1.72	4.22
U	0.29	3.02	1.37	1.65
M5	0.29	1.72	0.86	0.05
W	0.57	1.29	0.86	0.05
M3	0.29	1.72	0.86	0.00
G	0.57	0.86	0.69	8.22
M10	0.29	1.29	0.69	1.06

续表

人口	夏尔巴人(尼泊尔)	夏尔巴人(西藏)	夏尔巴人(全部)	藏族
M62	0.00	1.29	0.52	2.35
M11a	0.29	0.86	0.52	0.79
H	0.00	1.29	0.52	0.26
M38	0.29	0.43	0.34	0.00
M61	0.29	0.00	0.17	0.75
M74	0.29	0.00	0.17	0.00
B	0.00	0.00	0.00	3.76
M*	0.00	0.00	0.00	0.79
TJ	0.00	0.00	0.00	0.72
R*	0.00	0.00	0.00	0.52
N	0.00	0.00	0.00	0.47
M7	0.00	0.00	0.00	0.25
N10	0.00	0.00	0.00	0.25
M25	0.00	0.00	0.00	0.23
M20	0.00	0.00	0.00	0.20
N9a1	0.00	0.00	0.00	0.20
N11	0.00	0.00	0.00	0.18
M49	0.00	0.00	0.00	0.07
M12	0.00	0.00	0.00	0.02
Y	0.00	0.00	0.00	0.02
M12	0.00	0.00	0.00	0.02

在藏族族群和其他亚洲族群中未检测到夏尔巴人族群的两个特异性亚单倍群：A15c1(17.27%)和C4a3b1(21.82%)，前者是单倍群A15c的亚系，后者是C4a3b4的亚系。夏尔巴人族群这2个特有的亚单倍群一起占了夏尔巴人母系血统的近40%。对属于这2个亚单倍群的79名夏尔巴人的整个线粒体基因组进行测序显示了一个有趣的序列变异模式。由4种突变（$T4216C$、$A9052G$、$T13111C$ 和 $A15924G$）定义的 $A15c1$ 和由其他4种突变（$G3745A$、$5899insC$、$C11155T$、$A13563G$）定义的 $C4a3b1$ 仅存在于夏尔巴人中，而它们的母系单倍群（A15c 和 C4a3b）在藏族和汉族中都存在（图3.21）。网络分析进一步表明，A15c1 和 C4a3b1 都形成了类似恒星的结构，表明夏尔巴人之间最近的谱系扩张。

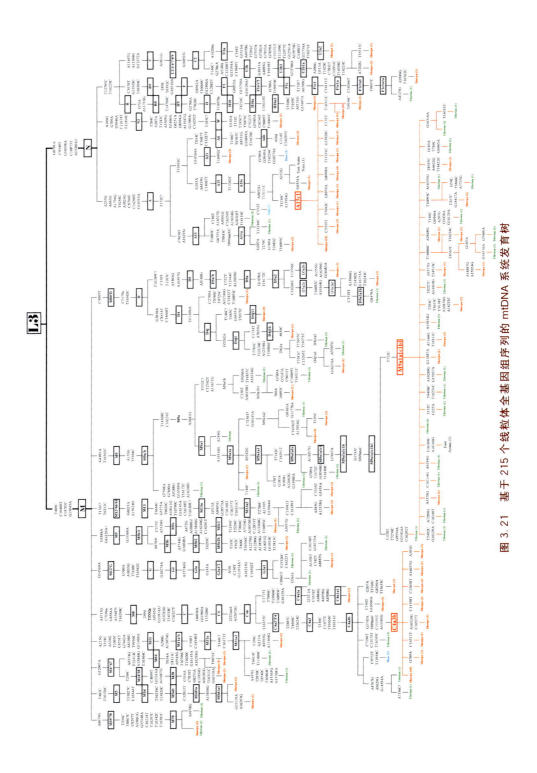

图 3.21 基于 215 个线粒体全基因组序列的 mtDNA 系统发育树

S. Bhandari 等估计了 A15c1(1500 年前)和 C4a3b1(940 年前)的合并年龄,这 2 个时间与之前的估计相似,也与最近的扩张建议一致。因此这 2 个夏尔巴人族群特异性亚单倍群的年龄暗示了最近夏尔巴人迁移和后期人口扩张的瓶颈效应,与 S. Bhandari 等观察到的夏尔巴人和藏族之间的 Y 染色体单倍群 D3*-P99 的浅分歧相吻合。

在夏尔巴人族群其他罕见的 mtDNA 单倍群中——Z(2.75%)、F(2.58%)、M13(1.72%)和 U(1.37%),以及频率<1%的单倍群(M3、M5、W、G、M10、H、M62、M11a、M38、M61 和 M74)——大多数包括 G、Z、F、M62、M10、M11a、M13 和 F 都在藏族族群中出现过。相比之下,夏尔巴人族群中其他单倍型群体 M5、M3、W、M38、M61、M74 和 U 的存在可能,表明来自周边南亚族群的少量基因流动(表 3.11)。

3.3 夏尔巴人与邻近尼泊尔人的遗传结构比较

2017 年,A. M. Cole 等[14]利用主成分分析、杂合性分析和纯合性分析分析了尼泊尔东部地区的精细人口结构,他们从 1245 名个体中收集了密集的基因型数据,研究发现居住在喜马拉雅山地区的族群对印度北部的基因库有明显的影响,说明了夏尔巴人是一个非常隔离的族群,很少有来自周围尼泊尔人口的基因流动。

他们进行了主成分分析(图 3.22),以提供跨喜马拉雅山地区的人口结构的广泛概述。四大人口集群是显而易见的:①由汉族、藏族和夏尔巴人的人口组成的"北喜马拉雅"集群;②由帕米尔山脉的人口组成的"西北"集群;③由巴基斯坦和印度的人口组成的"西南"集群;④由尼泊尔人组成的"中央喜马拉雅"集群。

在主成分分析中,尼泊尔人作为一个整体,似乎是一个潜在的混合族群,位于"南部"(印度)和"北部喜马拉雅"(西藏自治区)之间。从主成分分析中可以看出,夏尔巴人族群几乎没有来自南方族群的遗传影响,他们与藏族族群和汉族族群聚集在一起(图 3.23)。这些结果与之前关于基因从北向南越过喜马拉雅屏障进入尼泊尔的主流研究一致。

利用主成分分析对昆布河谷 7 个尼泊尔夏尔巴人村庄之间的人口子结构进行分析,结果显示遗传子结构在夏尔巴人村庄中很明显,来自 Thame 的个体在主成分分析中与其他村庄的成员分离。从主成分分析图中观察到的模式很好地反映了该地区的地理位置(图 3.24)。

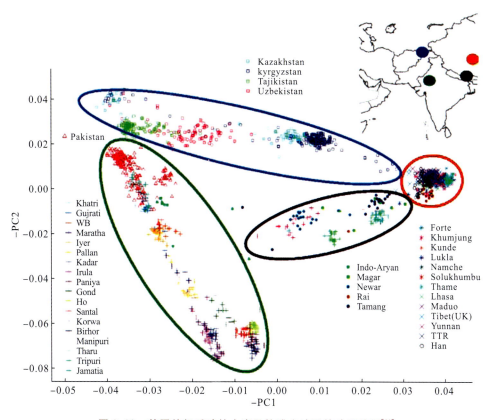

图 3.22 基因特征反映的大喜马拉雅山地区的地理特征[14]

为进一步了解尼泊尔亚族群中潜在的混合事件，使用 ADMIXTURE 软件对祖先进行了基于模型的定性评估。基于主成分分析提供的信息，他们将混合分析限定在夏尔巴人族群、尼泊尔族群、藏族族群、汉族族群和印度族群。结果表明，夏尔巴人族群是一个同质人群，相对于尼泊尔族群，他们似乎混合了"北部"和"南部"喜马拉雅血统。在 $k=6$（数据的最佳拟合）时，观察到 2 个祖先组分（图 3.25），分别来自我国西藏自治区和尼泊尔部分地区，包括夏尔巴人。第一种在夏尔巴人族群（红色）中富集，在拉萨市和沱沱河地区的藏族族群中比例较高。第二种在藏族族群中较为丰富，但在尼泊尔族群和夏尔巴人族群（青色）中也存在。A. M. Cole 等认为，这 2 个组成部分大致反映了 C. Jeong 等[17]之前报道的祖先高海拔组成部分。在评估中也显示出来自 Thame 的夏尔巴人富含红色成分，而来自其余尼泊尔村庄的夏尔巴人族群表现出高地人特有的 2 种祖先成分的混合。

夏尔巴人与高原适应

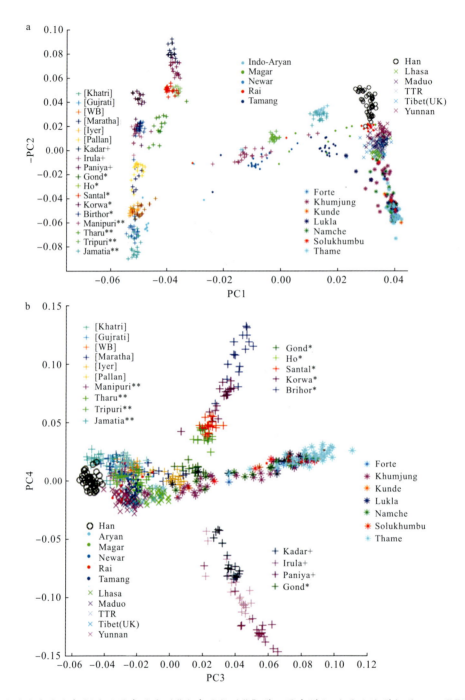

这些主成分分析侧重于图中确定的"北喜马拉雅"集群。图中详细说明了族群标签。a—PC1 将喜马拉雅北部、南部族群分开,PC2 将每个集群内的遗传变异分开。b—PC3 将夏尔巴人族群与其周围的喜马拉雅族群分开,PC4 将 AAA*印第安人和 ASI+印第安人族群分开。夏尔巴人似乎是一个独特的孤立的喜马拉雅人。

图 3.23 "北喜马拉雅"集群的详细人口结构

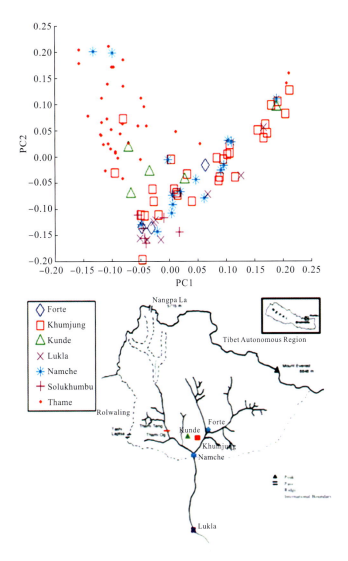

图 3.24 尼泊尔 8 个夏尔巴人村庄精细的人口结构反映的地理位置

研究的绝大多数尼泊尔人与印度东北部的藏缅语族人（Ancestral Tibeto-Burman，ATB）关系最密切（无论是 PCA 还是混合）。只有夏尔巴人（没有显著的印度血统）和印度雅利安人例外，他们与印度北部祖先 ANI 族群表现出密切的关系。A. M. Cole 等还发现"祖先高海拔成分"存在于 ATB 祖先中（图 3.25 中的青色），表明居住在喜马拉雅山地区的祖先对印度北部基因库有显著影响。

在 A. M. Cole 等的研究中，他们计算 3 个族群的 $F_{ST}(f_3)$ 来量化通过主成分分析和混合性分析观察到的喜马拉雅山地区的族群分化（表 3.13）。增加的 f_3 值表明一对族群之间最近的共同祖先。f_3 结果与通过主成分分析观察到的模式有很好的相关性。在汉族和藏族、夏尔巴人和藏族之间观察到最大的 f_3 值，反映了这 2 对族群最近的共同祖先。

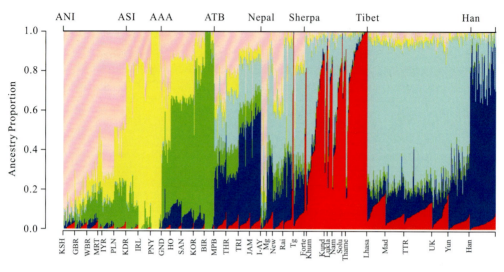

图 3.25　尼泊尔人和夏尔巴人的精细尺度分析[14]

表 3.13　在喜马拉雅族群之间计算的外组 f_3 统计量

族群 1	族群 2	f_3	std. err	Z	SNP
夏尔巴人	尼泊尔	0.176	0.001445	121.624	183952
夏尔巴人	藏族	0.196	0.001966	99.768	55615
夏尔巴人	汉族	0.192	0.001591	120.660	181126
夏尔巴人	印度	0.175	0.001417	123.808	176473
夏尔巴人	帕米尔	0.155	0.001395	110.876	164122
尼泊尔	藏族	0.176	0.001763	99.643	56958
尼泊尔	汉族	0.174	0.001358	128.364	280016
尼泊尔	印度	*	*	*	*
尼泊尔	帕米尔	0.151	0.001306	115.851	163540
藏族	汉族	0.197	0.001929	102.339	56929
藏族	印度	0.175	0.001774	98.398	49662
藏族	帕米尔	0.156	0.001691	91.721	50336
汉族	印度	0.177	0.001382	128.280	255425
汉族	帕米尔	0.157	0.001390	112.730	163320
印度	帕米尔	0.151	0.001264	119.454	157688

他们使用 2 个祖先来源族群进行了三群体测试，包括藏族族群（代表北喜马拉雅）和 4 个印度祖先族群（AAA：Ancestral Austro - Asiatic；ANI：Ancestral north India；ASI：Ancestral south India；ATB：Ancestral Tibeto - Burman）（代表南喜马拉雅）。结果显示，在尼泊尔人的北喜马拉雅、南喜马拉雅血统中发现了显著的混合信号（$Z<5$），最显著的混合事件发生在北印度祖先族群 ANI 人和藏族之间（表 3.14）。虽然没有在夏尔巴人中检测到明显的混杂信号，但确实证实了在藏族中存在明显的汉族混杂。为了在更多的尼泊尔人群中证实这一混合事件，使用 Treemix 软件工具在特定的人群之间建立了最大似然树模型。结果显示，尼泊尔、夏尔巴人和藏族密切相关，从 ANI 基因流到尼泊尔（图 3.26）。

表 3.14　f_3 测试跨越喜马拉雅山的重大混合事件

族群 A	族群 B，族群 C	f_3	std. err	Z
尼泊尔	ANI, Tibet	−0.0044972	$7.41×10^{-5}$	−60.73
尼泊尔	Tibet, ASI	−0.0036227	$7.28×10^{-5}$	−49.73
尼泊尔	Tibet, AAA	−0.0027868	$6.65×10^{-5}$	−41.89
尼泊尔	ATB, Tibet	0.0003492	$3.44×10^{-5}$	10.14
夏尔巴人	Han, Tibet	0.0045379	$9.66×10^{-5}$	46.95
夏尔巴人	Han, Nepal	0.0048976	$1.20×10^{-4}$	40.68
夏尔巴人	Han, ANI	0.0050250	$1.51×10^{-4}$	33.29
夏尔巴人	Han, AAA	0.0059026	$1.60×10^{-4}$	36.92
夏尔巴人	Han, ASI	0.0051825	$1.57×10^{-4}$	32.97
夏尔巴人	Han, ATB	0.0059898	$1.32×10^{-4}$	45.54
夏尔巴人	Tibet, Nepal	0.0037028	$8.06×10^{-5}$	45.92
夏尔巴人	Tibet, ANI	0.0035278	$1.02×10^{-4}$	34.48
夏尔巴人	Tibet, AAA	0.0037250	$1.04×10^{-4}$	35.98
夏尔巴人	Tibet, ASI	0.0036347	$1.06×10^{-4}$	34.27
夏尔巴人	Tibet, ATB	0.0040108	$8.18×10^{-5}$	49.03
藏族	Han, Sherpa	−0.000252839	$4.51×10^{-5}$	−5.60768

注：使用 2 个祖先来源族群（B 和 C）、喜马拉雅山以北的西藏自治区族群和喜马拉雅山以南的每个主要印度祖先族群〔f_3（A；B，C）〕对尼泊尔族群（A）的混合物进行了测试。夏尔巴人族群使用藏族族群、汉族族群和印度族群的混合物进行了混合测试。夏尔巴人族群和汉族族群血统得到证实。对于 3 个族群测试，负 f_3 值和 $Z<−5$ 被认为是混合物的显著信号。

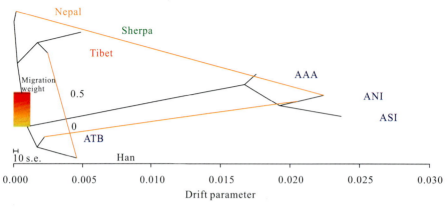

图 3.26　模拟尼泊尔的基因流动[14]

然后应用 D 统计检验来判断尼泊尔族群中的藏族血统是不是从西藏自治区进入尼泊尔,或者是尼泊尔进入西藏自治区的基因流动的结果。结果表明,从西藏自治区到尼泊尔的基因流比从尼泊尔到西藏自治区的基因流强得多(表 3.15)。接下来,使用 f_4 比率估计来量化尼泊尔族群中混合成分的比例。根据 3 个族群的测试结果,将藏族族群和 ANI 族群指定为尼泊尔人的祖先。Newar 族群似乎是最混杂的尼泊尔族群,而藏族族群和 ANI 族群血统比例相似(表 3.16)。Rain 族群、Magar 族群和塔芒(Tamang)族群分别有 92%、82% 和 79% 的藏族血统。这些原始比例与主成分分析和混合物分析结果一致。

表 3.15　推断尼泊尔亚群基因流动方向的 D 统计分析

族群 1	族群 2	族群 3	族群 4	D - statistic	Z
ANI	Newar	Tibet	约鲁巴(Yoruba)	-0.0583	-47.269
ANI	Magar	Tibet	约鲁巴(Yoruba)	-0.0943	-54.118
ANI	Tamang	Tibet	约鲁巴(Yoruba)	-0.0859	-57.489
ANI	Rai	Tibet	约鲁巴(Yoruba)	-0.1013	-58.907
ANI	Indo-Aryan	Tibet	约鲁巴(Yoruba)	-0.0086	-8.656
Han	Tibet	Newar	约鲁巴(Yoruba)	-0.0025	-3.683
Han	Tibet	Magar	约鲁巴(Yoruba)	-0.0035	-4.613
Han	Tibet	Tamang	约鲁巴(Yoruba)	-0.0051	-7.139
Han	Tibet	Rai	约鲁巴(Yoruba)	-0.0050	-6.511
Han	Tibet	Indo-Aryan	约鲁巴(Yoruba)	-0.0025	-3.439

注:D 统计检验使用 2 个源总体族群 1 和族群 3 以及第 3 个可能混合的总体族群 2(D(((P1, P2), P3), P4))进行。非洲 Yoruba HGDP 被用作外群人口族群 4。负 D 统计量表明基因流发生在族群 2 和族群 3 之间。$Z < -5$ 表示显著性。

表 3.16 尼泊尔民族人群的 f_4 比例量化混合

A	O	X	C	A	O	B	C	alpha	std. err	Z
夏尔巴人	约鲁巴（Yoruba）	Indo-Aryan	ANI	夏尔巴人	约鲁巴（Yoruba）	藏族	ANI	0.073	0.009	7.839
夏尔巴人	约鲁巴（Yoruba）	Rai	ANI	夏尔巴人	约鲁巴（Yoruba）	藏族	ANI	0.937	0.009	102.944
夏尔巴人	约鲁巴（Yoruba）	Tamang	ANI	夏尔巴人	约鲁巴（Yoruba）	藏族	ANI	0.792	0.008	97.579
夏尔巴人	约鲁巴（Yoruba）	Magar	ANI	夏尔巴人	约鲁巴（Yoruba）	藏族	ANI	0.872	0.011	82.170
夏尔巴人	约鲁巴（Yoruba）	Newar	ANI	夏尔巴人	约鲁巴（Yoruba）	藏族	ANI	0.521	0.008	65.542

注：使用 f_4 比率来量化每个尼泊尔人口中的混合物比例。alpha 是族群 B 血统在种群 X 中的比例，而 1-alpha 是族群 C 血统在族群 X 中的比例。

为了进一步阐明该地区的人口历史，A. M. Cole 等调查了喜马拉雅山地区族群的纯合程度，高水平的连续纯合片段（runs of homozygosity，ROH）可用于推断族群中的隔离程度和血缘关系。他们也测量了多个阈值长度的 ROH，这些阈值长度可以用来推断父母共同祖先的程度，比如 ROH≥1Mb 表示族群间具有古代亲缘关系，≥16Mb（ROH16）则表明最近族群间近亲繁殖。

A. M. Cole 等的研究表明，尽管他们并不允许有近亲关系，但在夏尔巴人和尼泊尔人队列中也观察到显著升高的 ROH16 水平（图 3.27）。为了确定是不是特定的族群驱动了 ROH 信号的升高，他们又分别测量了每个夏尔巴人和尼泊尔人亚群体的 ROH（图 3.28），结果显示夏尔巴人和尼泊尔人亚群体的纯合性水平存在相当大的差异。尼泊尔的印度雅利安人在所有测试阈值中检测到最长的 ROH。

为了检验尼泊尔人、夏尔巴人亚群中 ROH16 升高的血缘关系，A. M. Cole 等比较了族群中成对个体之间血统身份（identity by descent，IBD）片段以及群体中个体的 ROH 值。如果最近有血缘关系，与该人群之间的 IBD 相比，ROH 会显著增加。A. M. Cole 等设置了一个 16Mb 的 IBD 片段阈值，作为一对个体之间最近共同的祖先的指示（图 3.29）。尽管生物学亲缘之间的结合被禁止，尼泊尔的印度雅利安人支持血缘关系的 ROH16 显著大于 IBD16 这一结果，可以作为该族群中观察到的 ROH 模式的解释。虽然 ROH16 在所有其他尼泊尔民族的检测中也高于 IBD16，但结果并不显著。此前在一些夏尔巴人亚群中检测到高水平的纯合子，但 IBD16 和 ROH16 之间的显著差异表明，这是人为的族群隔离造成的，而不是近亲结合的原因。

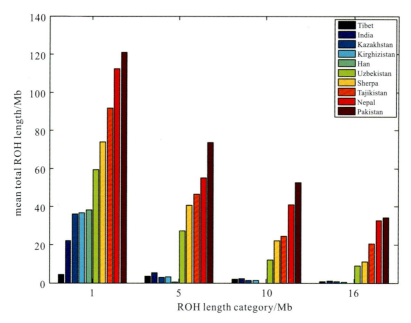

图 3.27 喜马拉雅族群的纯合度水平

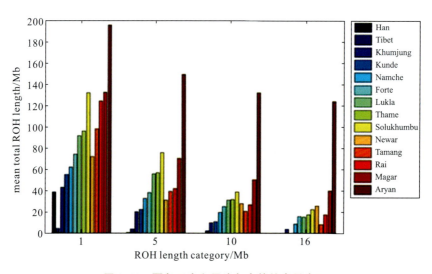

图 3.28 夏尔巴人和尼泊尔人的纯合子水平

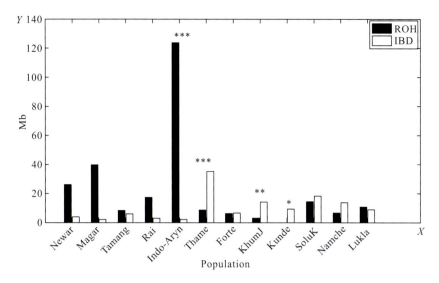

X 轴——亚群，Y 轴——以 Mb 为单位的平均片段长度。＊＊＊——显著差异（$P<0.0005$），＊＊——（$P<0.005$），＊——（$P<0.05$）。

图 3.29　每个夏尔巴人和尼泊尔人亚群的 ROH16 和 IBD16 平均值

这项研究结果表明，地理因素在宏观和微观两个层面上影响了喜马拉雅山脉的成因结构。主成分分析对喜马拉雅山脉 4 个大的人口集群的观察与最近的报道一致。从夏尔巴人村庄一级的主成分分析结果可以明显看出地理的微观影响，证实了由于喜马拉雅山脉南、北部人口的混合，尼泊尔人口总体上有很大的混杂性，从而发现夏尔巴人在尼泊尔的背景下是不同寻常的，因为他们很少或根本没有与其他尼泊尔人口混合。

尽管夏尔巴人在尼泊尔居住已经有 400—600 年的历史，但夏尔巴人仍然是一个相对隔离的同质族群，很少或根本没有来自其尼泊尔近邻或喜马拉雅以南的任何群体的基因流动。夏尔巴人基因组被富集为先前报道的"高海拔祖先成分"，反映了他们与藏族有共同的祖先，以及在北方人口迁移到西藏自治区之前从西藏自治区迁移过来。

在夏尔巴人及其邻近的尼泊尔族群中发现了相当水平的自合子（autozygosity）。在大多数夏尔巴人和尼泊尔人的亚族群中观察到的 ROH 模式表明了古代和近代的亲缘关系。IBD 分析证实，尼泊尔的印度雅利安人似乎是唯一重要的近亲亚群。夏尔巴人 IBD16 的升高反映了由于尼泊尔东部高海拔村庄的偏远位置导致的人口隔离历史，也提示了奠基者效应。最近的发现证实，夏尔巴人起源过程中特定 mtDNA 和 Y 染色体单倍群的内部同质性。喜马拉雅山脉北部向尼泊尔的基因流动明显，相反方向的基因流动相对较少。尼泊尔境内的种族亚群显示出不同的遗传结构，反映出不同的混杂和隔离历史。夏尔巴人看起来是一个非常隔离的族群，几乎没有来自周围尼泊尔人口的基因流动。

2022年，我国学者何广林团队[27]首次利用高分辨率InDel基因型数据和全基因组SNP数据分析了628名定结县夏尔巴人，与4222份全球InDel谱合并，并收集了来自191个现代和古代其他族群中1612名个体的全基因组SNP数据（约600K SNP），以探索和重建夏尔巴人的精细遗传结构。结果表明，定结县夏尔巴人族群、尼泊尔夏尔巴人族群与卫藏藏族族群、其他来自周边地区的讲藏缅语族语言的族群有着共同的混合和进化历史。此外，他们确定了尼泊尔夏尔巴人族群与现代藏族族群和青藏高原古代族群之间的遗传相似性，这种遗传相似性通过主成分分析、混合性分析、F_{ST}和f-statistics中的等位基因共享谱以及基于单倍型的共享祖先片段得到了进一步证实。最后，与其现代和古代的邻居〔如乔克帕尼人（Chokhopani）族群和西藏自治区藏族族群〕一致，尼泊尔夏尔巴人族群具有强烈的低地东亚亲缘关系，是通过与黄河流域新石器时代的小米文化农业民族有关的主要祖先和与早期东亚人有关的土著祖先的混合而形成的。

尽管很多学者对夏尔巴人的遗传起源、与藏族的亲缘关系以及他们特有的适应机制等问题进行了广泛的研究，但是各种研究结果并不一致。无论如何，夏尔巴人无疑进化出了对高寒、低氧环境最有效的生理适应，特别他们以在世界最高山峰上的杰出表现而闻名，这也保证了他们被称为"山之王"的称号，以及"高原第三肺"和"珠峰上班族"的美名。他们能在珠峰那样的极端环境下生存繁衍，肯定有其群体特异的遗传特征。

正如学者C. Jeong、何光林等所描述的那样，群体间的混合、基因交换和突变因素，都促进了夏尔巴人这个特殊群体在高海拔地区的遗传适应能力，而异于其他民族的遗传特征也增加了夏尔巴人的神秘感。因此，关于夏尔巴人的起源，还需要更全面的分子生物学、群体遗传学分析手段、历史学资料、更大的样本量和更多学科参与交叉研究，共同在历史长河中继续寻找和验证。

参考文献

[1] 李辉，金力. Y染色体与东亚族群演化[M]. 上海：上海世纪出版股份有限公司，2015：122-139.

[2] 姚大力，李山，武黎嵩，等. 五万年中国简史[M]. 上海：文汇出版社，2015：6-11.

[3] QI X, CUI C, PENG Y, et al. Genetic evidence of paleolithic colonization and neolithic expansion of modern humans on the Tibetan plateau[J]. Mol Biol Evol, 2013, 30(8): 1761-1778.

[4] LUO S, VALENCIA C A, ZHANG J, et al. Biparental Inheritance of Mitochondrial DNA in Humans[J]. Proc Natl Acad Sci U S A, 2018, 115(51): 13039-13044.

[5] BHANDARI S, CAVALLERI G L. Population History and Altitude-Related Adaptation in the Sherpa[J]. Front Physiol, 2019, 10: 1116-1128.

[6] 黄颢. 夏尔巴人族源试探[J]. 西藏民族学院学报, 1980(03): 22-26, 59.

[7] 陈乃文. 夏尔巴人源流探索[J]. 中央民族学院学报, 1983(04): 44-47, 23.

[8] 切排, 桑代吉. 夏尔巴人的历史与现状调查[J]. 西北民族研究, 2006(01): 64-74, 206.

[9] 贡波扎西. 中尼边境夏尔巴人和四川松潘夏尔瓦人的民俗学对比研究[J]. 西华大学学报(哲学社会科学版), 2011, 30(04): 41-46.

[10] 王思亓, 王航. 夏尔巴族源与迁徙历史再探[J]. 西藏研究, 2021(01): 38-45.

[11] 包金萍, 郑连斌, 宇克莉, 等. 从体型特征来探讨中国夏尔巴人的族源[J]. 人类学学报, 2021, 40(04): 653-663.

[12] ZHANG C, LU Y, FENG Q, et al. Differentiated demographic histories and local adaptations between Sherpas and Tibetans[J]. Genome Biol, 2017, 18(1): 115.

[13] SAZZINI M. Grasping the genetic determinants of human adaptations: the "Kings of the Mountains" (Sherpa) case study[J]. J Anthropol Sci, 2019, 96: 1-7.

[14] COLE A M, COX S, JEONG C, et al. Genetic structure in the Sherpa and neighboring Nepalese populations[J]. BMC Genomics. 2017, 18(1): 102.

[15] KANG L L, WANG C C, CHEN F, et al. Northward genetic penetration across the Himalayas viewed from Sherpa people[J]. Mitochondrial DNA A DNA Mapp Seq Anal, 2016, 27(1): 342-349.

[16] BHANDARI S, ZHANG X, CUI C, et al. Genetic evidence of a recent Tibetan ancestry to Sherpas in the Himalayan region[J]. Sci Rep, 2015, 5: 16249.

[17] JEONG C, ALKORTA-ARANBURU G, BASNYAT B, et al. Admixture facilitates genetic adaptations to high altitude in Tibet[J]. Nat Commun, 2014, 5: 3281.

[18] LU D, LOU H, YUAN K, et al. Ancestral Origins and Genetic History of Tibetan Highlanders[J]. Am J Hum Genet, 2016, 99(3): 580-594.

[19] SIMONSON T S, YANG Y, HUFF C D, et al. Genetic evidence for high-altitude adaptation in Tibet[J]. Science, 2010, 329(5987): 72-75.

[20] PENG Y, YANG Z, ZHANG H, et al. Genetic variations in Tibetan populations and high-altitude adaptation at the Himalayas[J]. Mol Biol Evol, 2011, 28(2): 1075-1081.

[21] XU S, LI S, YANG Y, et al. A genome-wide search for signals of high-altitude adaptation in Tibetans[J]. Mol Biol Evol, 2011, 28(2): 1003-1011.

[22] PATTERSON N, MOORJANI P, LUO Y, et al. Ancient admixture in human history[J]. Genetics, 2012, 192(3): 1065-1093.

[23] 康龙丽. 西藏各民族遗传多样性研究[M]. 西安: 西安交通大学出版社, 2020: 168-169, 218-219, 255-275.

[24] BANGHAM C R, HOWARTH S E. Genetic polymorphisms in isolated Sherpa populations of Nepal[J]. Am J Phys Anthropol, 1980, 53(3): 369-373.

[25] OTA M，DROMA Y，BASNYAT B，et al. Allele frequencies for 15 STR loci in Tibetan populations from Nepal[J]. Forensic Sci Int，2007，169(2-3)：234-238.

[26] 张致英，范小伟，贺娜，等. 藏族和夏尔巴人15个常染色体STRs的遗传多态性[J]. 天津师范大学学报(自然科学版)，2020，40(05)：16-22.

[27] WANG M，DU W，HE G，et. al. Genomic history and forensic characteristics of Sherpa highlanders on the Tibetan Plateau inferred from high-resolution InDel panel and genome-wide SNPs[J]. Forensic Sci Int Genet，2022，(56)：102633.

第4章 夏尔巴人的高原适应相关研究

4.1 夏尔巴人高原适应概述

从 20 世纪 20 年代的第一次珠穆朗玛峰探险开始,夏尔巴人就以他们的登山能力而闻名,直到今天他们还经常作为向导,带领着那些准备征服喜马拉雅山的登山探险队勇往直前。1953 年,人称"雪山之虎"的夏尔巴人丹增·诺盖,与新西兰登山家艾德蒙·希拉里一同首次登上了珠穆朗玛峰,从此引起了全世界对夏尔巴人在高原上特殊表现的关注。1983—1996 年,被称为"雪豹"的夏尔巴人安格丽塔,在没有补充氧气的情况下攀登了珠穆朗玛峰 10 次。在过去的六七十年里,夏尔巴人对缺氧的非凡耐受力一直是科学界特别是生理学界关注的焦点[1]。

夏尔巴人在过去的 25000—40000 年里一直居住在青藏高原上[2],如此漫长地暴露在高海拔带来的进化压力推动了他们的生理适应,反过来也使得夏尔巴人族群世代繁衍兴盛。如此高的海拔其实形成了一个独特的"天然实验室",帮助科学家洞察夏尔巴人适应低氧的分子机制。此外,研究夏尔巴人的适应性生理构成也可以为低氧条件下导致的相关疾病(如肺、心脏、神经和肾脏等疾病)的治疗提供很大帮助[3]。1965 年发表的一篇关于夏尔巴人生理学的早期论文表明,夏尔巴人在细胞水平上有一种高效的氧气利用机制,使他们在缺氧条件下表现良好[4]。从那时起,比较夏尔巴人族群与其他低海拔地区族群的生理指标,使得我们对夏尔巴人适应环境的了解也在不断增长。当今,随着高通量 DNA 基因分型和测序平台的发展,包括对夏尔巴人等高海拔族群的基因组研究已开始涌现。这些都为我们更好地了解夏尔巴人族群的历史,以及他们在这种高海拔下的自然选择中形成了哪些独特遗传特征提供了另一个视角。

本章首先围绕高海拔环境对人类健康以及低氧训练对运动的影响展开叙述,进一步解析夏尔巴人对高原低氧环境的不同适应表型,以此来探究夏尔巴人经过长期自然选择形成的高原适应的鲜明特征。

4.2 高海拔环境对人类健康的影响

高海拔环境因具有特殊的自然地理环境，造就了其特殊的气候特点，这种气候条件会对人体健康产生直接持久的影响[5]。高海拔环境对人体的影响主要包括人体温度觉、呼吸系统、血液循环、视觉听觉、营养消化、肾功能、夜间睡眠以及记忆认知等方面[6]。

4.2.1 高海拔环境对人体温度觉的影响

人都有一个最适合的环境温度，医学上称为热中性温度。在这个环境温度中，人们皮肤的蒸发、散热量是最低的，整个新陈代谢率也处于最低状态。在高海拔环境低压低氧环境下，无论是男性还是女性的热中性温度均随着压力的降低而升高，即压力越低，人体的热中性温度值就会越高[7]。但是，在低压环境下，男性热中性温度要低于女性，温度越低，男、女热中性温度的差值越大[8]。另有研究发现，随着压力的降低，人体感觉越凉，在压力回升的过程中，人体感觉越暖，结合升降过程再回升至常压时，人体热感觉存在滞后[9]。可以看出，高海拔环境下人体的热中性感觉升高，会感觉到寒冷，随着压力的降低，感觉越发明显，性别上女性比男性更为显著。这说明高海拔低压低氧环境下人体愈发需要注重保暖，以防止高寒性疾病的发生。

4.2.2 高海拔环境对呼吸系统的影响

高海拔环境最大的特点是低压低氧，且紫外线照射强烈，这些都会对人体的呼吸系统产生较大影响。通过对高海拔环境下世居族群的研究表明，海拔越高，肺通气功能各指标数值越大，表明其肺通气功能越好[10]。但是，非世居族群进入高海拔环境后，由于缺氧会导致肺小动脉血管收缩，增加肺循环阻力，提高肺动脉压，导致肺部毛细血管通透性升高，从而极易诱发肺水肿，若不及时抢救，随时会有生命危险[11]。由此可以看出，高海拔环境世居族群随着海拔的上升，肺通气各指标也会随之升高，以此来适应高海拔环境、低氧环境，这可视为人对自然环境的适应性改变。

4.2.3 高海拔环境对血液循环的影响

初入高海拔环境后，人体的血压和心率均会明显增加，随着时间推移会逐渐趋向正常[12]。高海拔环境习服后血红蛋白、红细胞、红细胞比容以及平均红细胞容积均明显升高，而平均血红蛋白含量及平均血红蛋白浓度会出现下降，但在进入高海拔环境 90 天后白细胞计数无明显变化,而淋巴细胞计数和单核细胞计数均升高,中性粒细胞计数下降[13]。研究发现,长期居住在高海拔环境下的族群,血小板活性物质会有显著升高,存在血小板激活,因此更易引发血栓的形成[14]。总之,进入高海拔环境初期,人体为适应高海拔环境、低氧环境,存在短期适应性代偿性改变,如心率、血压及肺通气变化;而长期居住在高海拔环境下的族群通过调节血红蛋白、红细胞、红细胞比容等的上升来提高机体携氧能力,但与此同时也会增加血栓形成的风险。

4.2.4 高海拔环境对视觉听觉的影响

低氧环境会造成视网膜血管充血变形,严重者则会出血,从而影响视网膜辨色能力。长期处于低氧环境下的人群视网膜辨色能力会低于平原水平。由于缺氧等因素引起的视网膜出血使毛细血管损坏和改变[15],会使视网膜的敏感度大大降低,影响人的视力,由此造成高海拔环境地区的眼部疾病发病率远远超过平原地区。移居高海拔环境的族群长期生活在低压低氧及干冷的自然环境中,会出现鼓膜充血、内陷,但没有听觉功能障碍[16]。由此可见,高海拔环境对视觉的影响主要体现在因视网膜血管性改变造成的辨色能力下降,而听觉由于出现了适应性改变,因此未受到明显影响。康龙丽团队对海拔超过 4500m 的族群进行流行病学调研发现,高海拔地区世居族群多发听力障碍。

4.2.5 高海拔环境对营养消化的影响

长期居住在高海拔环境下,由于低氧对胃黏膜分泌功能的影响,会使胃黏膜屏障受损,消化道血管因缺氧而发生痉挛性缺血,而胃黏膜长期缺血缺氧进一步导致胃固有腺体萎缩甚至消失,使得慢性萎缩性胃炎的发病也较低海拔地区明显增高,加之幽门螺杆菌感染后相关性胃炎的发病,使三者之间形成恶性循环[17]。因此加强肠内营养、营养物质的合理搭配对于增强高海拔地区族群的肠道免疫、保护肠道健康具有重要作用。一般主张高海拔环境地区三大有机物的配比应遵循高碳水化合物、低脂肪、适量蛋白质的原则,同时补充维生素,适当补充水分并减少无机盐摄入,这些都有助于预防急性高山反应[18]。

4.2.6 高海拔环境对肾功能的影响

在进入高海拔环境后,低氧条件对健康人的肝、肾功能有一定损伤,返回平原后部分个体不能自行恢复,其脱适应过程中需要一定的药物干预[19]。因此,由平原到高海拔环境的急性缺氧是造成广泛肾缺氧应激性损害的主要原因,而且与功能性改变不同,主要是肾小球内皮细胞和肾小管上皮细胞的器质性损害,部分个体通过复氧不能恢复，这说明低氧对于肾脏的损伤大。为此，应阶梯性地逐渐适应高海拔环境，以尽量避免肾功能的损害。

4.2.7 高海拔环境对夜间睡眠的影响

高海拔低压低氧环境会造成心率和血氧饱和度（oxygen saturation，SO_2）的改变，从而影响夜间睡眠，而提高夜间氧合的措施会明显提高高海拔环境下夜间睡眠质量[20]。高海拔低压低氧环境造成的夜间睡眠质量下降，目前可通过给予鼻导管或面罩吸氧来满足夜间睡眠时的氧气供给，但氧气来源、运输、储存、使用等方面均面临诸多问题。如何做到氧气保质保量地可持续供给仍是高海拔环境医学亟待解决的问题。

4.2.8 高海拔环境对记忆认知的影响

研究发现，长期暴露在高海拔环境中会削弱语言和空间工作记忆。高海拔地区环境恶劣，其中低压低氧、风速大、紫外线辐射强等特点都会对人的认知功能产生明显影响，其作用与海拔高度、进入高海拔环境时间和任务复杂程度、劳动强度均有明显关系[21]。高海拔环境对认知能力的影响是多方面的，其中包括感知觉、思维能力、记忆能力、注意能力及心理运动能力。相比平原地区，以上方面均有明显降低[22]。有关高海拔环境对大脑功能的影响是方方面面的，表现在认知、记忆、感觉、情感等方面，并且其与海拔高度、进入高原时间均明显相关。因此，如何有效地保护高海拔环境下人类的认知记忆功能，提高在高海拔环境中的工作生活能力已成为临床研究的重点。

综上，就人体生理而言，高海拔地区最重要的环境因素是低氧浓度和低气压，其他需要考虑的因素还有极端温度（冷和热）和紫外线辐射增加。人体会以不同的方式做出反应来适应这些变化。

人体短期急性暴露在高海拔环境下，也就是从平原地区突然进入高海拔地区时，对高原低氧浓度（缺氧）的第一反应是颈动脉体感受器触发的换气反应增加[23]。急性暴露在高原会引起多种代偿性变化，包括交感神经活动增加，心率、心排血量和血压增加等，这些反应最终在人体的适应过程中起着重要作用。低氧通气应答导致肺泡二氧化碳减少、低碳酸血症和呼吸性碱中毒，这都会对呼吸中枢产生抑制作用。肾脏系统通过排出碳酸氢盐和减少氢离子的消耗来应对这些变化。在高原习服过程中，甲状旁腺激素水平升高，导致血浆钙、磷水平升高，在习服的早期阶段会出现高原低氧环境刺激下诱导的利尿反应[24]。目前有迹象表明，短期高原暴露也是导致高凝血出现的一个十分危险的因素，但在这一领域发表的研究屈指可数，而且大多数研究只是在长途飞行期间而不是在高海拔地区进行的。其实可以推断，像缺氧、血液浓缩、水分不足、寒冷的温度、紧身衣的使用，以及由于极端天气导致的相对行动不便等多种因素都可以导致这种症状出现[25]。

一个多世纪以来，在高原原住居民（通常是海拔4000m以上的居民）中，血红蛋白浓度升高被认为是人体血液对高海拔环境的一种适应。这种现象是肾脏产生促红细胞生成素的结果[26]。

表4.1总结了在人体突然进入高海拔环境后（急性暴露）和长期居住在高海拔环境中的高原居民（慢性暴露）所表现出的病理生理反应[27]。

表 4.1 急性暴露和慢性暴露的比较

生理系统	急性暴露	慢性暴露
呼吸系统	低氧血症、↑换气、↓动脉血氧饱和度	换气频率低、肺动脉高压、↑肺毛细血管血容量、↑肺弥散能力、慢性肺病加重
心血管系统	↑瞬时血压、↑心率、↑静脉张力、↑心排血量、外周水肿	↓收缩压/舒张压、右心室肥厚、右心衰竭、动脉血氧饱和度降低、↑血浆甘油三酯水平、先天性心脏病加重
血液循环系统	↑血红蛋白浓度、↓血浆容量、↑促红细胞生成素、↑D-二聚体	红细胞增多症、↑血载氧量
泌尿系统	↑碳酸氢盐排泄、↓血浆钙磷、低碳酸性呼吸性碱中毒、↑利尿	高尿酸血症、微量白蛋白尿、↓肾血浆流量、↓肾小球滤过率、肾小球肥大
神经系统	↓神经递质的合成、脑血管扩张、情绪变化、↓认知功能、↓运动/感觉功能	脑缺氧、生化功能障碍、↓睡眠质量、↑情绪障碍、↓认知功能
运动系统	↓最大耗氧量、↓最大摄氧量	↓有氧运动能力
其他	视网膜病变、厌食症	—

夏尔巴人世代生活在高海拔环境下，由此也进化了一系列适应性特征。通过对夏尔巴人的高原适应开展相关研究，也可以对高海拔环境下人体正常结构、生理功能的维护，疾病的防护起到推进作用。

4.3 低氧训练对运动的影响

夏尔巴人为何会拥有如此卓越的登山能力？这与他们对低氧的强大耐受力是分不开的。那么低氧训练是否会对运动员的成绩产生影响呢？

长期以来，高原低氧训练一直是一些高水平运动员的常规备战环节，人们普遍认为，高原低氧训练可以提高竞技运动员的运动成绩。这种训练需要吸入更少百分比的氧气，也就是在低氧缺氧的条件下进行，当自然地理条件达不到进行高原训练的情况出现时，也会经常使用模拟高原训练。无论是自然条件下的高原训练还是模拟高原训练，目的都是提高运动成绩。这种训练的最佳海拔高度目前尚不清楚，但大多数研究都是在中等海拔（2000—3000m）进行的，因为研究表明，在中等海拔高度，促红细胞生成素（erythropoietin，EPO）反应的副作用最小[28]。高原训练有高住高训（LHTH）、低住高训（LLTH）和高住低训（LHTL）3种基本模式。当进行模拟高原训练时，可以通过高原模拟室、帐篷或减压舱进行模拟（常压低氧）[29]。

4.3.1　高住高训模式

由于缺氧程度与红细胞量的增加之间存在剂量-效应关系，一些团体运动项目会在海拔1800—2500m的地方举办，因此高住高训模式经常被用来提高运动员的耐力成绩。然而，海拔超过3000m时会导致训练强度下降和随之引起的肌肉萎缩，并且也会由于过度的换气导致急性高原反应（acute high altitude response）的发生[30]。因此，虽然低氧条件下红细胞量增多会提升运动员的耐力，但是与此同时，低氧的副作用反而可能会给运动员带来更多不利的影响。虽然在高原上训练确实可以使人体适应环境，但是在高原上耐力运动员却不能按照平原训练时同样的强度来进行。因此高住高训模式对运动员成绩的提升效果也是模棱两可的，在一些非对照研究中出现的高住高训模式可以提高成绩这一现象，可以用安慰剂效应来解释[31]。另外，在高海拔地区生活了一段时间后，再返回平原的另一个缺点是，在较凉爽的高海拔温度下回到平原后，还会面临热适应的挑战。

4.3.2　低住高训模式

低住高训模式指运动员正常生活在自然环境（常压、常氧）中，而当进行训练时需要短时间（5—180分钟）暴露在模拟常压缺氧或减压缺氧的环境中。低氧暴露可以在运动员休息时进行，也可以在运动训练期间进行。间歇性低氧暴露对运动员进入高原前的预适应是有效的，然而对成绩的影响却是好坏参半，而且就像在自然环境中训练一样，低住高训似乎也并不能提高耐力[32]。

4.3.3　高住低训模式

高住低训模式指运动员在中等海拔（2000—3000m，低压缺氧）或者模拟海拔（常压缺氧）下生活和恢复，而在低海拔或者平原上进行训练。除了更好地帮助运动员适应低氧环境外，高住低训方法还会提高运动员无论是高原还是平原上的成绩，因为运动员在高海拔生活会产生生理方面的有益改变，同时当在较低海拔训练时依然能够保证运动量和强度训练。为了维持高原训练中低氧性红细胞的生成，运动员必须在海拔2000m的最低海拔上每天生活14—16小时，持续至少19—20天，总共积累300—400小时[29]。高原训练的反应因人而异，并不是每个人都能从中受益，如一些本身红细胞量就很高的运动员，像优秀的耐力运动员，他们潜在的生理反应反而似乎降低了。然而，生理反应的程度并不一定预示着表现，因为在赛季前期间和身体状况不佳的人中，高住低训模式预计会对运动员产生更大的有益作用。

在元分析中，低压低氧高住低训模式对提升优秀运动员和亚优秀运动员的耐力表现提供了最好的效果。研究发现，低压缺氧组与常压缺氧组相比，高住低训后的运动成绩有显著差异。尽管在低压缺氧组中的一些差异被认为是因为暴露时间增加而导致的，但是低压缺氧组在高住低训3周后确实表现出了更明显的成绩提高以及血液指标的变化[33]。在一项针对16名耐力自行车运动员进行的双盲、安慰剂对照研究中，在2500m常压低氧暴露4周后，与安慰剂对照组相比，试验组运动员的比赛成绩和生理指标的变化均没有差异[34]。

在自然地理条件无法满足的情况下，一些低氧设施（如低氧宿舍或帐篷、低压舱）的发展实现了低氧高原训练的可能。通过用氮气稀释氧气，将氧含量从正常的21%降至15%，可以模拟2500m左右的高度，这些通常被称为低氧/氮气层。低氧帐篷使用方便、携带方便，帐篷可以模拟4000m的高度。也有各种大小的气压钢室可供选择，但它们的成本很高。呼吸面罩的优点是可以增加呼吸肌肉力量，但不会导致生理上的变化。呼吸肌训练对身体状况较差的人的运动成绩有较大改善作用[35]。尽管研究结果喜忧参半，但有一些证据表明，氮气稀释氧气可能会提高优秀运动员在平原上的成绩，前提是在这之前进行足够的模拟海拔训练（在海拔2500—3000m的地方连续4周训练12—16小时）[36]。

运动员训练的最佳海拔高度取决于运动员所从事的运动、当前居住的海拔高度和比赛的海拔高度。从高原训练中获益最多的是那些用重复的高强度运动跑完很长距离的运动员。关于低压缺氧和常压缺氧的生理反应是相似还是不同，目前还没有定论[37]。目前低压低氧模式作为最佳方案，可以提高优秀运动员和亚优秀运动员的耐力成绩，而一些常压低氧方案对于亚优秀运动员的成绩提高也是有效的[38]。因此，当低氧地理条件不能实现时，低氧/氮气房屋或帐篷也是另一种选择，可以帮助运动员适应环境。

高原训练的最适时间因运动员而异，普遍的共识是，运动员应至少在特定比赛前2周到达中等海拔地区[39]。特别是在优秀运动员中，目前高原训练是一种很受欢迎的训练方法，高原训练对运动成绩的影响似乎是最小值优化，并且是暂时的。大多数研究都是针对耐力运动员个体进行的，因此，对团队运动成绩的影响目前尚不清楚[40]。总之，这些有关低氧训练的研究，也为夏尔巴人为何能在极度缺氧的条件下仍具有强大的登山能力这一事实提供了诸多证据。

4.4 夏尔巴人与高原适应相关的生理特征

从20世纪20年代早期人类开始探险珠穆朗玛峰以来，夏尔巴人对高海拔缺氧所具有的非凡耐受力这一轶事已经司空见惯，他们优越的运动和耐受能力，以及他们可以轻松超越西方登山队同行也成为传奇。1952年，英国生理学家格里菲斯·普格在卓奥友峰上（海拔8188m，珠穆朗玛峰以西20km）完成了一系列极高海拔下包括氧需求在内的多项开创性的生理学实验[41]，实现了对高原缺氧的深入认识，也表明了夏尔巴人在高海拔地区所具有的出色工作能力，进而为1953年第一次攀登珠穆朗玛峰的水合、营养和氧气需求提供了强有力的理论和技术支撑。

坊间证据表明，夏尔巴人在高海拔地区有明显的优势。人们可以预料到，夏尔巴人和低地平原人之间肯定存在明显的生理差异。夏尔巴人居住在高海拔地区已经有500多代人了，毫无疑问，虽然他们与低地平原人之间已知的表型差异数据有限，但他们的基因组肯定已经通过自然选择适应了缺氧的环境压力[1]。虽然夏尔巴人的生理学研究已经进行了六七十年，但发表文献的数量仍然有限，而且大多数研究都基于小样本。研究夏尔巴人显然是有必要的，因为他们居住在海拔2800m以上的偏远地区，而去到那里的旅居者经常发生高原反应。尽管如此，研究中还是出现了一些值得注意的发现，下面会进一步讨论迄今已经报道的可能与缺氧选择遗传信号相关的特定表型，也包括夏尔巴人其他与缺氧有关的生理参数，如通气量、肺活量、运动量和大脑功能等[1]。

4.4.1 夏尔巴人的低氧通气反应

通气量会间接影响血液中氧含量。通气量增加则加速二氧化碳排出，血液中二氧化碳减少后会增加氧含量。人体有控制通气量的自然生理机制，当体内缺氧时，中枢神经就会主动在数分钟内开始增加通气量。这种因氧气不足引起的通气量增加的生理反应称为缺氧通气反应（hypoxic ventilatory response，HVR）。它在不同个体之间差异很大，已被用来定量评估通气控制能力[42]。早期报道显示，夏尔巴人表现出"钝化"的HVR，对缺氧相对缺乏敏感性。据推测，考虑到过度通气浪费能量，这是对缺氧的一种完全适应。虽然这可能是合理的，但目前的共识是，夏尔巴人的 HVR 实际上与适应了高海拔环境之后的低地居民是一致的[43]。

虽然 HVR 与年龄和在一定海拔高度上停留的时间无关，但已证明了在不同族群内存在着通气差异，而这些差异取决于居住地的海拔。海拔越高，最大运动通气量和 HVR 越高。无论是"敏感"还是"钝化"的 HVR 都有明显的优势。"敏感"的 HVR 会加速人体的换气和改善氧合，这被认为与应激高原反应相关[44]。然而，这是以通过增加通气和降低动脉血二氧化碳分压（arterial partial pressure of carbon dioxide，$PaCO_2$）来提高氧气利用率为代价的，这可能会因为减少了脑血流而损害大脑功能[45]。相反，"钝化"的或低 HVR 可以节省氧气，但氧分压（partial pressure of oxygen，PO_2）会降低，从而增加缺氧相关疾病发生的风险。

在通气控制方面，与低地人相比，夏尔巴人表现出较低的通气补充阈值，并降低了中枢和最小外周化学反射对二氧化碳的敏感性[46]。虽然这种情况下，低地人通常会表现出相反的情况，但是夏尔巴人通气补充阈值的降低并没有同时增加对二氧化碳的敏感性。这表明夏尔巴人的通气是由以下两种机制之一控制的：一种是由外周化学感受器调节的不依赖二氧化碳的氧敏感机制；另一种是缺氧致中枢乳酸中毒继发的中枢化学感受器驱动增强。有趣的是，当夏尔巴人和低地人原本生活环境的氧气浓度降到 70% 时，低地人如预期的那样降低了他们的通气率，而夏尔巴人的通气率却增加了[47]。

4.4.2 夏尔巴人的血红蛋白指标

高原带来的低氧挑战会导致血红蛋白浓度的变化。低氧引起的血红蛋白水平升高（女性≥190g/L，男性≥210g/L）可导致慢性高原反应[48]。有研究表明，在高海拔地区的夏尔巴人的血红蛋白浓度、红细胞比容和免疫反应性红细胞生成素浓度均低于低地人[49]，而且 2 个群体的血红蛋白水平表现出显著的遗传差异。另有报道表明，血红蛋白浓度（138g/L±13g/L）较低的夏尔巴女性生育能力更强[50]，而运动量较多的藏族男性其体内红细胞生成反应也维持在更低的水平。

夏尔巴人相比低地人血红蛋白浓度为什么会更低，这到底是由于红细胞生成反应迟钝，还是其他一些影响血红蛋白浓度的生理参数所致，目前还没有确切定论。但可以推断，夏尔巴人和低地人在自然选择下似乎走上了不同的道路。尽管夏尔巴人的这种相对贫血乍一看似乎是有害的，但红细胞增多症的"双刃剑"类比提供了一种可能的解释。毫无疑问，血红蛋白浓度升高会增加全身氧含量，然而与此同时出现的红细胞比容水平升高会增加血液黏度，改变血流变，减少心排血量和氧气的输送[51]。因此，红细胞比容的升高会导致慢性高原反应和栓塞/血栓的患病率增加，所以夏尔巴人才进化出了更倾向于"钝化"的红细胞反应，比如那些适应缺氧最好的人往往血红蛋白浓度最低[52]。因此，夏尔巴人必须依靠替代的生理改变来实现有利的高原适应。

4.4.3 夏尔巴人的氧饱和度

大量研究表明，夏尔巴人的动脉血氧饱和度（arterial oxygen saturation，SaO_2）在静息、次极限和（或）极限运动时均高于低地人[53]，这一点从他们出生时就很明显。但也有报道指出，不同的高地族群和低地族群之间没有区别[54]。至于为何会出现上述结果的不一致，在2007年发表的一篇综述中得出结论，夏尔巴人和低地人的SaO_2没有显著差异，这些差异可能归因于样本大小、受试者健康、仪器、饱和探头位置和测量方案的差异[55]。此外，与SaO_2直接相关的是，夏尔巴人体内血红蛋白对氧气的亲和力与低地人没有显著差异，因为2,3-二磷酸甘油酸浓度与血红蛋白浓度比值的升高可以补偿高原缺氧引起的呼吸性碱中毒，因此夏尔巴人血氧饱和度50%时的氧分压（partial pressure of oxygen at 50% hemoglobin saturation，oxygen half-saturation pressure of hemoglobin，P50）与低地人相比没有显著差异。

4.4.4 夏尔巴人的肺部生理功能

夏尔巴人的肺活量、用力呼气量和用力肺活量比高海拔低地人高[56]。研究表明，肺容量增大也可能有助于改善肺弥散功能。在50多年前，L. G. C. E. Pugh等就提出，夏尔巴人最大摄氧量（maximal oxygen uptake，VO_{2max}）相比低地人更高的部分原因是，他们更大的肺扩散容量带来了更有效的气体交换过程。之后，夏尔巴人也被证实，他们确实具有更高的肺弥散功能，并且随之导致了他们肺泡-动脉血氧分压的降低[57]。

4.4.5 夏尔巴人的心功能

在高原，经常运动的夏尔巴人比低地人的最大心率（maximal heart rate，HR_{max}）更大[58]，即使是迁徙到海拔较低的地方后，这一特征仍然存在。当运动负荷增加时，夏尔巴人还可以增加心排血量和心率，以此维持每搏输出量（stroke volume，SV），并降低射血前期（PEP）与左心室射血时间（left ventricular ejection time，LVET）的比率（PEP/LVET）。相反，同一研究中的低地人受试者表现出PEP/LVET比值增加，心率增加有限，每搏输出量和心排血量降低[59]。

慢性缺氧时夏尔巴人心脏功能的维持也可能部分取决于代谢适应，这种代谢适应驱动了一种底物偏好的改变。正电子发射断层成像（positron emission tomography，PET)显示，夏尔巴人在隔夜禁食后心肌葡萄糖摄取率较低地人更高[60]，这些在脱习服3周后持续存在。考虑到心脏的巨大能量需求，处于禁食状态的静息心肌首选呼吸底物通常是脂肪酸，这是由于脂肪酸的还原程度更大，因此每个碳的三磷酸腺苷(adenosine triphosphate，ATP)产量高于葡萄糖。而在低氧条件下，底物偏好转向葡萄糖却是十分有意义的，因为葡萄糖使每个氧分子的ATP产量比游离脂肪酸高25%—50%。事实上，骨骼肌对碳水化合物底物的偏好也是类似的。底物偏好转向葡萄糖，就减少了对氧气的需求量，然而这可能会总体减少ATP的合成能力。因此，夏尔巴人的能量储备减少。

用 ^{31}P-磁共振波谱测定了低海拔夏尔巴人心脏中磷酸肌酸(phosphocreatine，PC；creatine phosphate，CP)和ATP的浓度比，发现大约是低地人的一半[61]。值得注意的是，在持续吸入低氧混合气体后，CP/ATP在夏尔巴人的心脏中并没有进一步降低，这可能暗示了低氧条件下的代谢优化。有趣的是，在从高原返回的低地族群中，心肌CP/ATP也被发现受到抑制，这可能反映了低氧暴露后底物偏好的适应性反应，类似于高原居民的代谢适应。然而，低地人的心脏CP/ATP在脱习服后恢复[62]，而观察到夏尔巴人在低海拔居住27天后，CP/ATP比值却没有增加。

低海拔地区的人通常会经历呼吸暂停引起的缓慢性心律失常，而夏尔巴人则通常不会。夏尔巴人表现出较低的肺血管阻力和较小的左心室舒张末期容积[63]。然而，心肌松弛的降低对夏尔巴人运动能力影响的机制尚不清楚。至于心脏神经支配，夏尔巴人在急性缺氧时表现出交感神经系统(sympathetic nervous system，SNS)刺激，这种刺激随着时间的推移而减弱，原因是β-肾上腺素能受体下调[64]。因此，夏尔巴人对缺氧的反应表明该族群适应了高海拔，而这一特征似乎是由遗传因素决定的。

4.4.6 夏尔巴人的脾脏大小和功能

在包括人类在内的多种哺乳动物中，脾脏存储非循环红细胞的供应，这代表了其对低氧应激的潜在防御机制。在呼吸暂停和其他涉及缺氧的情况下，脾脏收缩可以暂时增加体循环中的红细胞比容和血红蛋白浓度水平。低氧生理学研究发现，脾脏反应也是由缺氧性睡眠引起的，表明脾脏收缩在高海拔适应中也很重要。虽然低氧被认为是引发脾脏收缩的主要刺激因素，但高碳酸血症也起到了一定的作用。脾脏收缩可以由剧烈运动引发，也可能由全身交感神经激活引发。

研究表明，通过增强整体携氧能力，显著的脾脏收缩可能在高海拔时具有适应性。还有研究发现，脾脏体积与急性高原反应呈负相关，即脾脏较大的非高原习服低地人与脾较小的人相比，较少出现急性高原反应症状[65]。这表明个体脾脏大小会影响对低压缺氧的耐受性。因此，诸多研究表明，遗传易感性和先前暴露于低压缺氧可能会影响脾脏的体积和功能。这些发现证明了脾脏在高海拔环境中的重要作用。

2020年的一项研究表明[66]，与低地人相比，夏尔巴人的静息脾脏体积更大，此外高海拔夏尔巴人在静息期间其脾脏比低海拔夏尔巴人的更大。高海拔夏尔巴人和低海拔夏尔巴人之间的脾脏收缩程度相似，但与低地人相比，夏尔巴人的脾脏收缩更剧烈。因此，脾脏体积的变化和功能增强是夏尔巴人高原适应的又一个例子。脾脏可以在氧气输送需求之间发挥微调血红蛋白浓度的功能，并将浓度保持在可接受的水平，以限制心血管压力，这对夏尔巴人适应高海拔环境非常重要。康龙丽课题组研究发现，在高原居住时间长的低地人，他们的脾脏体积大于平原同龄人，有些人返回平原后，脾脏体积恢复正常或部分恢复，有的人无法恢复，这主要取决于低地人在高原生活的时间，居住时间越长，恢复能力越差或者无法恢复。

4.4.7　夏尔巴人的微循环

在低氧环境中，低地人表现出舌下微循环血流量减少。然而，夏尔巴人却可以在高海拔环境中维持舌下毛细血管密度和微循环血流量。与欧洲登山者相比，在珠穆朗玛峰探险期间，夏尔巴人表现出了更高的血管生成因子基础水平，包括血管内皮生长因子-A(vascular endothelial growth factor-A，VEGF-A)和白细胞介素-8(interleukin-8，IL-8)等，这可能有助于增加微循环体液流量[67]。夏尔巴人比低地人表现出更高的氧气卸载率和更强的肌源性活动，以此可以进一步支持其更高的外周微循环灌注[68]。据报道，在经过一段时间的诱导小腿闭塞和肌肉缺血后，夏尔巴人的血流速度比低地人要快[69]，这可能是由于导管血管功能的不同所致。因此，夏尔巴人似乎表现出与低地人不同的微循环模式，这可能有助于增加组织的氧转移，以帮助夏尔巴人克服缺氧。

4.4.8　夏尔巴人的脑功能

与低海拔登山者相比，夏尔巴人在极端海拔(8000m)的旅途中表现出较少的心理神经症状(分别为100%和14%)，在返回时磁共振成像(magnetic resonance imaging，MRI)变化也较少(分别为61%和14%)[70]。一种可能解释这种差异的适应机制为夏尔巴人具有优越的大脑自我调节或者他们在大脑缺氧时会增加氧气输送。在3658m的"过渡区"，夏尔巴人保持着脑血流的自动调节[71]，与生活在低于这个海拔的低地人相比，他们的颈内动脉(internal carotid artery，ICA)血流速度更大。脑血管的这种血流速度增加很可能增加脑组织氧供给,以满足更大的脑组织氧需求。然而,要支持这一假设,需要对血管直径进行评估。

当氧气供应有限时,进一步的适应机制可能是通过最小化 ATP 利用和减少氧气消耗来模仿耐缺氧的脊椎动物。尽管大脑低代谢听起来似乎是合理的,但事实似乎并非如此,因为大脑葡萄糖代谢的 PET 显示,夏尔巴人保持着与低地人对照组相似的"正常"值[72]。因此,他们增加的脑血流速度也许就足以补偿环境缺氧,没有必要降低大脑的新陈代谢。

4.4.9 夏尔巴人骨骼肌的结构和代谢

夏尔巴人与久坐不动、不适应高海拔环境的低地人相比,肌肉每横断面积上的毛细血管数量要多得多,此外夏尔巴人还显示出较低的肌肉纤维横断面积,这有效地提高了他们的毛细血管密度与肌肉纤维的比率[73],并有助于优化流向工作肌肉的血流量和氧气的流动扩散。在线粒体水平上,尽管肌肉中线粒体的体积密度比低地人低 25%,但夏尔巴人似乎表现出了更大的最大耗氧量与线粒体体积的比率。理论上,低线粒体体积密度可能导致肌肉氧化潜能的降低,因此必须存在诸如底物偏好的改变、呼吸链效率的提高或 ATP 供需通路之间更紧密地耦合等代偿机制来对抗这一点[74]。前一种观点已经得到证实,因为夏尔巴人表现出对碳水化合物氧化的偏好,而对心肌细胞内脂质和脂质底物的依赖较少。

在低氧条件下,夏尔巴人骨骼肌会更多地消耗的代谢底物是碳水化合物而不是脂肪酸[75]。相对于高海拔低地人,夏尔巴人的肌肉会将脂肪酸的氧化维持在一个更高水平。不完全的脂肪酸氧化会产生中间产物,如酰肉碱和活性氧,但是与低地人相比,夏尔巴人肌肉中的酰肉碱和氧化应激标志物(如还原/氧化谷胱甘肽和甲硫氨酸亚砜)要少得多。然而,在适应了高海拔环境后,低地人的氧化损伤也会降低到与夏尔巴人相当的水平[76]。夏尔巴人肌肉中乳酸脱氢酶活性也比低地人更高,表明他们有更大的厌氧乳酸生产能力。随着海拔的升高,低地人的 CP 和 ATP 水平逐渐降低,但夏尔巴人却将 CP 和 ATP 水平始终维持在较高水平[77],这增加了单位耗氧量所产生的 ATP 量,从而有利于提高肌肉供给氧的比率。因此,夏尔巴人表现出的更强的肌肉活力很可能是新陈代谢水平适应的结果。

肌红蛋白是一种在骨骼肌和心肌中促进氧气储存和扩散的蛋白质。肌红蛋白通过其与一氧化氮(NO)浓度调节的复杂联系,改变骨骼肌中氧气流入和消耗的效率,因此可能在低氧适应中发挥作用。虽然夏尔巴人的基因组数据并没有表明其选择了特定的肌红蛋白等位基因[78],但夏尔巴人骨骼肌中肌红蛋白的浓度和一种有效的活性氧清除剂——谷胱甘肽硫转移酶(glutathione S - transferase,GST)(P1 - 1)的水平比低地人要高。鉴于氧化应激和活性氧的过量生产被认为是高原居民肌肉退化的原因,GST P1 - 1 浓度的增加可能表明这是对细胞解毒能力增加的保护作用。高原藏族人肌肉中有少量脂褐素积累的证据表明,线粒体对氧化应激有保护作用,也似乎证实了这一点[79]。

在肌纤维类型方面,夏尔巴人的股外侧肌与低地人的股外侧肌分布大致相似,但Ⅰ型肌纤维略占优势(夏尔巴人为60%cf,低地人为50%cf)。这种缓慢抽搐肌肉纤维的增加已被理论上作为解释"乳酸悖论"的一种机制。"乳酸悖论"指那些在高原习服的人运动后血乳酸水平的上升低于预期。与未习服的低地人不同,在平原地区,锻炼快速肌肉纤维抽搐会积累乳酸,藏族人慢Ⅰ型肌纤维的优势有利于改善 ATP 需求和二磷酸腺苷供应之间的耦合,从而限制乳酸的积累。由于细胞内 pH 值不稳定程度较低,这可能提高了亚极限条件下的运动耐力[80]。

4.4.10 夏尔巴人的神经肌肉疲劳性

人类的表现通常受到疲劳的限制,我们将其定义为运动引起的肌肉力量或效率的降低。为了定位到运动通路内的损伤部位,可以用不同的术语来描述发生在神经肌肉连接或远端(外周疲劳)、神经肌肉连接近端(中枢疲劳)和运动皮质或以上(脊髓疲劳)由于疲劳而造成的力损失。肌肉力量输出的减少程度及其机制取决于疲劳的类型和特征。例如,由于中枢疲劳导致的力量损失比例会随着所从事活动的持续时间增加而增加。除了受到从事活动的影响,神经肌肉疲劳的机制还受到温度和氧气供应等环境条件的影响。夏尔巴人正是处于高海拔环境下缺氧的这一种情况。

从平原上升到高海拔,伴随着吸入氧气分压的降低,会导致神经肌肉系统内相互联系的调整。很多科学家研究了高海拔环境对神经肌肉疲劳性(外周疲劳、中枢疲劳和脊髓疲劳)的影响,也因此发现了一些与高原适应相关的特征[81]。

在低地人急性高原暴露对神经肌肉疲劳性影响的诸多研究中发现,急性暴露下,脊髓和外周的神经肌肉易疲劳性都会增加,导致这种受损表现的具体机制取决于运动模式和所涉及的肌肉量。随着运动到力竭,外周疲劳会逐渐降低,而脊髓疲劳会增加。同时,科学家又考虑了长期暴露在高海拔地区(高海拔适应7—28天)的影响。如果只是单关节运动或运动只涉及少量的肌肉(如膝关节伸肌),高原习服后,那么两种测量值都能恢复到平原水平。相比之下,如果是全身运动,只有脊髓疲劳能恢复到平原水平,而外周疲劳与急性高海拔暴露相比并没有改善,这主要归因于习服对神经肌肉的积极影响(血液和肌肉代谢)和负

第4章 夏尔巴人的高原适应相关研究

效应(呼吸调节)。

与低地人相比,夏尔巴人表现出较低的外周疲劳和更好的神经肌肉稳态。除夏尔巴人和低地人在心血管系统和呼吸系统方面的差异外,同时暗示了夏尔巴人的神经肌肉高原适应,如骨骼肌结构和代谢可能会导致神经肌肉疲劳性降低,然而这个推断目前还没有实验数据的支撑。

4.4.11 夏尔巴人的运动能力和运动效率

许多实验方法和测量指标都被用来证明夏尔巴人在高海拔地区具有明显优越的运动能力。VO_{2max}一直被认为是衡量高原运动能力和体能的金标准,并可能是提供高原功能适应的一个重要指标。夏尔巴人与同海拔的低地人相比,是否有更大的VO_{2max},这仍是一个有很大争议的话题。很多研究描述了夏尔巴人的VO_{2max}更大[62],这一特征在他们迁移到平原后以及他们在低海拔出生长大的下一代孩子中都保留了下来。然而,一些其他报道展示了夏尔巴人与低地人之间类似甚至更低的数值[82]。值得注意的是,在后一项研究中,尽管高海拔地区受试者达到了较小的VO_{2max},但他们确实显示出了更大的工作量、更高的无氧阈值,以及运动后较低的乳酸水平,这表明他们其实还没有达到最大工作量。目前推断夏尔巴人较好的表现是由于次极量运动能力的增加,其次是肌肉氧化代谢机制效率的提高,随着缺氧的增加,夏尔巴人获得了更高的平均VO_{2max}和更小的VO_{2max}减量[60]。也有推论指出,夏尔巴人较低的有氧能量消耗是代谢适应,而不是机械功率输出或代偿性厌氧糖酵解的差异。

除了运动能力,也有很多报道对夏尔巴人的运动效率进行了研究。运动效率可以定义为完成的总功(内部和外部)与总能量消耗(有氧、无氧和对磷酸原系统的贡献)的比率。就像运动能力一样,夏尔巴人的运动效率也存在相互矛盾的证据。一些研究表明[83],与低地人相比,夏尔巴人的运动效率没有明显的差异,而另一些研究指出[84],夏尔巴人的运动效率明显更高。

4.4.12 夏尔巴人的一氧化氮代谢

气态信号分子NO在人体内起着多种作用。它起到血管扩张剂的作用,参与抑制血小板聚集。它也是一种抗氧化剂,通过线粒体调节中间新陈代谢和细胞能量的产生。NO是调节大血管和微血管阻力从而调节血流的主要内皮因子之一。NO通过控制血液黏度来调节红细胞比容,被认为可以预防高原地区的肺动脉高压。它在低氧适应中的潜在作用已经在一些研究中得到了强调。研究表明,夏尔巴人在诱导腿部闭塞和肌肉缺血2分钟后能够最大限度地提高血流速度的能力被证明优于低地人[72],这种差异可能是由于导管血管功能的差异,而从理论上推测这可能是由于 NO 代谢导致的差异。

血液流动相关研究表明，与低地人相比，高海拔族群的前臂血流量是低地族群的 2 倍多，血液中生物活性 NO 产物的循环浓度是后者的 10 倍以上。据推测，控制 NO 产物形成的代谢途径在高海拔族群中受到不同的调控，NO 相关的微循环因子增加了人体中对流氧气的输送，从而能够更好地适应低压低氧[70]。

据报道，夏尔巴人的血清 NO 水平比低地人要低[85]。最近的一项研究报道，无论是在低海拔地区还是在高海拔地区，夏尔巴人和低地人的 NO 代谢产物（如氮-亚硝胺、硫-亚硝基硫醇、硝酸盐或亚硝酸盐浓度）都没有差异[80]。

4.4.13　夏尔巴人的妊娠、子宫胎盘血流与出生体重

平原地区妊娠时，通常要经历子宫和胎盘血管的重塑，以及心排血量、血容量、胎儿生长量的较大增长，而在慢性缺氧时上述指标增加量减弱。其结果是，低地人的出生体重会随着海拔的升高而逐渐减少，大约为海拔每增加1000m，婴儿平均体重下降 100g[86]。但是，夏尔巴人在海拔上升过程中并没有表现出出生体重的减轻，在低海拔(1330m)和高海拔(3930m)的夏尔巴婴儿平均出生体重相似。

假设母体动脉供氧是胎儿生长的基本决定因素，但夏尔巴人族群却没有表现出比其他族群更高的含氧量，那么关于夏尔巴人适应机制的解释必须考虑到这点。就像大脑一样，至少在一定程度上是由于局部氧气输送的增加，髂总血流流入子宫动脉的比例增加，相应地增加了子宫-胎盘供氧量，这反过来可以导致胎盘体积更大，以此尽量避免胎儿生长迟缓的出现[87]。这一机制可能是许多代偿手段之一，进一步的因素如与底物（氧、葡萄糖）输送或代谢有关的因素、保护脆弱胎儿绒毛的机械因素，或改善胎盘氧转移的因素等都需要进一步评估[88]。与低海拔族群和其他高海拔族群相比，夏尔巴人的妊娠期高血压和先兆子痫发病率、早产率均较低，婴儿出生前和出生后的死亡率也降低为原来的 1/3[89]。然而，他们之间产后出血的频率没有显著差异。

4.4.14　夏尔巴人的成长、体重和基础代谢率

生活在高海拔地区的夏尔巴成年人比生活在低海拔地区的夏尔巴成年人身高更矮、体重更轻[90]。这种成年发育迟缓的结果在世界上多个高海拔地区[91]都是一致的。随着海拔的增加，人的相对身高、体型大小和体重都会减少，线性增长的适度减少是显而易见的。尽管营养不良被认为是罪魁祸首，但生长发育迟缓似乎与营养和社会经济因素无关，因此可归因于遗传（或表观遗传）对缺氧本身的影响。一种理论认为，夏尔巴人在低氧条件下表现出的高水平 NO 是类

固醇合成的有效抑制剂，这反过来又造就了一个身材较矮、肌肉较弱的群体[92]。

到达高海拔地区时，低地人的基础代谢率（basal metabolic rate，BMR）增加[93]，这种反应不受温度的影响。相比之下，在海拔6000m以下，夏尔巴人的BMR处于平原健康成年人的正常范围内[94]。这一发现进一步得到了以下观察结果的支持：夏尔巴人与低地人不同，他们似乎不会在高海拔地区体重减轻[95]。体重减轻是高原反应最客观的评估症状。因此，夏尔巴人表现出的这种对体重减轻的抵抗力也许可以被解读为对高原环境本身的适应能力。

综上，夏尔巴人对缺氧表现出明显的生理反应，与低地人形成鲜明对比，这可能是多代人暴露在青藏高原带来的与缺氧相关的环境下选择压力的结果。

4.5 夏尔巴人与高原适应相关的遗传特征

高原低氧适应是一类复杂的生物学性状。参与氧运输、氧交换与氧利用等生理功能密切相关的低氧通路中的基因，必定在高原低氧敏感器官的生物学功能的适应性调控过程中起着至关重要的作用。但是，这种适应性进化是如何通过基因组水平的精细调控来实现对关键低氧敏感器官功能适应的？这一遗传机制仍然不清楚。国内外关于高原低氧适应的遗传学研究还处于起步阶段，还需要去解决大量的问题。

尽管在过去的50年里已经记录了许多与夏尔巴人表型有关的适应性反应，但是直到最近，有了技术进步，才试图探索他们的基因型。在过去的10余年中，测序和基因分型技术的发展，使得鉴定出整个人类基因组中选择适应的特定群体特征逐渐变成了可能。然而，到目前为止，必须指出的是，这些发现涉及的是基因区域，而不是特定的基因，可能影响基因功能的内含子区域以及所观察到的遗传变异所产生的功能效应仍然不确定。此外，尽管自然选择为夏尔巴人的优势表型提供了解释，但是也必须考虑后天的影响及其对表观基因组的影响。现在有几种互补的基因组检测方法可用于检测遗传选择[96]，将这些检测手段应用于包括夏尔巴人在内的高海拔土著居民中并分析得到的数据，也已经确定了一些显著的选择遗传信号。

4.5.1 多基因转录因子低氧诱导因子家族

多基因转录因子低氧诱导因子（hypoxia-inducible factor，HIF）家族是已知的众多调节氧稳态的重要遗传成分之一。由于它们能够调控VEGF、内皮素（endothelin，ET）和EPO的表达，因此被认为是细胞缺氧信号和全身氧稳态的主要调节者[97]。当细胞供氧减少时，HIF的水平几乎立即上升。随之，基因发生转录,这些基因通过增加氧气输送或改变新陈代谢来抵消这种缺氧危害[98]。因此,在低氧条件下 HIF 途径的基因表达可能对人体有益一直是人们关注的焦点。

HIF 信号通路中一系列相关基因在高原适应中具有非常重要的作用。HIF 通路基因涉及广泛,在细胞缺氧应答中可调节数以百计的下游基因。*HIF* 基因普遍存在于人和哺乳动物细胞内,虽然在常氧浓度(21% O_2)下可表达,但合成的 HIF 蛋白质分子很快会被细胞内氧依赖性泛素蛋白酶途径所降解,故只有在缺氧条件下才会稳定表达,且主要通过羟基化、磷酸化和乙酰化等途径提高蛋白质的稳定性和活性。HIF 途径是一个复杂的氧敏感系统,对维持低氧环境下细胞的能量代谢、生长和增殖等方面起重要作用,同时促使下游基因对细胞缺氧做出反应,与机体适应高原环境有密切联系。HIF 是低氧反应的转录调控器,由 β 亚单位(HIF-β)和 3 个 α 亚单位(HIF-1α、HIF-2α 和 HIF-3α,前两者的研究较多)组成的异源二聚体。HIF 通过 α 亚单位特定区域上的脯氨酰羟化基来调控其对氧浓度变化发生的反应,可激活数百个与低氧适应相关的细胞基因。

HIF-1α 可抑制氧化磷酸化(oxidative phosphorylation,OXPHOS)和线粒体生物合成,对维持红系造血干细胞的稳定必不可少。HIF-2α 可调节成年人肾间质细胞 *EPO* 基因。对转基因小鼠的研究显示,HIF-2α 在贫血状态下会丧失功能,而 HIF-2α 获得功能时会产生红系细胞。在缺氧反应中,HIF-1α 和 HIF-2α 可作为有利因素协同作用,两者可激活 VEGF,从而诱导血管生成。对小鼠的研究显示,*HIF-1α* 和 *HIF-2α* 表达降低可延迟或防止低氧性肺动脉高压的发生,而 *HIF-2α* 突变可导致肺动脉高压,因此 HIF-1α 和 HIF-2α 与肺动脉高压的发生密切相关。同时,HIF-1α 和 HIF-2α 也具有相互拮抗性。HIF-1α 促进细胞周期停滞,而 HIF-2α 促进细胞周期进展。在鼠巨噬细胞、角质形成细胞和内皮细胞中,HIF-1α 通过激活一氧化氮合酶 2(NOS2)基因促进 NO 产生,而 HIF-2α 则通过抑制精氨酸酶(Arg)基因抑制 NO 产生。HIF 通路中的脯氨酸羟化酶(PHD)主要包含 PHD1、PHD2 和 PHD3,可在其氧依赖降解结构区羟化 HIF-α。而在低氧情况下,PHD 家族这种内在的氧依赖调节除了对氧浓度改变敏感外,还可识别铁、抗坏血酸盐浓度和三羧酸循环等,即其蛋白区域能对各种信号做出反应,该位置上的羟化基可调控 HIF 对氧浓度变化的反应,*PHD2* 基因活动减弱可激活 HIF 途径[99]。

最初关于夏尔巴人在 *HIF-1α* 内含子 13 上具有新的二核苷酸重复多态性的报道,后来普遍被认为是他们适应缺氧的一种遗传方式[100]。因此,通过评估夏尔巴人基因组中的 SNP,可以用来发现他们在自然选择下的"适应性"等位基因。

4.5.2 内皮 PAS 区域蛋白 1

基因组选择研究中出现的与海拔适应相关的最早信号之一是内皮 PAS 区域蛋白 1(EPAS1)。*EPAS1* 基因编码 HIF-2 的 α 亚基，与缺氧诱导的正性调节有关，是慢性缺氧相关基因的关键调节因素，参与 EPO、VEGF、内皮型一氧化氮合酶(endothelial nitric oxide synthase，eNOS)相关基因的上游调节。*EPAS1* 在肺部和胎盘组织上表达丰富，而这 2 种组织恰恰是成人和胎儿氧交换的关键组织。血管内皮的生长主要与血管内皮生长因子有关。EPAS1 主要存在于内皮细胞中，能与芳香烃受体核转移蛋白(ARNT)一起形成异二聚体，调节一系列基因的转录和表达，维持机体正常的生长和发育。

虽然 *EPAS1* 基因的发现很早，但是早期的研究仅仅指出 *EPAS1* 基因与缺氧诱导途径有关，其编码合成 HIF-2α 的水平在缺氧的环境下可明显升高。*EPAS1* 基因是 HIF 通路中的重要基因，在人体应对低氧环境的细胞生化调节通路中起核心作用，但其中藏族族群特有的 *EPAS1* 基因可能尤其关键。直到 2010 年，*EPAS1* 基因才被指出在低海拔族群和高海拔族群中存在明显差异。在该年的多项研究中数次提及该基因，其中一项研究指出 *EPAS1* 基因在高原族群中特异性最高，其人口分类统计值(PBS values)为 0.514。该研究在 87% 的藏族族群中发现了 *EPAS1* 基因的内含子中有一个 SNP 位点，而在汉族族群中该 SNP 位点的出现率只有 9%。结果表明，藏族族群和汉族族群中存在明显差异的 SNP 位点均位于 *EPAS1* 基因的非编码区，且该 SNP 位点的基因型与世居藏族族群的低血红蛋白浓度显著相关，这充分说明该基因在高原缺氧适应下具有重要的意义。同样有研究指出，*EPAS1* 基因的 3 个典型 SNP 位点 *rs13419896*(A)、*rs4953354*(G)、*rs1868092*(A)在高海拔族群中具有不同的特点。*EPAS1* 基因编码 HIF-2α 蛋白，可以对许多缺氧诱导基因(包括 EPO)进行上调。而被升高的 EPO 放大了红血细胞前体的增殖和分化，从而增加了血红蛋白水平。血红蛋白水平的这种增高往往是慢性高原病的临床改变的基础诱因之一。因为这种血红蛋白水平的升高，增加的只是血液中血氧含量，对于组织中氧的输送并没有起到任何作用，最终会导致低氧血症、缺氧性高血压以及高原性心脏病[101]。

青藏高原世居藏族族群除 *EPAS1* 基因的多态性与其低血红蛋白浓度密切相关外，其血红蛋白浓度明显低于同海拔高度的安第斯族群，而与低海拔族群的血红蛋白水平接近，表明世居藏族族群对于高原适应的机制与祖先同样来自亚洲的安第斯族群不同。很多研究均显示世居藏族族群 *EPAS1* 基因具有积极的定向选择性，从而能发生有利突变以增强机体对高原环境的适应性。

EPAS1 基因最初在藏族族群中被发现[102]，随后在其他多个藏族族群和夏

尔巴人族群中也均发现有 EPAS1 基因的复制[103]。适应性 EPAS1 单倍型与较低的血红蛋白浓度相关。值得注意的是，这种适应性 EPAS1 单倍型似乎可能是从与丹尼索瓦人（一种已经灭绝的古人类物种）的一次导入事件中进化而来的[104]。在藏族族群和夏尔巴人族群中，EPAS1 基因下游的 3.4kb 拷贝数缺失的频率高于低地对照族群，该缺失与先前报道的 EPAS1 单倍型存在很强的连锁不平衡，并与较低的血红蛋白水平相关[21]。与低氧适应相关的 EPAS1 功能基因目前仍不清楚，然而已经确定该基因在 HIF 途径上参与其他低氧适应基因的转录调控。

成年小鼠出生后 EPAS1 基因的缺失会导致贫血[105]。一些红细胞增多症是由 EPAS1 基因的错义突变引起的，如 G536W，携带 EPAS1 G536W 突变的小鼠表现出过度红细胞增多和肺动脉高压[106]。在小鼠中的一项研究表明，将 EPAS1 杂合基因敲除后，其对慢性缺氧的生理反应变得迟钝[107]。为了更深入地了解 EPAS1 基因，有必要进一步在人体内和体外开展深入研究，这将会揭晓 EPAS1 基因如何帮助人类实现对高海拔的适应。

4.5.3 EGL-9 家族低氧诱导因子 1

对藏族族群的早期研究中出现的另一个高海拔遗传选择信号是 EGL-9 家族低氧诱导因子 1（EGLN1）。EGLN1 基因编码脯氨酸羟化酶 2（PHD2）。PHD2 是缺氧诱导因子脯氨酰羟化酶的一种异构体。EGLN1 基因与缺氧诱导因子 HIF-1α 蛋白和 EPAS1 蛋白在正常氧分压下的降解有关，而在缺氧环境下，EGLN1 基因改变导致降解能力下降，从而间接升高 EPAS1 蛋白的水平并导致其所调控的缺氧有关的物质大量增加。

EGLN1 是 HIF 通路中的脯氨酰羟化酶蛋白域基因，而多项研究证实支持藏族族群高原适应的第二个关键 HIF 通路候选基因是 PHD2。它可通过减少细胞缺氧状态下 HIF-1α 亚基的羟基化作用从而调节 HIF 转录通路。其中，犹他大学 Tatum S. Simonson 与青海大学格日力教授合作，通过全基因组关联分析（genome wide association study，GWAS）对 30 例世居藏族样本的研究发现，PHD2 和位于 22 号染色体上的过氧化物酶体增殖物激活型受体 A（PPARA）2 个低氧相关基因的单倍型与世居藏族人的低血红蛋白含量密切相关，认为正是这种原因导致藏族族群具有特别的高原适应性，而其他多项研究也显示藏族族群 PHD2 基因与其低血红蛋白浓度之间存在关联。研究表明，在缺氧状况下，藏族族群 PHD2 等位基因与血浆 EPO 的迟钝反应相关，从藏族族群分离的淋巴细胞经研究显示藏族族群具有较低的 HIF-1α 和 HIF-2α 靶基因选择，而 PHD2 等位基因也可能是通过增加 NO 的水平而参与低氧环境下的呼吸调节。

有研究显示，敲除纯合子基因 PHD2 导致小鼠由于严重的胎盘缺陷而无法存活并在胚胎阶段死亡；以肝、心、肾和肺等特定器官为靶点的 PHD2 基因敲除导致小鼠血管过度生长；缺乏 PHD2 的成年小鼠表现出过度红细胞增多症[108]；杂合子 PHD2 小鼠对缺氧和颈动脉小体增生的通气敏感性增加[109]。

EGLN1 这一信号后来在夏尔巴人中也得到了证实[110]。2 个 EGLN1 功能突变（分别是 rs12097901，D4E 和 rs186996510，S127C）似乎在驱动选择信号，且在夏尔巴人族群和藏族族群中都存在[111]。2 个突变的作用模式是通过功能增强还是功能丧失，目前还尚不清楚。

4.5.4　血管紧张素转化酶基因 I/D 多态性

血管紧张素转化酶（angiotensin converting enzyme，ACE）对血压的调节有极其重要的意义，它是肾素-血管紧张素-醛固酮系统（renin - angiotensin - aldosterone system，RAAS）中的特定关键成分，对高原环境下人类的生理、病理生理及高原病的发病机制均发挥了重要作用。ACE 最主要的作用是将血管紧张素 Ⅰ（angiotensin Ⅰ，Ang Ⅰ）转化为 Ang Ⅱ，而 Ang Ⅱ 具有强烈的缩血管作用。因为 ACE 可以直接刺激血管收缩而升高血压，所以该基因也是研究热点之一。

ACE 基因上有一个 Alu 插入/缺失位点与高原适应之间的遗传关联性研究比较多。例如，有一项研究发现，在高原低氧环境中 SaO_2 较高的印第安人中 ACE 基因带有插入位点 Alu，而另一项研究则发现在高原上更容易患高原性高血压的平原族群中带缺失位点 Alu。但也有报道指出，这个 Alu 插入/缺失位点与个体高原适应性之间的关联性并不显著。现在普遍认为，Alu 位点缺失的 ACE 基因表达量较高，在高原低氧环境下则患高原病的风险较高[112]。

I/D 多态位点是 ACE 功能的多态标志物。迄今的多数研究报道均认为，该多态与 ACE 水平及优秀耐力素质、肌肉力量、运动性心脏等密切相关，而且是高血压、冠心病、心肌梗死等疾病的独立危险因子。既往研究发现，低氧可造成机体的血浆刺激球状带促进醛固酮（aldosterone，ALD）浓度降低，血浆肾素活性升高，导致 RAAS 紊乱，而这与低氧下血浆 ACE 水平下降引发的血管紧张素 Ⅱ（angiotensin Ⅱ，Ang Ⅱ）减少及 ALD 浓度下降有关，且 ACE 水平的下降幅度在高原适应能力较好者当中往往更大，鉴于 I/D 多态性与 ACE 水平相关（DD 型人群 ACE 水平最高，ID 型次之，II 型最低，三者间的差异具有显著性），故 I 等位基因被认为可能是较低 ACE 水平及较好高原适应性的分子标记[113]。

2008 年，Y. Droma 等检测了 105 名尼泊尔夏尔巴人与 111 名非夏尔巴人的 I/D 多态分布、血清 ACE 活性及多种生理表型，发现夏尔巴人中 I 显性基因型（II 和 ID）的分布和 I 等位基因频率显著高于非夏尔巴人（94.3%∶85.6%；73.3%∶64.0%），但居住在高海拔地区的夏尔巴人，其 ACE 水平与低海拔地区的非夏尔巴人相似，表明夏尔巴人中 I 等位基因的较高水平表达可能是其在高原地区得以维持较低 ACE 水平的主要遗传因素之一，而这可能对高原适应具有积极的生理效应。

4.5.5 促红细胞生成素相关基因

EPO 作为一个传统的评价红细胞生成和血红蛋白的指标，是第一个被提出的低氧适应性指标。它通过增加红细胞比容与血液黏稠度可以提高血液的携氧能力，进而改善高原性缺氧的症状。在高原低氧环境下，EPO 基因上调表达促使血液里的血红蛋白浓度上升、红细胞比容升高和红细胞增生。使机体的携氧能力增加是一个非常重要的高原适应表型，但是 EPO 基因的高原低氧适应的遗传相关性报道比较少。有报道指出，EPO 基因的位点 $D7S477$ 与 EPO 水平升高 ($P=0.018$) 之间可能存在关联。推测这可能是因为 EPO 基因是低氧通路比较下游的功能性基因，更多的应该是受到上游调控基因的影响，但是本身的遗传适应性突变对低氧适应的影响不大。

短期或长期处于高原缺氧环境下的族群，EPO 水平会明显升高，在肺水肿的病患个体上尤为突出。有人发现，处于海拔 3440m 的夏尔巴人的 EPO 水平〔(23.1 ± 11.2)mU/mL〕与处于海拔 1300m 的非夏尔巴人〔(22.5 ± 15.4)mU/mL〕持平，这也就意味着高海拔夏尔巴人族群对 EPO 水平有着较高的耐受性。同样，目前对于 EPO 的遗传学研究仅限于生理改变上的描述，对于其基因的研究并没有深入，所知仅仅是在 EPO 基因的 $D7S477$ 位置上找到一个 3434C>T 的 SNP 序列与 EPO 的水平升高有关。

4.5.6 过氧化物酶体增殖物激活型受体 A

PPARA 由基因 $PPARA$ 编码，它是肝脏、心脏和肌肉中脂肪酸氧化的转录调节因子。$PPARA$ 具有组织特异性表达，并且在低氧条件下被 HIF 下调[114]。据报道，在藏族族群和夏尔巴人族群中发现了 $PPARA$ 基因的正选择，所选的 $PPARA$ SNP 与血红蛋白水平降低相关[115]。携带有正选择 $PPARA$ 等位基因的夏尔巴人对葡萄糖等能量的利用率更高，并且其肌肉脂肪酸氧化降低。据报道，选择下的大多数 $PPARA$ SNP 似乎都是非编码突变[116]。目前还不清楚这些变异是直接影响转录调控，还是与其他基因或附近基因区间的功能变异有关。

4.5.7 夏尔巴人一氧化氮代谢适应相关遗传特征

eNOS 催化 NO 的合成，而 NO 通过激活鸟苷酸环化酶进一步激活蛋白激酶，从而松弛血管平滑肌。NO 的合成和释放对血管弹性、血流量和血压的调节具有非常重要的作用。高原世居族群 NO 的合成水平比平原族群的高，而在藏族人群中尤其高。这个 eNOS 基因上存在一系列与高原肺水肿（high-altitude pulmonary edema，HAPE）相关的遗传突变，例如 *A922G*、*T786C* 和 *G894T* 位点。这些位点突变的患者 NO 含量下降。也有研究者报道，在高加索人中没有发现相应与高原肺水肿遗传相关的多态位点。eNOS 编码基因的转录已被证实是被 *EPAS1* 表达的 *HIF-2* 与 *heNOS*、启动子上的两个相邻的 *HRE* 位点的相互作用诱导的。也有研究显示，*EPAS1* 可能增强 *eNOS* 的表达，并最终导致 NO 水平的升高。

此外，eNOS3 是催化 NO 合成的 3 种一氧化氮合酶（NOS）同工酶之一。夏尔巴人表现出该基因和 *G894T*（*Glu298Asp*）以及 *4B/4A* 2 个等位基因的显著过表达[117]。尽管 *NOS3* 的过表达和呼出的 NO 水平升高之间是否具有明显的相关性尚未得到证实，但考虑到其他 2 个 *eNOS* 基因的存在，仍然可以确定两者之间的关联[118]。此外，*NOS1* 的一个非同义突变 *rs549340789* 已被鉴定为在夏尔巴人中基因上调[119]。因此，NO 在夏尔巴人低氧适应中起重要作用，但确切的遗传机制仍然知之甚少。

4.5.8　夏尔巴人血氧饱和度适应相关遗传特征

在藏族族群中，SaO_2 分析显示，SaO_2 呈双峰分布[120]，在那些具有显性的"高 SaO_2"等位基因的人中，存在一个主控基因导致其 SaO_2 水平较高（平均 SaO_2 分别为：*aa*，83.6%；*Aa*，87.6%；*AA*，88.3%）[98]。在海拔 4000m 的夏尔巴人族群中，携带显性 SaO_2 基因型的母亲，其后代死亡率明显低于携带隐性 SaO_2 基因型的母亲（分别为 0.48 人和 2.53 人），这一点清楚地突显了该基因在高海拔选择时所发挥的优势[121]。

4.5.9　夏尔巴人妊娠相关遗传特征

HIF 家族在哺乳动物胚胎和胎盘发育中起着关键作用，包括 *PPARA* 在内的基因在胎盘中的表达已被证明会影响女性的生殖功能[122]。与低地人相比，*EPAS1* 在藏族女性脐带内皮细胞和胎盘中的表达减少。在藏族女性和夏尔巴女性中，已发现 *CCDC141* 基因内含子变异与活产数量有关，其所在基因座也显示出正选择[123]。因此，夏尔巴人生殖成功率的提高可能至少部分归因于心脏的相关特征和胎盘适应[124]。要了解夏尔巴人在高海拔环境下维持正常妊娠发育的分子机制，还需要进一步的研究。

4.5.10　线粒体与夏尔巴人高原低氧适应

线粒体在低氧状态下对机体内在调节起着关键作用。低氧通过刺激转录调节因子来增加碳水化合物代谢及增强线粒体呼吸能力，进而提高线粒体能量生产效率。低氧主要通过线粒体耗氧量、线粒体代谢模式及线粒体数量3个方面来影响其功能[125]。

线粒体氧化呼吸中的OXPHOS作为机体供能的主要途径，其过程与氧气水平息息相关。1994年，有关高原族群mtDNA分析的研究指出，与普通低海拔族群相比，高原族群具有50%以上的特异性mtDNA，证实mtDNA的变异可能是影响高原适应性的重要因素之一。2011年研究发现，藏族族群和汉族族群在 $nt3010G$ 和 $nt3970C$ 位点有显著区别。随后在mtDNA上发现了另外2个突变位点 $33977A/G$ 和 $3552T/A$。通过实验发现，HAPE患者的 $3397G$ 和 $3552A$ 显著高于对照组。2013年又有研究提出，mtDNA应该作为高原适应性的一个新的突破点。

研究表明，世居高原的夏尔巴人骨骼肌线粒体的密度虽然下降了，但他们的肌肉以某种方式最大化了耗氧量与线粒体体积的比例，其具体机制尚不完全清楚。当前的研究显示，相对平原对照组，夏尔巴人心肌和骨骼肌偏向以葡萄糖为代谢底物而非脂肪酸，虽然脂肪酸氧化能力低但其OXPHOS偶联率高。酰基肉碱和氧化应激标记物水平也降低，提示它们在夏尔巴人低氧适应中起到保护作用。从高原返回平原的人的心肌CP/ATP比率显著下降，但在夏尔巴人的心肌和骨骼肌中，这一比率保持稳定。综上所述，夏尔巴人通过选择碳水化合物为代谢底物加强能量产生、提高糖酵解途径关键酶活性，来增加产能、稳定CP/ATP比率，并增加能量储备，以及通过避免氧化应激等方面维持出色的低氧耐受能力。

有研究指出，欧洲白人和亚洲汉族妇女在高海拔处的出生体重下降；夏尔巴人和藏族人在高海拔处的出生体重正常。这一发现提示，胎盘在高原发生代谢改变可能取决于遗传因素和（或）在高海拔地区居住的时间，可见胎盘线粒体在低氧适应人群中、低氧环境下维持胎儿正常生长中的作用方式不同，其分子机制值得进一步探索。

4.5.11 夏尔巴人口腔和肠道菌群与高原适应相关的遗传特性

口腔是连接外部环境与人类呼吸系统和消化系统的重要器官。作为人体内微生物含量第二多的器官，口腔内栖息着700多种不同的微生物。口腔微生物在维持口腔内环境稳定和预防口腔疾病方面起着至关重要的作用。此外，口腔菌群也会受到低氧、低温、宿主性别、年龄和口腔疾病等的影响。口腔菌群紊乱暗示着各种疾病的出现，如龋齿、牙周炎、种植周炎、黏膜疾病和口腔癌等。口腔菌群的失衡往往也与一些代谢性疾病有关，如炎症性肠道疾病、胰腺癌、糖尿病、肥胖和心血管疾病等。因此，口腔中的各种微生物是维持人体代谢平衡和动态平衡的关键[126]。

目前只有少数研究集中在高海拔地区人类口腔菌群特征上。在2021年的一项报道中[127]，康龙丽课题组采集了西藏自治区4个海拔高度（2800—4500m）的167名藏族人的唾液样本进行研究，以探讨高海拔环境与口腔菌群间的关系。研究设置了高海拔和超高海拔2个分组，并运用16S rRNA进行高通量测序。结果表明，口腔菌群的α多样性随海拔的升高而减小，而β多样性随海拔的升高而增大。LEfSe分析显示，高海拔组（<3650m）的口腔微生物标志物为链球菌，超海拔组（>4000m）的口腔微生物标志物为普氏杆菌。普氏杆菌的相对丰度随着海拔的升高而增加，而链球菌的相对丰度随着海拔的升高而降低。此外，高海拔地区口腔菌群的网络结构更紧凑、更复杂，细菌属间相互作用更强烈。基因功能预测结果显示，超高海拔组的氨基酸和维生素代谢途径上调。这些结果表明，海拔高度是影响人类口腔菌群多样性和群落结构的重要因素。

人体肠道构成了各种共生微生物的重要生态位，即微生物菌群，它可以影响多种宿主生理过程。微生物菌群与其各自宿主之间的关系如此密切，以至于最近的进化理论提出将其视为全息生物。有趣的是，肠道微生物菌群提供了许多生物学功能，主要与宿主代谢和免疫系统调节有关，因此它有可能对宿主进化和适应新的环境条件产生显著影响。事实上，通过对现代人类与古代人类、非洲猿类的微生物菌群生态比较，已经逐步探明了肠道细菌群落是如何随着人类进化过程中发生的重大变化而实现共同进化的[128]。

到目前为止，科学家们已经研究了特别是在青藏高原不同地理位置的族群中高海拔暴露对肠道微生物区系的影响。通过海拔高度与藏族族群肠道菌群的宏基因组学关联分析研究显示[129]，藏族族群肠道菌群的α多样性随海拔高度增加而降低，而β多样性却与海拔高度的相关性较低，不同海拔高度族群的肠道菌群结构相似。LEfSe分析证明，海拔3650m的藏族族群肠道菌群的生物标志物（biomarker）为脱硫弧菌属；而海拔4000m的藏族族群肠道菌群的生物标志物为梭菌属。Pearson相关性分析发现广古菌门、脱硫弧菌属、甲烷杆菌属的丰度随着海拔高度的增加而显著下降。随着海拔高度的增加，藏族族群的肠道菌群微生物网络更加脆弱。总之，海拔高度是影响藏族族群肠道菌群α多样性的重要因素，不同海拔高度族群的肠道菌群差异显著。研究移居对藏族族群肠道菌群的影响结果表明[130]，藏族女性、汉族女性在肠道菌群的多样性和组成上存在显著差异。然而，移居到平原后，藏族女性的肠道菌群多样性、结构和基因途径是相似的。移居时间长短不影响汉族女性、藏族女性肠道菌群的比较，说明藏族女性的肠道菌群受移居的影响较小。研究认为，藏族女性肠道菌群受多种因素影响且具有一定稳定性，肠道菌群对移居引起的生活环境和饮食习惯改变的影响可以产生抵抗性。

2019年，一项针对夏尔巴人肠道菌群组成及其与饮食、生活方式和适应高海拔环境间关系的研究显示[131]，微生物菌群组成的丰度与宿主居住地理位置之间存在相关性，也就是环境生态多样性可能会影响肠道微生物多样性。对夏尔巴人饮食习惯的分析发现，高海拔环境和生活方式严重影响了夏尔巴人的肠道菌群组成，这是由于夏尔巴人不可避免地受到他们所在极端高海拔环境中定居的限制，所依赖的营养资源种类十分有限。研究结果表明，肠道微生物有可能通过发挥某些代谢功能来缓解高海拔环境所造成的营养限制和环境压力的影响，这些代谢功能可以提供如维生素、酮类和氨基酸等化合物，而这些化合物对夏尔巴人应对具有挑战性的生理生活压力，满足能量需求，适应极端高海拔环境发挥了重要作用。

4.5.12 其他与高原适应相关基因

内皮素分为内皮素-1(EDN1)、内皮素-2(EDN2)和内皮素-3(EDN3)3种，它们是由2个氨基酸组成的多肽。其中EDN1是最重要的肺血管收缩剂。研究表明，急性、慢性缺氧均可刺激内皮细胞合成并释放EDN1，使血浆中的EDN1含量升高，从而使肺血管强烈收缩而导致肺动脉高压。EDN1还参与调控 *ACE* 的表达。有研究发现，*EDN1* 基因上的遗传多态位点如 *G2288T* 和 *G798T* 等，与在低氧下 *EDN1* 的低表达存在遗传相关性。

除了以上的几个基因外，纤维蛋白原基因（*Fibrinogen*）、β-肾上腺受体(*ADRB2*)及醛固酮合酶(*CYP11B2*)等也是高原适应候选基因，此外，与高原适应相关的还包括 *HBB*、*HBG2*、*CAMK2D*、*HMOX2*、*PKLR*、*EDNRA*、*CYP17A1*、*ANGPTL4*、*PIK3R1*、*ADRB2* 等众多基因。这些基因已被证实与HIF通路、造血和氧代谢有关，也为进一步研究高原适应打下了深厚的分子生物学基础。

总而言之，夏尔巴人这些与高原适应相关的遗传选择特征说明了他们在高海拔环境的出色生理表现至少在一定程度上是低氧驱动的基因选择的结果。通过进一步的比较生理学研究可以确定更多的适应性表型，特别是那些夏尔巴人特有的表型。通过将这些表型与已知的和新出现的遗传选择信号相关联，我们可以阐明夏尔巴人低氧适应的生物学机制。最终，这项研究工作可以为低氧相关疾病，包括肺、心脏、神经和肾脏等疾病的治疗提供更多解决方案。

参考文献

[1] GILBERT-KAWAI E T, MILLEDGE J S, GROCOTT M P W, et al. King of the mountains: Tibetan and Sherpa physiological adaptations for life at high altitude[J]. Physiology, 2014, 29(6): 388-402.

[2] ZHANG X L, HA B B, WANG S J, et al. The earliest human occupation of the high-altitude Tibetan Plateau 40 thousand to 30 thousand years ago[J]. Science, 2018, 362(6418): 1049-1051.

[3] BHANDARI S, CAVALLERI G L. Population history and altitude-related adaptation in the Sherpa[J]. Frontiers in Physiology, 2019, 10: 1116.

[4] LAHIRI S, MILLEDGE J S. Sherpa physiology[J]. Nature, 1965, 207(4997): 610-612.

[5] 格央. 高原气候环境与人类健康[J]. 西藏科技, 2006(4): 50-51.

[6] 王欢, 马琼, 马保安. 高原环境对人体健康的影响[J]. 医学信息, 2020, 33(22): 58-61.

[7] 胡松涛, 辛岳芝, 刘国丹, 等. 高原低气压环境对人体热舒适性影响的研究初探[J]. 暖通空调, 2009, 39(7): 18-21, 47.

[8] 闫海燕, 李洪瑞, 陈静, 等. 高原气候对人体热适应的影响研究[J]. 建筑科学, 2017(08): 29-34.

[9] 肖卫, 刘国丹, 李亮, 等. 变压力环境下人体热感觉的实验研究[J]. 青岛理工大学学报, 2015(05): 68-72.

[10] 杨彩玲, 贺菊香. 不同海拔和吸烟量对世居中年男性肺功能的影响[J]. 临床荟萃, 2010(14): 1244-1246.

[11] 史国赟, 尹晓桃, 杨志勤. 无创呼吸机在急性高原肺水肿的疗效分析[J]. 世界复合医学, 2019, 5(9): 93-95.

[12] 冯晓妍, 李等松, 吴敏, 等. 进驻高原演习人员血氧饱和度及血压心率变化[J]. 解放军预防医学杂志, 2008, 26(6): 456.

[13] 肖军, 李小薇, 雷慧芬, 等. 高原环境对人外周血细胞的影响[J]. 中国输血杂志, 2017, 30(8): 870-872.

[14] 肖青林, 鄂中平, 陈广浩, 等. 高原低氧环境对人血小板功能的影响[J]. 武警医学, 2005, 16(10): 758-759.

[15] BOOS C J, BYE K, SEVIER L, et al. High altitude affects nocturnal non-linear heart rate variability: PATCH-HA study[J]. Frontiers in Physiology, 2018, 9: 390.

[16] 郭宝凤, 蒋月星, 秦晓平, 等. 移居高原地区人耳鼓膜像的变化[J]. 中国民政医学杂志, 2001(1): 10-11, 28.

[17] 卓玛措. 高原、幽门螺杆菌与萎缩性胃炎的相关性研究[J]. 中华临床医学研究杂志, 2007, 13(18): 2623.

[18] 王佳伟. 膳食、营养素摄入对不同海拔居民血液氧化应激水平的影响[D]. 广州: 中山大

学，2009：1-2.

[19] 项贵明，王公权，张仕运，等. 高原脱适应人群肝肾功能监测及结果分析[J]. 国际检验医学杂志，2012(20)：2512-2513.

[20] VOUTSELAS S, STAVROU V, ZOURIDIS S, et al. The effect of sleep quality in Sherpani Col High Camp Everest[J]. Respiratory Physiology & Neurobiology, 2019, 269：103261.

[21] MA H, ZHANG D, LI X, et al. Long-term exposure to high altitude attenuates verbal and spatial working memory: Evidence from an event-related potential study[J]. Brain and Behavior, 2019, 9(4)：e01256.

[22] PUN M, GUADAGNI V, DROGOS L L, et al. Cognitive Effects of Repeated Acute Exposure to Very High Altitude Among Altitude-Experienced Workers at 5050 m[J]. High Altitude Medicine & Biology, 2019, 20(4)：361-374.

[23] AUERBACH P S, HACKETT P H, ROACH R C. High Altitude Medicine and Physiology[M]//AUERBACH P S. Wilderness Medicine. 6th ed. Philadelphia, PA：Elsevier Medicine, 2011.

[24] GOLDFARB-RUMYANTZEV A S, ALPER S L. Short-term responses of the kidney to high altitude in mountain climbers[J]. Nephrology Dialysis Transplantation, 2014, 29(3)：497-506.

[25] GUPTA N, ASHRAF M Z. Exposure to high altitude：a risk factor for venous thromboembolism? [C]//Seminars in thrombosis and hemostasis. Thieme Medical Publishers, 2012, 38(02)：156-163.

[26] WHAYNE JR T F. Cardiovascular medicine at high altitude[J]. Angiology, 2014, 65(6)：459-472.

[27] KHODAEE M, GROTHE H L, SEYFERT J H, et al. Athletes at high altitude[J]. Sports Health, 2016, 8(2)：126-132.

[28] BUCHHEIT M, SIMPSON B M, GARVICAN-LEWIS L A, et al. Wellness, fatigue and physical performance acclimatisation to a 2-week soccer camp at 3600 m (ISA3600)[J]. British Journal of Sports Medicine, 2013, 47(Suppl 1)：i100-i106.

[29] WILBER R L, STRAY-GUNDERSEN J, LEVINE B D. Effect of hypoxic "dose" on physiological responses and sea-level performance[J]. Medicine and Science in Sports and Exercise, 2007, 39(9)：1590-1599.

[30] LEVINE B D, STRAY-GUNDERSEN J, MEHTA R D. Effect of altitude on football performance[J]. Scandinavian Journal of Medicine & Science in Sports, 2008, 18：76-84.

[31] BISHOP D, EDGE J. Determinants of repeated-sprint ability in females matched for single-sprint performance[J]. European Journal of Applied Physiology, 2006, 97(4)：373-379.

[32] WILBER R L. Application of altitude/hypoxic training by elite athletes[J]. Medicine & Science in Sports & Exercise, 2007, 39(9)：1610-1624.

[33] SAUGY J J, SCHMITT L, CEJUELA R, et al. Comparison of "Live High-Train Low"

in normobaric versus hypobaric hypoxia[J]. PLoS One, 2014, 9(12): e114418.

[34] SIEBENMANN C, ROBACH P, JACOBS R A, et al. "Live high-train low" using normobaric hypoxia: a double-blinded, placebo-controlled study[J]. Journal of Applied Physiology, 2012, 112(1): 106-117.

[35] ILLI S K, HELD U, FRANK I, et al. Effect of respiratory muscle training on exercise performance in healthy individuals[J]. Sports Medicine, 2012, 42(8): 707-724.

[36] WILLE M, GATTERER H, MAIRER K, et al. Short-term intermittent hypoxia reduces the severity of acute mountain sickness[J]. Scandinavian Journal of Medicine & Science in Sports, 2012, 22(5): e79-e85.

[37] GIRARD O, AMANN M, AUGHEY R, et al. Position statement altitude training for improving team-sport players' performance: current knowledge and unresolved issues[J]. British Journal of Sports Medicine, 2013, 47(Suppl 1): i8-i16.

[38] BONETTI D L, HOPKINS W G. Sea-level exercise performance following adaptation to hypoxia[J]. Sports Medicine, 2009, 39(2): 107-127.

[39] BERGERON M F, BAHR R, BÄRTSCH P, et al. International Olympic Committee consensus statement on thermoregulatory and altitude challenges for high-level athletes[J]. British Journal of Sports Medicine, 2012, 46(11): 770-779.

[40] BILLAUT F, GORE C J, AUGHEY R J. Enhancing team-sport athlete performance[J]. Sports Medicine, 2012, 42(9): 751-767.

[41] PUGH L G C E. Physiological and medical aspects of the Himalayan Scientific and Mountaineering Expedition[J]. British Medical Journal, 1962, 2(5305): 621.

[42] LAHIRI S, MILLEDGE J S. Acid-base in Sherpa altitude residents and lowlanders at 4880 m[J]. Respiration Physiology, 1967, 2(3): 323-334.

[43] BEALL C M. Two routes to functional adaptation: Tibetan and Andean high-altitude natives[J]. Proceedings of the National Academy of Sciences, 2007, 104(Suppl 1): 8655-8660.

[44] MASUYAMA S, KIMURA H, SUGITA T, et al. Control of ventilation in extreme-altitude climbers[J]. Journal of Applied Physiology, 1986, 61(2): 500-506.

[45] HORNBEIN T F, TOWNES B D, SCHOENE R B, et al. The cost to the central nervous system of climbing to extremely high altitude[J]. New England Journal of Medicine, 1989, 321(25): 1714-1719.

[46] SLESSAREV M, PRISMAN E, ITO S, et al. Differences in the control of breathing between Himalayan and sea-level residents[J]. The Journal of Physiology, 2010, 588(9): 1591-1606.

[47] ZHUANG J, DROMA T, SUN S, et al. Hypoxic ventilatory responsiveness in Tibetan compared with Han residents of 3,658 m[J]. Journal of Applied Physiology, 1993, 74(1): 303-311.

[48] LEÓN-VELARDE F, MAGGIORINI M, REEVES J T, et al. Consensus statement on chronic and subacute high altitude diseases[J]. High Altitude Medicine & Biology, 2005, 6(2): 147-157.

[49] BHANDARI S, ZHANG X, CUI C, et al. Sherpas share genetic variations with Tibetans for high-altitude adaptation[J]. Molecular Genetics & Genomic Medicine, 2017, 5(1): 76-84.

[50] CHO J I, BASNYAT B, JEONG C, et al. Ethnically Tibetan women in Nepal with low hemoglobin concentration have better reproductive outcomes[J]. Evolution, Medicine, and Public Health, 2017, 2017(1): 82-96.

[51] WINSLOW R M, MONGE C C, BROWN E G, et al. Effects of hemodilution on O_2 transport in high-altitude polycythemia[J]. Journal of Applied Physiology, 1985, 59(5): 1495-1502.

[52] MONGE C, LEON-VELARDE F. Physiological adaptation to high altitude: oxygen transport in mammals and birds[J]. Physiological Reviews, 1991, 71(4): 1135-1172.

[53] BRUTSAERT T D. Population genetic aspects and phenotypic plasticity of ventilatory responses in high altitude natives[J]. Respiratory Physiology & Neurobiology, 2007, 158(2-3): 151-160.

[54] KEYL C, SCHNEIDER A, GREENE R E, et al. Effects of breathing control on cardio-circulatory modulation in Caucasian lowlanders and Himalayan Sherpas[J]. European Journal of Applied Physiology, 2000, 83(6): 481-486.

[55] WEITZ C A, GARRUTO R M. A comparative analysis of arterial oxygen saturation among Tibetans and Han born and raised at high altitude[J]. High Altitude Medicine & Biology, 2007, 8(1): 13-26.

[56] HAVRYK A P, GILBERT M, BURGESS K R. Spirometry values in Himalayan high altitude residents (Sherpas)[J]. Respiratory Physiology & Neurobiology, 2002, 132(2): 223-232.

[57] BRUTSAERT T D. Do high-altitude natives have enhanced exercise performance at altitude? [J]. Applied Physiology, Nutrition, and Metabolism, 2008, 33(3): 582-592.

[58] SUN S F, DROMA T S, ZHANG J G, et al. Greater maximal O_2 uptakes and vital capacities in Tibetan than Han residents of Lhasa[J]. Respiration Physiology, 1990, 79(2): 151-162.

[59] CHEN Q H, GE R L, WANG X Z, et al. Exercise performance of Tibetan and Han adolescents at altitudes of 3,417 and 4,300 m[J]. Journal of Applied Physiology, 1997, 83(2): 661-667.

[60] HOLDEN J E, STONE C K, CLARK C M, et al. Enhanced cardiac metabolism of plasma glucose in high-altitude natives: adaptation against chronic hypoxia[J]. Journal of Applied Physiology, 1995, 79(1): 222-228.

[61] HOCHACHKA P W, CLARK C M, HOLDEN J E, et al. ^{31}P magnetic resonance spec-

troscopy of the Sherpa heart: a phosphocreatine/adenosine triphosphate signature of metabolic defense against hypobaric hypoxia[J]. Proceedings of the National Academy of Sciences,1996,93(3):1215-1220.

[62] HOLLOWAY C J,MONTGOMERY H E,MURRAY A J,et al. Cardiac response to hypobaric hypoxia: persistent changes in cardiac mass, function, and energy metabolism after a trek to Mt. Everest Base Camp[J]. The FASEB Journal,2011,25(2):792-796.

[63] STEMBRIDGE M,AINSLIE P N,SHAVE R. Short-term adaptation and chronic cardiac remodelling to high altitude in lowlander natives and Himalayan Sherpa[J]. Experimental Physiology,2015,100(11):1242-1246.

[64] WEST J,SCHOENE R,LUKS A,et al. High altitude medicine and physiology 5E[M]. Boca Raton:CRC Press,2012.

[65] HOLMSTRÖM P,MULDER E,SUNDSTRÖM A L,et al. The magnitude of diving bradycardia during apnea at low-altitude reveals tolerance to high altitude hypoxia[J]. Frontiers in Physiology,2019:1075.

[66] HOLMSTRÖM P,MULDER E,STARFELT V,et al. Spleen size and function in Sherpa living high, Sherpa living low and Nepalese lowlanders[J]. Frontiers in Physiology,2020, 11:647.

[67] PATITUCCI M,LUGRIN D,PAGÈS G. Angiogenic/lymphangiogenic factors and adaptation to extreme altitudes during an expedition to Mount Everest[J]. Acta Physiologica, 2009,196(2):259-265.

[68] DAVIES T,GILBERT-KAWAI E,WYTHE S,et al. Sustained vasomotor control of skin microcirculation in Sherpas versus altitude-naive lowlanders: Experimental evidence from Xtreme Everest 2[J]. Experimental Physiology,2018,103(11):1494-1504.

[69] SCHNEIDER A,GREENE R E,KEYL C,et al. Peripheral arterial vascular function at altitude: sea-level natives versus Himalayan high-altitude natives[J]. Journal of Hypertension,2001,19(2):213-222.

[70] GARRIDO E,SEGURA R,CAPDEVILA A,et al. Are Himalayan Sherpas better protected against brain damage associated with extreme altitude climbs? [J]. Clinical Science,1996,90(1):81-85.

[71] JANSEN G F A,KRINS A,BASNYAT B,et al. Role of the altitude level on cerebral autoregulation in residents at high altitude[J]. Journal of Applied Physiology,2007,103 (2):518-523.

[72] HOCHACHKA P W,CLARK C M,MONGE C,et al. Sherpa brain glucose metabolism and defense adaptations against chronic hypoxia[J]. Journal of Applied Physiology,1996, 81(3):1355-1361.

[73] KAYSER B,HOPPELER H,CLAASSEN H,et al. Muscle structure and performance capacity of Himalayan Sherpas[J]. Journal of Applied Physiology,1991,70(5):1938-1942.

[74] HOPPELER H, VOGT M, WEIBEL E R, et al. Response of skeletal muscle mitochondria to hypoxia[J]. Experimental Physiology, 2003, 88(1): 109-119.

[75] MURRAY A J. Metabolic adaptation of skeletal muscle to high altitude hypoxia: how new technologies could resolve the controversies[J]. Genome Medicine, 2009, 1(12): 1-9.

[76] JANOCHA A J, COMHAIR S A A, BASNYAT B, et al. Antioxidant defense and oxidative damage vary widely among high-altitude residents[J]. American Journal of Human Biology, 2017, 29(6): e23039.

[77] HORSCROFT J A, KOTWICA A O, LANER V, et al. Metabolic basis to Sherpa altitude adaptation[J]. Proceedings of the National Academy of Sciences, 2017, 114(24): 6382-6387.

[78] MOORE L G, ZAMUDIO S, ZHUANG J, et al. Analysis of the myoglobin gene in Tibetans living at high altitude[J]. High Altitude Medicine & Biology, 2002, 3(1): 39-47.

[79] GELFI C, DE PALMA S, RIPAMONTI M, et al. New aspects of altitude adaptation in Tibetans: a proteomic approach[J]. The FASEB Journal, 2004, 18(3): 612-614.

[80] HOPPELER H, VOGT M. Muscle tissue adaptations to hypoxia[J]. Journal of Experimental Biology, 2001, 204(18): 3133-3139.

[81] RUGGIERO L, HARRISON S W D, RICE C L, et al. Neuromuscular fatigability at high altitude: lowlanders with acute and chronic exposure, and native highlanders[J]. Acta Physiologica, 2022: e13788.

[82] NIU W, WU Y, LI B, et al. Effects of long-term acclimatization in lowlanders migrating to high altitude: comparison with high altitude residents[J]. European Journal of Applied Physiology and Occupational Physiology, 1995, 71(6): 543-548.

[83] KAYSER B, MARCONI C, AMATYA T, et al. The metabolic and ventilatory response to exercise in Tibetans born at low altitude[J]. Respiration Physiology, 1994, 98(1): 15-26.

[84] GE R L, CHEN Q H, WANG L H, et al. Higher exercise performance and lower VO_{2max} in Tibetan than Han residents at 4,700 m altitude[J]. Journal of Applied Physiology, 1994, 77(2): 684-691.

[85] DROMA Y, HANAOKA M, BASNYAT B, et al. Genetic contribution of the endothelial nitric oxide synthase gene to high altitude adaptation in sherpas[J]. High Altitude Medicine & Biology, 2006, 7(3): 209-220.

[86] MOORE L G, NIERMEYER S, ZAMUDIO S. Human adaptation to high altitude: regional and life-cycle perspectives[J]. American Journal of Physical Anthropology: The Official Publication of the American Association of Physical Anthropologists, 1998, 107 (S27): 25-64.

[87] SMITH C. The effect of maternal nutritional variables on birthweight outcomes of infants born to Sherpa women at low and high altitudes in Nepal[J]. American Journal of Human

Biology: The Official Journal of the Human Biology Association, 1997, 9(6): 751-763.

[88] MOORE L G, SHRIVER M, BEMIS L, et al. An evolutionary model for identifying genetic adaptation to high altitude[M]//ROACH R C, WAGNER P D, HACKETT P H. Hypoxia and Exercise. Boston, MA: Springer, 2007: 101-118.

[89] MILLER S, TUDOR C, THORSTEN V, et al. Comparison of maternal and newborn outcomes of Tibetan and Han Chinese delivering in Lhasa, Tibet[J]. Journal of Obstetrics and Gynaecology Research, 2008, 34(6): 986-993.

[90] PAWSON I G. Growth characteristics of populations of Tibetan origin in Nepal[J]. American Journal of Physical Anthropology, 1977, 47(3): 473-482.

[91] GUPTA R, BASU A. Altitude and growth among the Sherpas of the eastern Himalayas [J]. American Journal of Human Biology, 1991, 3(1): 1-9.

[92] PANESAR N S. Why are the high altitude inhabitants like the Tibetans shorter and lighter? [J]. Medical Hypotheses, 2008, 71(3): 453-456.

[93] BUTTERFIELD G E, GATES J, FLEMING S, et al. Increased energy intake minimizes weight loss in men at high altitude[J]. Journal of Applied Physiology, 1992, 72(5): 1741-1748.

[94] PICÓN-REÁTEGUI E. Basal metabolic rate and body composition at high altitudes[J]. Journal of Applied Physiology, 1961, 16(3): 431-434.

[95] WU T Y, ZHANG Y B, BAI Z Q. Expedition to Mt. Anymaqen: 1990-physiological and medical research at great altitudes[J]. High Altitude Medicine, 1992: 414-427.

[96] SCHEINFELDT L B, TISHKOFF S A. Recent human adaptation: genomic approaches, interpretation and insights[J]. Nature Reviews Genetics, 2013, 14(10): 692-702.

[97] BEALL C M. Detecting natural selection in high-altitude human populations[J]. Respiratory Physiology & Neurobiology, 2007, 158(2-3): 161-171.

[98] SEMENZA G L. Hydroxylation of HIF-1: oxygen sensing at the molecular level[J]. Physiology, 2004, 19(4): 176-182.

[99] 贺启莲,格日力,李占强,等. 高原适应遗传学缺氧诱导因子通路相关基因及其药理学研究进展[J]. 药学学报, 2019, 54(04): 611-619.

[100] SUZUKI K, KIZAKI T, HITOMI Y, et al. Genetic variation in hypoxia-inducible factor 1α and its possible association with high altitude adaptation in Sherpas[J]. Medical Hypotheses, 2003, 61(3): 385-389.

[101] 薄磊,赵志文,刘金秀,等. 高原适应性的基因学研究进展[J]. 第二军医大学学报, 2014, 35(010): 1126-1132.

[102] BEALL C M, CAVALLERI G L, DENG L, et al. Natural selection on EPAS1 (HIF2α) associated with low hemoglobin concentration in Tibetan highlanders[J]. Proceedings of the National Academy of Sciences, 2010, 107(25): 11459-11464.

[103] HU H, PETOUSI N, GLUSMAN G, et al. Evolutionary history of Tibetans inferred

from whole-genome sequencing[J]. PLoS Genetics, 2017, 13(4): e1006675.

[104] LOU H, LU Y, LU D, et al. A 3.4-kb copy-number deletion near EPAS1 is significantly enriched in high-altitude Tibetans but absent from the Denisovan sequence[J]. The American Journal of Human Genetics, 2015, 97(1): 54-66.

[105] GRUBER M, HU C J, JOHNSON R S, et al. Acute postnatal ablation of HIF-2α results in anemia[J]. Proceedings of the National Academy of Sciences, 2007, 104(7): 2301-2306.

[106] TAN Q, KERESTES H, PERCY M J, et al. Erythrocytosis and pulmonary hypertension in a mouse model of human HIF2A gain of function mutation[J]. Journal of Biological Chemistry, 2013, 288(24): 17134-17144.

[107] PENG Y, CUI C, HE Y, et al. Down-regulation of EPAS1 transcription and genetic adaptation of Tibetans to high-altitude hypoxia[J]. Molecular Biology and Evolution, 2017, 34(4): 818-830.

[108] TAKEDA K, AGUILA H L, PARIKH N S, et al. Regulation of adult erythropoiesis by prolyl hydroxylase domain proteins[J]. Blood, 2008, 111(6): 3229-3235.

[109] BISHOP T, TALBOT N P, TURNER P J, et al. Carotid body hyperplasia and enhanced ventilatory responses to hypoxia in mice with heterozygous deficiency of PHD2[J]. The Journal of Physiology, 2013, 591(14): 3565-3577.

[110] JEONG C, ALKORTA-ARANBURU G, BASNYAT B, et al. Admixture facilitates genetic adaptations to high altitude in Tibet[J]. Nature Communications, 2014, 5(1): 1-7.

[111] LORENZO F R, HUFF C, MYLLYMÄKI M, et al. A genetic mechanism for Tibetan high-altitude adaptation[J]. Nature Genetics, 2014, 46(9): 951-956.

[112] 张慧. 藏族人群高原适应关键基因 *EPAS1* 和 *EGLN1* 的功能研究[D]. 拉萨：西藏大学, 2017.

[113] 周文婷. *ACE* 基因 *I/D* 多态性与低氧适应及低氧运动表现[J]. 哈尔滨体育学院学报, 2021, 39(3): 12-17.

[114] NARRAVULA S, COLGAN S P. Hypoxia-inducible factor 1-mediated inhibition of peroxisome proliferator-activated receptor α expression during hypoxia[J]. The Journal of Immunology, 2001, 166(12): 7543-7548.

[115] SIMONSON T S, YANG Y, HUFF C D, et al. Genetic evidence for high-altitude adaptation in Tibet[J]. Science, 2010, 329(5987): 72-75.

[116] KINOTA F, DROMA Y, KOBAYASHI N, et al. The contribution of genetic variants of the peroxisome proliferator-activated receptor-alpha gene to high-altitude hypoxia adaptation in Sherpa highlanders[OL]. High Altitude Medicine & Biology, 2018. doi: 10.1089/ham.2018.0052.

[117] AHSAN A, NORBOO T, BAIG M A, et al. Simultaneous Selection of the Wild-type Genotypes of the *G894T* and *4B/4A* Polymorphisms of NOS3 Associate with High-altitude Adaptation[J]. Annals of Human Genetics, 2005, 69(3): 260-267.

[118] ZHANG C, LU Y, FENG Q, et al. Differentiated demographic histories and local adaptations between Sherpas and Tibetans[J]. Genome Biology, 2017, 18(1): 1-18.

[119] BEALL C M, BLANGERO J, WILLIAMS-BLANGERO S, et al. Major gene for percent of oxygen saturation of arterial hemoglobin in Tibetan highlanders[J]. American Journal of Physical Anthropology, 1994, 95(3): 271-276.

[120] BEALL C M, STROHL K P, BLANGERO J, et al. Quantitative genetic analysis of arterial oxygen saturation in Tibetan highlanders[J]. Human Biology, 1997, 69(5): 597-604.

[121] BEALL C M, SONG K, ELSTON R C, et al. Higher offspring survival among Tibetan women with high oxygen saturation genotypes residing at 4,000 m[J]. Proceedings of the National Academy of Sciences, 2004, 101(39): 14300-14304.

[122] DUNWOODIE S L. The role of hypoxia in development of the Mammalian embryo[J]. Developmental Cell, 2009, 17(6): 755-773.

[123] JEONG C, WITONSKY D B, BASNYAT B, et al. Detecting past and ongoing natural selection among ethnically Tibetan women at high altitude in Nepal[J]. PLoS Genetics, 2018, 14(9): e1007650.

[124] BURTON G J, FOWDEN A L, THORNBURG K L. Placental origins of chronic disease[J]. Physiological Reviews, 2016, 96(4): 1509-1565.

[125] 旦增诺扬, 格日力. 线粒体在低氧适应中的改变及机制[J]. 中国高原医学与生物学杂志, 2020(2): 125-129.

[126] BOURGEOIS D, INQUIMBERT C, OTTOLENGHI L, et al. Periodontal pathogens as risk factors of cardiovascular diseases, diabetes, rheumatoid arthritis, cancer, and chronic obstructive pulmonary disease—Is there cause for consideration? [J]. Microorganisms, 2019, 7(10): 424.

[127] LIU F, LIANG T, ZHANG Z, et al. Effects of altitude on human oral microbes[J]. AMB Express, 2021, 11(1): 1-13.

[128] MOELLER A H, CARO-QUINTERO A, MJUNGU D, et al. Cospeciation of gut microbiota with hominids[J]. Science, 2016, 353(6297): 380-382.

[129] 梁田, 马利锋, 张致英, 等. 海拔高度与藏族人群肠道菌群的宏基因组学关联分析[J]. 天津师范大学学报(自然科学版), 2021, 41(2): 36-43.

[130] LIANG T, LIU F, MA L, et al. Migration effects on the intestinal microbiota of Tibetans[J]. Peer J, 2021, 9: e12036.

[131] QUAGLIARIELLO A, DI PAOLA M, DE FANTI S, et al. Gut microbiota composition in Himalayan and Andean populations and its relationship with diet, lifestyle and adaptation to the high-altitude environment[J]. J Anthropol Sci, 2019, 96: 189-208.

第5章 夏尔巴人的常见疾病

5.1 夏尔巴人的生存环境

5.1.1 夏尔巴人的聚居地

夏尔巴人是散居在中国、尼泊尔、印度和不丹等国边境——喜马拉雅山脉两侧的跨境民族，其主体部分居住在尼泊尔境内，大多聚居在尼泊尔北部边境的孔布、比贡、劳布吉等地。我国境内的夏尔巴人主要聚居在聂拉木县樟木镇、定结县陈塘镇等地。

夏尔巴人的族属问题尚无定论，有人认为夏尔巴人是党项羌的后裔，根据《旧唐书》的说法，党项羌是"汉西羌之别种"。而根据《后汉书·西羌传》和《新唐书·吐蕃传》的记述，西羌中的"发羌"与吐蕃也就是藏族有直接的族源关系[1]。1980—1981年，中国社会科学院民族研究所的陈乃文和张国英在西藏自治区进行考察，认为夏尔巴人就是木雅巴人，是党项羌族的一支。众多资料提示夏尔巴人与藏族的族源关系较近。[2]

夏尔巴人具有"高原第三肺"和"雪山上的挑夫"的美名，他们能在珠穆朗玛峰那样的高海拔极端环境下生存繁衍，肯定有其群体特异的遗传特征。

5.1.2 独特的高原自然环境

我国夏尔巴人的聚居地定结县陈塘镇位于西藏自治区日喀则市。日喀则市位于西藏自治区西南部，东西长约800km，南北宽约220km，东邻拉萨市与山南市，西衔阿里地区，南与尼泊尔、不丹、印度3个国家接壤，北靠那曲市，面积182000m²，平均海拔在4000m以上，境内有世界第一高峰——珠穆朗玛峰，世界最高的"悬湖"——长芝冰川湖。[3]

定结县陈塘镇，位于喜马拉雅山北麓、珠穆朗玛峰东侧的原始森林地带，处于中尼边界，我国一侧的最南边，与尼泊尔一衣带水，隔河相望，北接定结县日屋镇，西临定日县，距拉萨市738km，全镇总面积为254.55km²，被认为是最原始、最纯净、最少受现代文明冲击的地方。这里海拔在2040—5500m，山谷陡峭，河流湍急，受印度洋暖湿气流影响，形成亚热带山地季风气候，雨量充足，原始森林遍布，野生动植物繁多。生活在这里的夏尔巴人世居深山老林，过去几乎与世隔绝，在漫长而复杂的历史过程中，始终顽强地保持着自己独具特色的民族文化。[4]

图 5.1　夏尔巴人居住地（摄影：夏尔巴旦增）

5.2　低压缺氧及其生理学效应

5.2.1　低压缺氧

夏尔巴人的聚居地陈塘镇位于青藏高原高海拔地区。根据 Dalton 定律，随着海拔的升高，氧分压随之下降。此外，根据垂直定律，随着海拔升高，气温也随之下降。因此，我们常把高原地区也称为高寒地带。同时，高原紫外线强烈，相对湿度下降，气候变化大。气压、温度、湿度、太阳辐射等这些变化因素综合地作用于机体。但在以上诸多因素中，低气压是影响机体的决定性因素。低气压指大气压力减低。低气压对人体的影响主要有两方面：一是压力过低引起的低压效应；二是大气氧分压减低引起的低氧效应。其中低氧效应具有更重要的生理意义和临床意义。大气压随海拔高度上升而下降的指数关系可用下式表示：

$$P_B = 760(e^{-a/7924})$$

其中 a 为用"m"为单位表示的高度。此外，大气压与高度的关系还受到与赤道的距离以及季节等因素的影响。气候与温度也能影响大气压与高度的关系,如低气压气候可使大气压下降,这时的高原旅行者在生理上处于比实际海拔高度更高的"生理性高度"。由于氧分压总是恒定地占大气压的20.93%,在任何高度条件下决定氧分压的最重要因素就是大气压。海拔越高,大气压越低,空气越稀薄,氧在大气构成中的那部分压力也相应按比例减低,称为氧分压下降(表5.1)。

表5.1 海拔与大气压及氧分压的关系

海拔高度		大气压		大气氧分压
/m	/ft	总的压力/mmHg	减去水气压47mmHg(BTPS)	(干气体)
0	0	760	713	159
1000	3281	674	627	141
2000	6562	596	549	125
3000	9843	526	479	110
4000	13123	462	415	97
5000	16404	405	358	85
6000	19685	354	307	74
7000	22966	308	261	65
8000	26247	264	217	56
9000	29528	230	183	48
10000	32808	198	151	41

注:1ft(英寸)=0.3048m;1mmHg=0.113kPa。

当大气氧分压降低时,机体吸入的气氧分压随之下降,肺泡气氧分压降低,致动脉血氧分压及动脉血氧饱和度随之下降,引起低氧血症,机体将会出现缺氧,由这一原因引起的缺氧称低压性缺氧(hypobaric hypoxia)。高原环境是最常见的致使人类处于低压性缺氧的情况。

在高原地区,温度及紫外线辐射亦发生改变。每升高1000m,温度约下降6.5℃;每升高300m,紫外线辐射增强4%,其原因是高空中阻挡辐射的云、尘埃及水蒸气均减少。此外,雪地能反射多达75%的紫外线辐射。因此,身处高寒地区时所受到的辐射格外强烈。在高原地区的安全生存主要依靠适应能力和针对上述不利因素的防护措施。[5]

5.2.2 低压缺氧的生理学效应

人体从生理上适应高海拔环境的关键在于能在低氧分压的条件下维持机体

代谢所需要的氧供应。为了达到这一目的，人体各系统均发生了一系列变化，而氧的摄入及分配问题是机体适应缺氧过程中的核心问题。当空气进入肺泡时，氧气也随之进入肺泡。在肺泡中，氧气通过肺泡氧分压和血液氧分压之间的梯度进行气体交换，经肺泡毛细血管壁进入血液。氧气进入血液后与血红蛋白结合成为氧合血红蛋白。因此，决定血液中的氧含量的直接因素有两点：一是血液中血红蛋白的浓度；二是氧合血红蛋白的饱和度。随着海拔高度的升高，吸入的氧气减少，因而动脉氧分压及氧合血红蛋白的饱和度下降。正常人在3000m以上时，动脉氧分压明显下降，氧合血红蛋白饱和度降至0.9以下。高度再增加时，若无代偿机制，则氧合血红蛋白的饱和度还将继续下降。

如前所述，当人在高原地区活动时，面临的最重要的问题就是组织缺氧。当机体所处环境高于海平面高度时，动脉血的氧分压下降导致低氧血症。人体抗衡低氧环境的最有效的手段就是增强呼吸，也称通气适应（ventilatory adaptation）。研究表明，适应者动脉血中氧分压明显高于非适应者，这种适应性能可使动脉氧分压随高度同步升高，以维持组织供氧。事实上，一个非适应者处在6000m以上的高度环境下可能会导致不可逆的伤害或者死亡，而适应者甚至可以不依靠人工供氧装置而登上珠穆朗玛峰的顶峰（8848.86m）。[5]

5.2.3 通气适应的生理机制

人体刚到达某一高度的地区时，尚处于暂时性的低氧血症性通气抑制状态，这时处于血氧分压的最低点，人体需要很多个小时甚至数日时间才能重新获得适当的平衡。肾脏会将过度通气增加的碱性碳酸氢盐从尿中排出，以此补偿因呼吸造成的酸性物质丢失，使机体恢复到海平面状态的酸碱平衡。肾脏排出碳酸氢盐是一个比较缓慢的过程，从海平面高度上升至4300m，适应期长达7—10天。颈动脉化学感受器在海拔上升至新的高度时，需要几小时至几天才逐渐增强其对低氧血状态的感受敏感性。这就是所谓的通气适应性过程。这一过程使得机体即使在二氧化碳分压下降时，仍能对动脉氧压下降做出增加通气的反应。在通气增加而二氧化碳分压下降的同时，肺泡及动脉血中的氧分压升高。

通气适应过程中的标志性指针就是氧分压。氧分压的大小决定通气适应过程是否发生。在人体的颈部两侧的动脉血管内有一个重要器官，称为颈动脉体，它负责监测动脉的氧分压。在高原低压缺氧环境下，动脉氧分压下降，颈动脉体的神经样细胞感觉到这一变化，刺激呼吸中枢，呼吸中枢收到刺激信号，经过一系列神经传导，最终引起呼吸加快、加深，肺通气量随之增加，动脉氧分压恢复正常。当人吸氧或吸入富氧空气时，情况则正相反，即感受细胞减慢刺激，再由呼吸中枢发出神经指令，让呼吸减慢。颈动脉体对血氧的变化非常敏感,一旦它受到损伤或被摘除,机体将不再对血氧变化做出反应。因此,动脉氧分压是控制呼吸的一个重要因素。它降低时呼吸增加,升高时呼吸减少,总的结果是使机体的血氧水平维持恒定。

人在刚进入新的海拔高度时的头几小时至几天,一系列的症状会呈加剧趋势。随着时间推移,机体慢慢适应,这些症状逐渐好转。海拔越高,达到适应所需的时间越长。从海平面到3000m高度时需要3—5天的适应时间,而上升至6000—8000m时,想获得完全适应(如能做到的话)则需要6周的时间。当已适应高海拔地区环境的人回到海平面时,则有一个与上述适应相反的过程,即动脉氧分压恢复到海平面条件下的数值而通气减少,这时呼出的二氧化碳减少,血液及呼吸中枢内的二氧化碳增加,酸碱平衡倾向于酸侧。此时肾脏必须保留住碳酸氢盐而恢复酸碱平衡。尽管上述这种适应性反应的逆向过程需要多长时间还不能肯定,但从理论上说,适应性反应和逆向反应是互为镜像的两个过程。[5]

5.3 高原族群对低压缺氧的适应

适应是生物界普遍存在的现象,是生命在进化过程中形成的特有的特征。高原适应是指世居族群具有可遗传的生理特征、功能和习惯特征,因而能很好地在高原环境中生存繁衍的过程。世居高原族群在长期适应过程中可引起形态、功能、代谢、免疫乃至基因的变化,表现出与其他族群的差异。夏尔巴人世居高原,在经历了长期的自然选择后表现出与平原族群显著不同的体质特征,成为适应高原环境的特殊表现。与夏尔巴人族群一样,藏族族群也世居高原,并且是我国高原世居族群中人数最多的少数民族。这些世居高原的族群因其与世隔绝的生态环境、特殊的文化、生活方式以及能适应高原缺氧特点而备受国内外关注。[6]

5.3.1 高原族群的通气适应

人体的通气适应反应可分为急性、亚急性和慢性三类。当人体快速上升至高海拔时,吸入的氧分压下降,并导致动脉氧分压下降(低氧血症),产生暴发型的缺氧通气反应,随后又受到血液碱性化的调节。在随后的几天中,通气功能会发生更多的变化,一旦通气适应过程启动,在强通气功能状态下,即使回到低海拔环境,而且低氧血症已经消除,仍将持续数日。人在高原地区居住几年后,将会发生更多的通气功能改变。高原居民的缺氧通气反应明显低于已经过适应性反应的新来者,但比长期居住在海平面的人还是要强一些。其具体原因还不是很清楚，可能与颈动脉体萎缩或其他一些保持组织氧的适应性机制有关。低氧血症不仅激发通气反应，还使肺动脉的血管平滑肌收缩（称为低血氧血管收缩），致使肺血管阻力增大，迫使血液在肺泡间流动，这是保持动脉氧分压的又一机制。心血管及血液系统的适应性反应亦有助于向组织供氧。机体刚到达新的海拔高度时，心率加快，心排血量增加，在随后的几天时间内，高原环境引起的水分损失致使血浆容积减小，心排血量进一步增加。再过一段时间后，心血管和血液系统趋于适应，红细胞生成增多，血红蛋白浓度升高，血液携氧能力回升。血红蛋白除数目增加外，对氧的亲和力也增强，从而有助于维持组织供氧。一般认为，此阶段氧合血红蛋白的解离增强，血红蛋白将氧释放入组织中。然而，West在珠穆朗玛峰及模拟高峰条件下的低压氧舱中获得的实验结果却提示，氧合血红蛋白的解离并未增强，甚至有些减弱，使氧释放入组织变得困难。产生这一变化的原因可能是，在极高的海拔环境中，氧合血红蛋白解离的降低有助于在低氧分压条件下（珠穆朗玛峰上是26kPa，而在海平面是20kPa）从肺摄取更多的氧。也有研究认为，在海平面环境中，有充裕的时间让终末毛细血管的氧分压与肺泡氧分压达到平衡，但在高海拔条件下，吸入的氧分压降低，肺泡与静脉之间氧分压弥散梯度变小，严重影响氧在血液中的弥散，终末毛细血管的氧分压与肺泡氧分压需要更长的时间才能达到平衡。体力活动使心排血量及血流量增多，加速血细胞穿越肺泡毛细血管，因而使情况更加恶化。所以在高原地区，氧合血红蛋白的解离须降低以代偿肺泡氧弥散梯度的减小。

组织供氧过程中的最后一个环节是细胞对氧的摄取和利用。理论上讲，此处可发生两种适应性。第一，缩短血管中的氧向线粒体弥散运行的距离；第二，通过生物化学的改变促进线粒体的功能。研究提示，增加毛细血管密度或增加肌肉组织中的线粒体密度可以缩短从毛细血管到线粒体的距离，从而促进氧弥散。肌球蛋白是细胞内的一种蛋白质，当组织中的氧分压下降时能与氧结合，促使氧向线粒体弥散。故肌球蛋白水平上升可促进线粒体功能。机体通过适当的训练，可使肌球蛋白浓度增加，并使肌细胞的有氧代谢能力增强。上述的这些适应机制在理论上成立，但目前尚无明确的实践证据。

初到高原的人往往睡眠不佳，普遍是因为周期性呼吸（Cheye-Stokes 呼吸）即快速呼吸与暂停呼吸交替而导致低氧血症。低氧血通气反应越敏感，周期性呼吸的表现越明显，而敏感性低的人周期性呼吸表现相对较轻。周期性呼吸致使氧合血红蛋白饱和度持续性降低，从而导致持续性通气不足。发生周期性呼吸的机制可能与低氧通气反应增强而激发对低氧血症的强通气反应有关。通气增强使血液的pH值上升（碱中毒），后者继而抑制通气。经过一段时间的适应后，周期性呼吸开始改善。服用利尿剂乙酰唑胺可减少周期性呼吸，改善动脉氧合血红蛋白的饱和度。乙醇和某些药物均能抑制通气，使睡眠中的低氧血症恶化，这一点应当引起高原居留者的足够注意。

不同个体对低氧血症的反应性有很大的差异，故不同个体对高原的适应时间及适应程度是不一样的。在海平面上，机体可通过调整通气量对低氧血症发生适应性反应。但是，通气量的增加具有个体差异，人与人可相差高达5倍之多。人体的低氧呼吸反应具有遗传倾向，在同一家庭内各成员的反应性都差不多。凡在海平面对低氧血症反应差的人，在高海拔地区的反应性也差。当然，与适应性的个体差异有关的因素可能还不止于此。通气抑制的程度、呼吸中枢的功能、对酸碱平衡偏移的敏感性以及肾脏保留碳酸氢盐的能力等也可能与之有关。[5]

5.3.2 高原族群的形态学适应

长期在高原缺氧环境中生活的人的形态（如外表特征、身体线性尺度、骨的干骺融合时间等）会发生一些适应性变化[6]。长期在海拔4000m以上生活，儿童和青少年的线性生长会受到影响[7]。有研究表明，阿坝藏族男生、女生身高增长速度高峰时间较当地汉族分别提前1.4岁和0.5岁。2005年调查发现，藏族学生进入青春期年龄早于当地汉族，生长发育指标均大于当地汉族学生[8]。高海拔地区儿童较中等海拔地区儿童的青春期启动晚，但比中等海拔高度、海平面高度儿童的青春期持续时间长。此外，藏族儿童青少年骨的干骺融合延迟，女性月经来潮时间晚。高海拔地区生活者坐高相对大，腿相对短，而躯干长差别不大[9]。在安第斯山地区生活的族群，其身体径线与肢体相对长度都随着海拔高度而变化，沿海个体较大，高原个体的肢体相对长但较小[10]。从平原进入高原普遍都有体重减轻现象，低氧是导致体重减轻的一个重要原因[11]。除了形态学上的变化，高原缺氧还可导致胎儿在子宫内生长延迟。研究表明，移居高原的汉族产妇，尤其是初产妇，高原分娩的新生儿体重低于世居藏族产妇和平原汉族产妇分娩的新生儿体重，而胎盘系数显著高于世居藏族，说明环境影响胎儿宫内的生长发育[12]。四川省藏族的（海拔3100m）儿童比汉族儿童明显地高、胖[13]。比较不同海拔高度（3521m、970m和800m）印度藏族的体格测定指标时发现，低海拔高度的藏族的体重高于高海拔地区[14]。

藏族有明显的胸深（男）和明显的胸宽（女），这可能是对低氧的适应[15]。K. J. Weinstein对史前Atacama高原地区居民胸部骨骼的研究发现，他们的胸骨和锁骨的长和宽均很高，肋骨的长度和面积很大而曲度很小，提示具有前后深、内外宽的胸廓形态，而低海拔地区居民则表现出窄而浅的胸廓形态，这表明高原缺氧作为一种环境压力塑造了安第斯山居民的生物学特征[16]。H. Hoppeler 等在对登山探险者的活检和电镜检查中发现，他们的肌横断面积减少10%，肌纤维减少20%（肌纤维蛋白减少所致），肌的氧化能力减少25%，说明暴露在高原环境后，肌线粒体的供氧能力得到改善[17]。B. Karser 等使用经人大腿股外侧肌进行活体穿刺的方法对高原缺氧状态下肌肉的超微结构和生物化学指标进行检查，结果发现低海拔藏族族群的线粒体体积与高峰氧耗的比值比高海拔藏族族群低[18]。M. L. Gupta 等[19]在针对 Ladakhi 居民的研究中发现，喜马拉雅山地区高原居民适应于高原缺氧，对7名当地高原居民活组织检查发现，其肺部小动脉壁很薄，并没有肺动脉肌性肥大或小动脉的肌化。对藏族移民牙齿的大小、形状、牙尖数、沟形的调查发现，藏族移民牙齿变小，第三磨牙发育不全，卡氏尖数减少明显，铲型齿退化为原始状态，某些特征类似高加索人和现代人，某些特征与蒙古人种类似，还有些特征类似土著人和化石人类[20]。

P. Holmström 等对生活在高海拔地区夏尔巴人的脾脏进行了观察，结果表明，脾脏的大小对于高海拔生存很重要。生活在高海拔地区的夏尔巴人族群、生活在低海拔的夏尔巴人族群和当地尼泊尔低海拔族群的脾脏大小逐渐减小。这表明遗传易感性和环境暴露都决定了人类脾脏的大小。与平原族群相比，夏尔巴人族群的脾脏收缩幅度较大，这进一步表明脾脏循环增强带来的血红蛋白浓度升高可能是夏尔巴人族群的另一个有效防御特征，可能是为了应对严重缺氧而进化的[21]。

5.3.3 高原族群的机能适应

人的机能适应往往从静息状态下通气功能、缺氧时的通气反应、血红蛋白与氧的结合能力、氧饱和度、肺循环、血中结合氧在组织中的释放和血红蛋白浓度等方面进行评价。平原人进入高原后可出现红细胞内2,3-二磷酸甘油酸增加，从而降低血红蛋白对氧的亲和力和氧血红蛋白离合曲线右移。有学者对藏族和汉族两组族群的最大肺活量、静息通气量、最大摄氧量和最大负荷量进行了测量，结果分别是：(5080 ± 125)ml/(4280 ± 143)ml、$[(11.6\pm0.5)$L/min$]$/$[(10.0\pm0.5)$L/min$]$、$[(2886\pm65)$ml/min$]$/$[(2474\pm95)$ml/min$]$和(177 ± 5)W/(155 ± 6)W。这一结果表明，当人体从事体力运动时，高原族群的供氧量和（或）摄氧量明显大于平原族群[5]。

与平原族群相比，世居高原族群拥有较大的胸围和肺体积，更大的肺活量、肺容量及残气量，更佳的睡眠质量，更好的高海拔体力劳动表现和较低的血红蛋白浓度[22]。新生儿和4个月内的婴儿就具有很大的动脉血氧饱和度[23]。世居高原族群的脑颈内动脉血流速度一直保持着对运动的反应，在运动的高峰期可保持血流加快并增加对脑的供氧，而平原族群不能[24]。高原族群比平原族群具有更大的氧摄取能力，同时具有在运动时增加运输氧气到工作肌肉的能力。运动状态时，高原族群比平原族群有更大的工作负荷和氧耗水平，表现了更高的副交感和较高的β-交感神经张力[25]。静息状态时，高原族群的副交感神经占优势，在中等海拔高度（3700m）急性缺氧状态下心率无明显影响，即使长期在平原地区生活的高原族群，这种特点也不改变[26]，但平原族群则不能。

目前的调查证实，当平原族群暴露于低压低氧时，颈总动脉和颈内动脉的自动调节会降低。而平原族群的动态自动调节的降低与急性高山病无关。实验证实，平原族群和夏尔巴人族群在急性诱发低血压期间，脑血流调节存在潜在的表型差异[27]。随着海拔高度升高，血压异常率也增加。R. Baracco 等[28]发现高原族群具有较低的血压和较高的空腹血糖水平。L. F. Berthelsen 等[29]在研究中发现，在上升到高海拔地区后，交感神经介导的血压调节会降低。与尼泊尔夏尔巴人族群相比，高海拔安第斯山脉当地族群对交感神经活动的血压反应性降低。然而，无论族群或条件如何，基础交感神经活动与交感神经活动介导的血压波动幅度成反比。高原族群的骨骼肌也对慢性缺氧产生了一定的适应，其中包括增加了胰岛素的刺激从而加大了糖的摄取[30]。刘兵柱等[31]发现，健康的平原族群进入高原地区（海拔2300m）60 天后，琥珀酸脱氢酶（succinate dehydrogenase，SDH）、黄嘌呤氧化酶（xanthine oxidase，XOD）、钠钾ATP酶（Na^+，K^+-ATPase）3 种酶活性与刚进入高原 36 小时相比明显降低，而乳酸（lactic acid，LD）、乳酸脱氢酶（lactate dehydrogenase，LDH）却明显增加。

急性暴露于高海拔的情况下，外周神经和脊髓上的易疲劳性会随着海拔升高而恶化。但是，如果运动到力竭，外周神经疲劳性会降低，而脊髓上疲劳性会更大。相比之下，通过全身运动，只有脊椎上的疲劳度恢复到海平面标准，而外周疲劳度相对于急性高海拔暴露没有改善。与适应环境的平原族群相比，夏尔巴人族群在单关节运动期间表现出较低的外周疲劳性和更好的神经肌肉稳态维持。除了已知的夏尔巴人族群和平原族群在心血管和呼吸系统方面的差异，进行全身运动时，与平原族群相比，夏尔巴人族群的神经肌肉适应能力也可能使他们承受较低的神经肌肉疲劳[32]。

5.3.4 高原族群的体成分适应

R. M. Garruto[33]比较了居住在高原的藏族族群和汉族族群（出生长大在3200m、3800m 和 4300m 的青藏高原）的血红蛋白和红细胞比容。在 3200m 时，2 组的血红蛋白和红细胞比容未发现差异，但海拔 3800m 和 4300m 时，2 组的值都比 3200m 时的值高。长期生活在 4540m 的人的红细胞比容、血红蛋白、红细胞数和网织红细胞数分别为 0.595、201g/L、6.4×10^{12}/L 和 45.5×10^{9}/L，而海平面族群的上述几项指标分别为 0.466、156g/L、5.1×10^{12}/L 和 17.9×10^{9}/L。13 岁以下无民族间差异，而青少年和成人汉族的血红蛋白和红细胞比容都比藏族高。藏族 7—18 岁学生的过重与肥胖日益增多[34]。对中国和尼泊尔高原居民的 BMI、腰围、腰围与身高比值 3 项指标进行测量，结果显示，3 项指标值均随海拔升高而降低，可能是低温低氧产生直接的代谢分解作用所致[35]。席焕久等发现低海拔地区的藏族的上臂围高于高海拔地区。高原族群与平原族群相比，有非常低的血浆总胆固醇、低密度脂蛋白水平，而高密度脂蛋白水平只是略微偏低。在青春发育期，藏族男性血清瘦素水平随年龄增长逐渐降低，而女性相反[36]。急性高原病患者肾素活性、血管紧张素Ⅰ、血管紧张素Ⅱ、醛固酮明显增高，动脉血氧饱和度与血管紧张素Ⅱ呈负相关[37]。雄激素、雌激素、瘦素、生长激素等可调节脂肪质量、去脂肪质量和骨量变化。低氧往往增加了血液中激素的浓度，无氧抑制了内分泌反应的各种成分[38]。很多学者都认为，在高原环境中，瘦素水平的变化似乎是一种体能储存的标志，可促进体能消耗，减少食物摄取。动物实验也证实，高原环境可降低大鼠对蛋白质的食欲，从而影响其脂肪质量的获得，而瘦素可能是导致这种现象的原因[39]。高原缺氧影响水的分布，血管内的液体可转移到细胞间隙[40]。高原居民体内水分过多，而这是对新环境的适应性反应。调查发现，西藏自治区的糖尿病患病率为 6.8%，而拉萨市藏族的代谢综合征患病率为 29.3%、高血压患病率为 58.5%、糖耐量异常患病率为 37.8%、中心性肥胖患病率为 38%、糖尿病患病率为 13%、脂肪肝发病率在 696 名干部中为 29.8%，藏族高于汉族，男高于女[41]。这些疾病都与体成分密切相关。U. S. Ray[42]曾研究通过空运和公路到达高原地区前后几天人的体成分变化，发现肱二头肌、肱三头肌皮褶厚度明显降低，而脐、髂前上棘皮褶厚度明显升高，这可能是在高原寒冷时体脂从外周向深部（躯干）转移所致。有研究者发现，低海拔地区藏族的肱三头肌皮褶厚度大于高海拔地区[43]。F. Z. Meerson[44]观察到，大鼠在海拔 5000—7000m 的高原生活 10 天，右心室重量增加，左心室蛋白合成轻度增加，右心室肌 RNA 增加 90%，左心室增加 60%。高原地区的过重与肥胖者（55.7%）明显大于低海拔地区（42.9%）[45]。

5.3.5 高原适应的相关基因

世居高原族群的高原适应具有明显的遗传学基础。研究认为，世居高原的藏族族群的线粒体与汉族族群不同，从而导致在高原缺氧状态下具有不同的遗传背景[46]。位于青藏高原西藏自治区的藏族与印度、尼泊尔的藏族的身高与体重相近，安第斯山一些国家儿童青少年生长发育指标也是如此。这些相似性可能与共同的遗传基础有关。印度藏族后裔、中国西藏自治区藏族和尼泊尔藏族就有相似的遗传背景，因而表现出体质发育的相似性。青藏高原居民特有的体质特征与特有的基因有关。在西藏自治区、青海省和云南省不同的藏族的 $ATP6$、$ATP8$ 和 $Cytb$ 基因比较研究中发现，$ATP6$ 基因可能存在适应性选择并随海拔高度增高，呈现出选择性增强趋势。一些学者发现，$HIF-1\alpha$ 基因 C1772T、G1790A 和糖转运蛋白 1 基因 $GLUT1+22999(G\rightarrow T)$，$HIF-1\alpha$ 基因 G1790A 的基因多态性可能与高原缺氧适应有关[47]。

近年来，由于全基因组与外显子测序等研究方法和技术的进步，以及全新的与之相匹配的统计策略的应用，藏族高原适应相关基因的研究取得突破性进展，主要进行了 $eNOS$ 基因或 $NOS3$ 基因、RAAS 相关基因、$EDN1$ 基因、GST 基因、肺泡表面活性物质相关蛋白基因($SP-A$)等高原低氧适应相关基因的研究，发现 PHD2(又名 EGLN1)和 PPARA 可能参与了藏族的高原适应过程。EPAS1、ANGPT1、FOXO1、RUNX1 等也参与了高原缺氧适应。$EPAS1$、$EGLN1$ 和 $PPARA$ 基因调节或由低氧诱导因子调节，主要控制红细胞生成和其他适应机能[48]。PRKAA1、NOS2A 对人的呼吸生理过程起着重要作用。EPAS1 在藏族高原适应中起主要作用。EGLN1 作用虽不及 EPAS1，但也占有重要位置。此外，ANGPT1、FOXO1 和 RUNX1 也参与高原适应[49,50]，但也有 HIF 信号通路的作用。在 $EGLN1$ 基因多个 SNP 位点分析中发现，$rs480902$ 和 $rs479200$ 位点的多态性与适应低氧环境有关。西藏自治区族群(夏尔巴居住地区)$eNOS$ 基因的两个位点频率比低海拔地区高，在与缺氧有关的 2 个基因 EPAS1 和 EGLN1 选择性扫描中发现了强信号，这 2 个基因与非藏族的低海拔地区(汉族族群与日本族群)明显不同[51,52]。通过高海拔族群与低海拔族群基因组扫描筛查发现，在几个染色体区有正向直接选择的证据，HIF 通路基因与高原适应有关，HIF 的调节基因 $EGLN1$ 和 $EPAS1$ 及 2 个 HIF 靶基因 $PRKAA1$ 和 $NOS2A$ 被认为是西藏自治区($EPAS1$)和安第斯山($PRKAA1$、$NOS2A$)自然选择的候选基因。HIF 通路基因只有 1 个 $EGLN1$ 是西藏自治区和安第斯山 2 个地区公共拥有的候选基因，这种遗传适应类型对西藏自治区族群和安第斯山族群是独特的[53]。Laura 在安第斯山族群和西藏自治区族群中分别筛查出 38 个和 14 个候选区域，而且 2 个地区候选基因区域不重叠，支持依据最充足的候选者是 $PRKAA1$ 和 $NOS2A$(安第斯山)以及 $EPAS1$(西藏自治区)，$HIF-1\alpha$、$EPAS1$ 代表了青藏高原人口适应高原生活的最关键的基因[54,55]。由于西藏自治区族群与安第斯山族群基因的不同，导致 2 个地区族群高原适应差异。

最近研究揭示，HIF 信号通路是青藏高原族群形成高原适应的重要通路，而安第斯山族群却无类似的机制，可能与居民的高原居住历史长短有关。青藏高原人类活动的时间早于安第斯山，有更长的进化和适应时间，因而表现出比安第斯山居民更好的适应机制。

主要研究族群夏尔巴人世代居住在喜马拉雅山的南部。在我国，大多数夏尔巴人生活在西藏自治区的陈塘镇和樟木镇等边境地区，大致位于青藏高原北部和尼泊尔南部的山脉和平原之间。夏尔巴人以其非凡的登山能力而闻名，这一独特特征被认为是能够良好适应高原低氧环境的一个验证。因此，夏尔巴人是研究高原适应遗传机制的一个很好的候选者。近年，全基因组研究表明，西藏自治区族群可良好地适应缺氧环境。作为一个生活在青藏高原的对低氧环境具有优异适应性的特殊族群，夏尔巴人也在一些基因上表现出不同的遗传模式，如 *HIF-1*、*eNOS* 和 *EPAS1*。我们也持续关注夏尔巴人的 mtDNA。mtDNA编码 13 个 OXPHOS 的核心亚基、2 个 rRNA 和 22 个 tRNA。OXPHOS 提供人体需求 90% 的能量，形成线粒体在代谢调节中的中心作用。影响 OXPHOS 功能的 mtDNA 变化在代谢速率调节、氧利用和缺氧适应中都很重要。

鉴于 mtDNA 变异在线粒体编码中的作用，线粒体 OXPHOS 的核心亚基在高原适应中可能很重要。康龙丽等对 76 名夏尔巴人无关个体的完整 mtDNA 进行测序发现，一般来说，夏尔巴人的 mtDNA 单倍群结构接近西藏自治区人群的。然而，在夏尔巴人身上发现了 3 个谱系扩张，其中 2 个(C4a3b1 和 A4e3a)是夏尔巴人特有的。这 2 种血统的扩张都可能在过去的几百年内开始。特别是 9 名个体携带相同的单倍群 C4a3b1。根据夏尔巴人和贝叶斯网络图的历史构建的各种人口统计模型，发现这些谱系扩展不太可能发生在中性模型中，特别是对于 C4a3b1。C4a3b1 (G3745A) 和 A4e3a (T4216C) 中存在的非同义突变分别是 ND1 突变体 (A147T 和 Y304H)。二级结构预测表明，G3745A 在结构上接近其他致病性突变体，而 T4216C 本身被报道为 Leber 遗传性视神经病的原位突变。因此得出结论，这些突变对复杂的功能有一定的影响，并且可能对夏尔巴人的高海拔适应很重要。

夏尔巴人是青藏高原上的特殊族群，他们独特的高原适应有别于其他高原居民，形成了独有的特点。夏尔巴人特殊的高原适应能力是长期进化形成的，他们在高原生活时间长达几千年甚至更长时间。与非高原族群相比，夏尔巴人族群无论是在静息状态还是运动时，都具有更高的动脉氧饱和度、更大的低氧换气、高碳酸换气反应、更高的肺活量、更好的肺功能和肺扩散能力。夏尔巴人对在高原低压缺氧条件下的生活和工作有更好的适应性，这种出众的适应性是长期进化形成的。

基因与环境因素造就了夏尔巴人超强的高原适应能力。在生长发育期，人的外形的可塑性是很大的，受气候、生态、海拔高度、遗传、社会、政治、经济、文化等多种因素的影响，绝不是某一种因素作用的结果。在高原地区，低压、缺氧、寒冷、营养或几种因素共同影响生长发育。在影响生长发育的这些因素中，遗传、高原缺氧和社会经济因素起很大作用：遗传可以提供适应高原环境的基因；高原缺氧和社会经济因素作为环境因素塑造人的生物学特征。夏尔巴人长期生活在高原缺氧的环境中，不仅形态与机能发生适应性变化，而且体成分也相应改变，三者相互影响、相互作用，达到了形态、机能和体成分完美统一。

5.4 高原病

前面提到，高原环境是人们现实生活中最常见到的低压低氧环境。"高原"一词从医学生物学的角度讲，是指能激发机体产生生物学效应的环境和高度。一般来说，海拔1500m是产生缺氧的起始高度，此时可能发生高原病。而海拔3000m以上低氧效应则更加明显，高原病也更常见和更易发生。世界上有许多高山和高原，海拔3000m以上地区约占地球陆地面积的11%。有人统计，全世界常住高原的总人口数为1.5亿，住在海拔3000m以上的总人数为2500万[56]。高原病是威胁常住高原族群健康的一个重要原因。

有研究者在1987年对青藏高原海拔2261—5226m广大地区的15251名儿童和25618名成人进行了调查。调查发现，高原病是高原地区最常见的疾病，急性高原病的总患病率为40.25%，慢性高原病的总患病率为9.16%，可见其防治刻不容缓。当然，高原低气压还会影响生命规律、劳动效率和健康水平等一系列问题。夏尔巴人世居高原，在独特的高原环境下生存，其疾病谱与世居高原族群高度重合，也深受高原病困扰。

高原病(high altitude disease)是高原低氧环境引起的特发性疾病，各国的分类大同小异。我国在1995年全国第三次高原医学学术讨论会确定，将高原病分为急性轻症高原病、高原肺水肿、高原脑水肿、高原衰退、高原心脏病、高原红细胞增多症、混合型慢性高山病(Monge病)7个临床型。此外尚有高原视网膜出血、高原蛋白尿、高原水肿、高山猝死等特殊表现。这些疾病类型也是世居高原的夏尔巴人的主要患病类型。

5.4.1 急性高原病

急性高原病(acute high altitude disease，AHAD)指急速到达2500m及以上海拔出现的各种症状，包括急性高山病、高原脑水肿、高原肺水肿。急性高原病的发病与上升速度、到达的高度、遗传因素有关。急性暴露于低压低氧环境中会引起许多临床问题，这取决于氧分压下降程度和低氧暴露时间。急性暴露于中等海拔(1500—4000m)会导致劳力性呼吸困难、心动过速和夜视障碍。

4000m以上可能会有头晕,在海拔5000—7000m会出现无意识。在一些受试者中,急性暴露于中等海拔会导致与高原有关的疾病,范围从常见的、轻微的、自我限制的急性高原病,到罕见的、危及生命的急性脑水肿和急性肺水肿。人体急性接触低氧环境,肺血管首先发生低氧性收缩,进一步低氧导致肺血管重构,进而引发低氧性肺动脉高压,最终导致严重的右心室肥厚和右心衰竭。

5.4.2 急性轻症高原病

急性轻症高原病(acute mild altitude disease,AMAD)是一种病情较轻的,即"轻症"的急性高山病或"良性"急性高山病,发生在机体由平原地区急速进入高海拔地区(2500m及以上)6—12小时内,根据Lake Louise评分标准,只要机体在出现头痛的基础上,再加头晕、心悸、胸闷、气短、乏力、食欲缺乏、恶心、呕吐、睡眠障碍等症状中的任一种,即可诊断为急性高山病。急性高山病属于自限性疾病,大多可在发病后2—3天内自行缓解。

AMAD的诊断评分及分度标准:症状、分度及评分见表5.2,病情分度及标准见表5.3。

表5.2 AMAD的症状分度与评分

症状	分度	评分
头痛		
1. 头痛不明显,无痛苦表情,不影响日常活动	±	1
2. 头痛较轻,有痛苦表情,服一般止痛药明显好转,不影响明显活动	+	2
3. 头痛较重,有痛苦表情,服一般止痛药有所缓解,影响日常活动	++	4
4. 头痛较重,不能忍受,卧床不起。服一般止痛药无效	+++	7
呕吐		
1. 每日呕吐1—2次,呕吐以食物为主,服一般止吐药后明显好转,不影响日常活动	+	2
2. 每日呕吐3—4次,最后呕吐物为胃液,服一般止吐药后有所缓解,影响日常活动	++	4
3. 每日呕吐5次以上,卧床不起,服一般止吐药无效	+++	7
其他症状		
头昏、恶心、心慌、气短、胸闷、眼花、食欲减退、腹胀、腹泻、便秘、口唇发绀、嗜睡、手足发麻		各计1分

表 5.3　AMAD 的病情分度及标准

病情分度	标准
基本正常(＋)	总计分 1—4 分
轻度(＋＋)	头痛(＋)或呕吐(＋)，或总计 5—10 分
中度(＋＋＋)	头痛(＋＋)或呕吐(＋＋)，或总计 11—15 分
重度(＋＋＋＋)	头痛(＋＋＋)或呕吐(＋＋＋)，或总计≥16 分

5.4.3　高原脑水肿

高原脑水肿(high altitude cerebral edema，HACE)发生率低但病情凶险甚至致命。目前认为，HACE 与颅内压升高和脑白质尤其是胼胝体水肿有关。HACE 通常发生在急速上升至 4500m 时，也可由急性高山病进展而来，通常在急性高山病发生后 24—36 小时发生。目前认为，HACE 和急性高山病是 AAI 的两种截然相反的结果。HACE 的发病率较低，为 1%—2%，但是致死率很高。HACE 患者主要表现为神经系统症状：精神紊乱、共济失调、意识不清、幻觉，严重时昏迷甚至死亡。

HACE 的现场诊断标准：

(1)近期抵达高原，一般在海拔 3000m 以上发病。常先患 AMAD 并为重度 AMAD。

(2)患 AMAD 后出现精神状态改变及共济失调，或并未患 AMAD 但出现精神状态改变及共济失调(神经精神症状按程度依次分为冷漠/倦怠、定向障碍/精神错乱、昏睡/半意识、昏迷；共济失调按程度分为平衡技巧失调、步幅出现跌倒、不能站立)。

HACE 的临床诊断指标：

(1)近期抵高原后发病，在海拔 3000m 以上。

(2)神经精神症状。剧烈头痛、呕吐、表情淡漠、精神忧郁或欣快多语、烦躁不安、步态蹒跚、共济失调(Romberg 征阳性)。随之神志恍惚、意识蒙眬、嗜睡、昏睡以致昏迷，也可直接发生昏迷。可出现肢体功能障碍、脑膜刺激征及锥体束征阳性。

(3)眼底可出现视[神经]盘水肿及视网膜出血、渗出。

(4)脑脊液压力增高，细胞及蛋白无变化。偶有血性脑脊液。

(5)排除急性脑血管病、急性药物或一氧化碳中毒、癫痫、脑膜炎、脑炎。

(6)经吸氧、脱水剂、皮质激素等治疗及低转症状缓解。

5.4.4 高原肺水肿

高原肺水肿(high altitude pulmonary edema，HAPE)是一种非心源性肺水肿，大多数由急性高山病进展而来，也可由急速上升直接导致而不发生急性高山病，通常发生在急速到达2500—3000m后2—4天内。危险因素包括个人易感性，如以前发生过HAPE、肺动脉高压和异常等，以及运动、寒冷刺激、呼吸道感染等。HAPE是一种潜在的致命性疾病，同时是高原病的主要致死原因。其早期病理改变为非炎性水肿，晚期发展为炎性水肿。HAPE分为两种形式：一种是低海拔居民因旅游或者其他原因急速上升2500—3000m引起的；一种是高海拔居民在低海拔地区生活了一段时间后，重返高海拔地区而发生的，又称为再入性高原肺水肿。

HAPE的现场诊断标准：

(1)发病。近期抵达高原(一般在海拔3000m以上)。

(2)症状。静息时呼吸困难，胸闷压塞感。咳嗽，咳白色或粉红色泡沫样痰，无力或活动能力减低。

(3)体征。一侧或双侧肺野出现湿啰音或喘鸣，中央性发绀，呼吸过速，心动过速。症状、体征各至少具两项时可做出诊断。

HAPE的临床诊断标准：

(1)近期抵达高原(一般在海拔3000m以上)，出现静息时呼吸困难、咳嗽、咳白色或粉红色泡沫样痰。

(2)中央性发绀、肺部湿啰音。

(3)胸部X射线是诊断的主要依据，可见以肺门为中心向单侧或两侧肺野呈点片状或云絮状浸润阴影，常呈弥漫性，不规则性分布，亦可融合成大片状阴影。心影多正常，但亦可见肺动脉高压及右心增大征象。

(4)经临床及心电图等检查排除心肌梗死、心力衰竭等其他心肺疾病，并排除肺炎。

(5)经卧床休息、吸氧等治疗或低转，症状迅速好转，X射线征象可于短期内消失。

5.4.5 慢性高原病

慢性高原病(chronic high altitude disease，CHAD)是指长期生活在海拔2500m以上的高原世居或移居者对高原低氧环境逐渐失习服而表现出的以红细胞过度增多为主要症状的临床综合征。2004年第六届国际高原医学大会制定的青海标准如下。

在没有慢性肺疾病和其他导致红细胞增多的情况下，男性血红蛋白浓度≥210g/L，女性血红蛋白浓度≥190g/L，并且伴有 3 种或更多以下症状：气短心悸、睡眠紊乱、发绀、头痛、耳鸣及感觉异常等；大量的慢性高山病病例显示：动脉低氧血症会随着时间的进展逐渐加重，最终导致微循环障碍、肺动脉高压、睡眠呼吸紊乱和肺源性心脏病等各种严重疾病[5]。

5.4.6 高原衰退症

在青藏高原，高原衰退症（high altitude deterioration，HADT）不仅发生于滞留在海拔 5500m 以上较久的登山者，也发生于从低海拔地区移居高原（3000m 以上）较长时期（数月至数年）的居住者中。HADT 通常会导致某种程度的精神和生理衰退，表现为疲劳、冷漠、食欲减退、体重减轻、失眠、沮丧、工作能力减退。然而，实验室研究的病理生理指标并未显示出 HADT 患者与正常习服者之间的明显差异。

HADT 的诊断标准：

(1) 发生于久居海拔 3000m 以上的移居者或长期逗留海拔 5000m 以上的登山人员。

(2) 脑力衰退表现为头痛、头晕、失眠、记忆力减退、注意力不集中、思维及判断能力降低、情绪不稳和精神淡漠等。

(3) 体力衰退表现为食欲减退、体重减轻、疲乏无力、劳动及工作能力降低、性功能减退、月经失调等。

(4) 伴随症状有血压降低、脱发、牙齿脱落、指甲凹陷、间歇水肿、轻度肝大等。

(5) 不伴有红细胞增多和显著肺动脉高压。

(6) 病程迁延，呈波动性，但逐渐加重，出现持续进行性衰退，但转至海拔低处，症状逐渐减轻乃至消失。

5.4.7 高原红细胞增多症

高原红细胞增多症（high altitude polycythemia，HAPC）是指一种机体长期处于高原环境中，由于缺氧导致红细胞过度增生、血液黏滞度增加，并引起一系列头晕、头痛、气促等临床症状的慢性高原病。根据 2004 年第六届国际高原医学大会的标准，长期居住于海拔≥2500m 的人中，男性血红蛋白浓度>210g/L，女性血红蛋白浓度>190g/L 者，应考虑为 HAPC。全世界约有 1.4 亿人居住于海拔≥2500m 的高海拔地区，占全世界总人口的 2%。高原族群的慢性高山病发生率为 1.2%—33%。流行病学调查显示，HAPC 发病率存在种族、性别、年龄、居住海拔的高度和居住时间等差异。原卫生部统计表明，青藏高原地区 HAPC 患病率为 1.05%—5.70%。另有研究报道，西藏自治区藏族族群 HAPC 患病率为 2.6%—5.2%，而短期内迁入高原的汉族族群 HAPC 患病率高达 5.5%。

高原环境影响和改变了某些疾病发生发展的规律。如在世界多数高原地区发现高血压及冠心病在久居高原特别是世居高原的族群中发病率较低，相反某些类型的先天性心脏病则发病率很高。慢性阻塞性肺疾病在高原不但发病率高，而且进展快，病情重，病死率高。高原易发胃溃疡、胆道疾病、妊娠中毒和镰状细胞贫血症等。

HAPC 系 CHAD 的一个临床类型，其特征为在海拔 3000m 以上，红细胞和血红蛋白过度增多。常见症状和体征为头痛、头晕、乏力、呼吸困难、失眠、出血倾向、发绀、面色发红。HAPC 患者的血红蛋白浓度和红细胞比容比相同海拔高度的健康居民显著为高。HAPC 的诊断标准是：血红蛋白浓度＞200g/L，红细胞计数＞6.5×10^2/L，红细胞比容＞65%。HAPC 的诊断须排除真性红细胞增多症和其他原因引起的继发性红细胞增多症，分辨要点是 HAPC 患者的症状与体征在转移至低海拔地区后逐渐消失。HAPC 的临床特点与北美报道的"高海拔红细胞增多"中的描述相似。

HAPC 的诊断标准：

(1) 一般在海拔 3000m 以上高原发病，多为移居者，少数世居者亦可罹患。病程呈慢性经过。

(2) 临床表现主要是头痛、头晕、乏力、睡眠障碍、发绀、结膜充血、皮肤紫红等多血症病状。

(3) 血液学参数为红细胞计数≥6.5×10^2/L，血红蛋白浓度≥200g/L，红细胞比容≥65%。

(4) 除外真性红细胞增多症和其他继发性红细胞增多。

5.4.8 高原心脏病

高原心脏病(high altitude heart disease，HAHD)常发生于处在 3000m 以上高原慢性低氧环境下的儿童和成人。其特征为严重的肺动脉高压和右心室肥厚，重症患者右心衰竭。HAHD 患者的肺动脉压显著高于高原健康居民。我们认为，这种特殊状况似乎与人类 Pickwickian 综合征和牲畜的高山病(brisket disease)相似。一些证据表明，HAHD 是一种特殊类型的慢性肺源性心脏病。

小儿 HAHD 的诊断标准：

(1) 发病一般在海拔 3000m 以上，少数易感者亦可于海拔 2500m 左右发病。

(2) 父母系平原人移居高原后生育的子女、小儿在平原出生后移居高原均易罹患。少数世居儿童也可发病。

(3)2岁以内小儿最为易感,但其他年龄儿童亦可罹患。发病多为亚急性(数周至数月)经过。

(4)主要表现为呼吸困难、发绀及充血性心力衰竭,有显著的肺动脉高压及极度右心肥厚征象(包括心电图、超声心动图、脑部X射线摄影、心导管等检查2项以上证实)。

(5)排除渗出性心包炎、心肌病、先天性心脏病、风湿性心脏病等。

(6)转往海拔低处,病情即有明显好转。

成人HAHD的诊断标准:

(1)高原发病,一般在海拔3000m以上,移居者易患,世居者亦可罹患。

(2)临床表现主要为心悸、胸闷、呼吸困难、乏力、咳嗽、发绀、P_2亢进或分裂,重症者出现尿少、肝大、下肢水肿等右心衰竭征象。

(3)肺动脉高压征象表现为以下4项。①心电图:心电轴右偏及明显右心室肥厚;②超声心动图:右心室流出道≥33mm,右心室内径≥23mm;③X射线胸片:右肺下动脉干横径≥17mm及(或)右肺下动脉干横径与气管横径比值≥1.10;④心导管:肺动脉平均压≥3.3kPa,即25mmHg。无肺动脉压测定时,需具备2项以上始可诊断。

(4)排除其他心血管疾病,特别是慢性阻塞性肺疾病、肺心病。

(5)转至海拔低处病情缓解,肺动脉高压及心脏病逐渐恢复正常。

5.4.9 慢性高山病

慢性高山病(chronie mountain sickness,CMS)或称为蒙赫病(Monge's disease)。青藏高原的患者多为移居汉族,一般在高海拔地区的平均时间较长,有的超过10年。只有少数病例发生在世居高原的藏族。主要临床表现为严重的低氧血症、过度的红细胞增多、显著的肺动脉高血压、右心室肥厚和出现相关的神经精神症状。所谓蒙赫病,在我国被称为"混合型慢性高原病",即这些病例既表现为HAHD,又表现为HAPC。此外,流行病学资料与临床调查数据的统计分析表明,青藏高原确实存在着CMS。

混合型CMS的诊断标准:

(1)发病一般在海拔3000m以上,发生于久居高原的平原移居者和少数高原世居者,曾经一度适应高原,其后逐渐发病,呈慢性经过。

(2)无其他心肺疾病和尘肺。

(3)临床表现为HAPC和HAHD症状、体征的综合。

(4)符合HAHD诊断中肺动脉高压的条件。

(5) 符合 HAPC 诊断中血液学参数的条件。

(6) 转至海拔低处病情逐渐好转。

知识链接

世居高原族群罹患疾病研究

心脏血糖代谢 早在 1995 年，J. E. Holden 等就发现世居高原族群的心脏血糖代谢增强，这一结果可能是对慢性缺氧的代谢防御适应。哺乳动物心脏中葡萄糖代谢率比游离脂肪酸的代谢多 25%—50%。为了评估底物选择性摄取在慢性缺氧适应中的作用，研究者在秘鲁的盖丘亚人受试者和夏尔巴人受试者中进行了过夜禁食后心脏区域葡萄糖摄取率的 PET 测量，2 个受试者都来自海拔超过 3000m 的地方，并且在一组世居平原的志愿者中进行了测量。结果显示，盖丘亚人和夏尔巴人的葡萄糖摄取率最高。在低海拔地区停留 3 周后，夏尔巴人的葡萄糖摄取率最低。这些低值可能与前往实验地点的海拔和气压变化有关。测量的血浆儿茶酚胺、激素和底物表明，葡萄糖浓度与观察到的葡萄糖摄取率变化相关，对照受试者呈负相关，盖丘亚人和夏尔巴人呈正相关。在低海拔条件下 3 周后，葡萄糖摄取值显著下降，但与葡萄糖水平的正相关关系持续存在。这说明心脏代谢中的葡萄糖选择性摄取升高是人类经过几代人适应慢性缺氧的真正代谢适应[57]。

脑功能 吴世政等研究显示，世居藏族居民的脑血流量高于平原居民，脑血流速度高 24%。世居藏族居民高原脑血管病发病年龄相对较早，发病年龄 40 岁以下的患者为 12.6%。世居高原藏族居民高血压患病率是平原居民的 4 倍。世居藏族居民脑动脉的顺应性和弹性比平原正常族群居民低，脑血流动力学有提前老化现象，易发生管腔阻塞、血管壁损伤等。世居藏族居民长期居住在高寒低氧环境，人体肾上腺皮质激素分泌增多，交感神经兴奋，全身毛细血管收缩等导致血压进一步升高，使血管破裂发生出血性脑血管病危险增大。A. Niaz 等研究显示海拔 4500m 以上地区族群居民脑血管病发病风险是平原地区族群居民的 10 倍，世居藏族居民脑血管病以脑出血患病最为常见[58]。

心脏相关研究 刘丽娜[59]研究表明，世居藏族男性同汉族男性心室、心房内径及室壁厚度差异较小。世居高原藏族对高原环境具有较好的适应能力，可能与藏族居民的左心室、右心室收缩能力较强有关，同时与世居藏族居民血流动力系统功能较高等有关。姜小青[60]研究认为，高原地区世居藏族居民窦性心动过缓与高原环境、自主神经张力增高、种族遗传等因素有关。汪晨净等研究显示，世居藏族居民血清肌酸磷酸肌酶(creatine phosphokinase, CPK; creatine kinase, CK)、天冬氨酸转氨酶(aspartate aminotransferase)和 LDH 活性升高显著，而且随海拔高度的升高而升高。这说明世居藏族居民存在不同程度的心肌损伤，导致世居藏族居民心脏病患病率高于内地汉族。

肺部相关研究　年信兵等研究显示，静息肺动脉压在正常范围内高原世居者吸入14.0%低氧时，存在缺氧性肺动脉高压反应，在吸入低氧3分钟后，肺动脉压开始上升，在停止吸入低氧1分钟后，增高的肺动脉压迅速恢复到正常水平。移居汉族居民在吸入低氧1分钟时肺动脉压即明显升高，在停止吸入低氧10分钟后增高的肺动脉压才恢复正常。这说明高原世居者同移居者一样，存在低氧性肺动脉增压反应。久太等[61]研究认为，世居藏族居民患慢性高原病临床上并不少见，慢性高原病患病人数随海拔高度而上升；世居藏族居民发病海拔最低为3218m，移居汉族居民为2500m。

肝相关研究　肝脏血液供应的特殊性造成其对缺氧极为敏感。持续的缺氧最终可导致肝脏微循环障碍，组织细胞的细胞膜、线粒体、溶酶体等发生缺氧性损伤，进一步诱导肝脏细胞凋亡的增加。白玛康卓等[62]研究显示，世居藏族居民高原红细胞增多症患病率为2.6%，与海拔、性别和职业有关。有资料显示慢性高山病红细胞增多型患者的肝脾肿大率超过10%，40%的高原性肝大患者存在右心衰竭。闫敏等对拉萨市、日喀则市、那曲市和阿里地区345名世居藏族个体和351名移居汉族个体进行了肝功能检测和分析，发现脂肪肝检出率为29.89%。男性明显高于女性，藏族明显高于汉族，而且随年龄增长有上升趋势。

眼部研究　周晓燕等[63]研究显示，40岁以上世居藏族居民的眼底疾病高于内地汉族居民，而且随着年龄的增加而增加。老年视神经萎缩和黄斑变性为主要致盲性眼底疾病。发病的可能危险因素是缺氧、维生素缺乏和光损伤等。

高原保健相关研究　世居藏族居民的生活习惯和饮食等方面与汉族居民和其他民族居民存在一定差异。世居藏族居民喜食牛羊肉、糌粑、甜茶、酥油茶。酥油属粗制类奶油，含脂肪80%—90%。高脂膳食可对心血管系统、血压水平等产生负面影响。此外，世居藏族居民非常喜欢喝酒，酒中含有草酸、钙、嘌呤核苷酸和鸟苷酸等，大量饮用使人体中的尿酸量增加超过1倍，容易诱发胆肾结石和痛风症等。因此，世居藏族居民应适当改善生活习惯，注重科学饮食，同时要加强身体锻炼。

肥胖　低压缺氧可能改变高原居民慢性疾病的危险因素。有研究者对617名男性和女性进行了3个简单随机抽样的横断面研究。BMI、腰围、腰围与身高比值随海拔升高而降低。这很可能是低温和低氧等物理条件的作用。BMI、腰围、腰围与身高比值和肥胖均随海拔高度的升高而降低，表5.4显示了居住海拔的肥胖指数。

表 5.4　不同海拔居民的肥胖指数

中位数(IQR)	1200m	2900m	3660m	P
BMI[a]/(kg/m²)	26.2(23.9—28.6)	24.5(21.8—27.6)	24.6(22.1—27.2)	<0.001
WC[b]/cm	94.0(85.0—101.2)	92.0(83.0—101.0)	84.5(76.5—92.0)	<0.001
WHtR[c]	0.6(0.5—0.7)	0.6(0.5—0.6)	0.5(0.5—0.6)	<0.001
中度肥胖[d]				
是	68.0(53.5)	68.0(57.1)	92.0(24.8)	<0.001
否	59.0(46.5)	51.0(42.9)	279.0(75.2)	
肥胖[e]				
是	25.0(19.7)	14.0(11.8)	36.0(9.7)	0.012
否	102.0(80.3)	105.0(88.2)	335.0(90.3)	

注：a—身体质量指数；b—腰围；c—腰围与身高比值；d—腰围>102cm(男性)，腰围>88cm(女性)；e—BMI≥30kg/m²[64]。

5.5　夏尔巴人的生理特征和临床相关报道

5.5.1　夏尔巴人的生理特征

藏族和夏尔巴人长期生活在高海拔地区，独特的地理环境造就了他们非凡的身体素质，也因此被人们称为高原上的民族。藏族和夏尔巴人在高海拔地区生活的时间比任何其他民族都要长。S. E. McIntosh 等[65]对目前保持世界纪录的 2 名夏尔巴人进行了生理测试。他们分别是攀登珠穆朗玛峰的次数最多和珠穆朗玛峰从大本营到山顶的速度最快的世界纪录保持者。研究过程中记录了包括人体测量、心电图、肺功能、力量和超声心动图等多项指标。结果显示，人体测量、心电图、肺功能、力量和超声心动图与一般人的参数一致。夏尔巴人在进行跑步机测试时，无论是在中等海拔地区还是高海拔地区，都表现出了与中等健康人相似的对动态锻炼的适当心肺反应。这说明在更高的海拔进行运动时，夏尔巴人表现出了心肺功能和生理反应上的高度适应。

5.5.2　夏尔巴人的临床相关报道

夏尔巴人世居高原，受常见高原病的困扰。近年来，关于夏尔巴人常见疾病的研究和报道日渐增多，除了常见高原病以外的其他疾病也被更多地研究和报道。

5.5.2.1 夏尔巴人的急性高原病

夏尔巴人长期生活在高海拔地区，应该适应高海拔缺氧环境，但暴露在氧气压力低于海平面50%的极高海拔地区，无疑会对他们的机体造成损害，所以当夏尔巴人迅速暴露在明显高于其居住高度时依然会出现急性高原病。这种情况很容易在生活于尼泊尔喜马拉雅山地区3000—4000m的夏尔巴人身上观察到。随着登山运动的流行，来自世界各地的登山运动员和徒步旅行者涌向喜马拉雅山脉，新的登山浪潮推动了夏尔巴人走向海拔超过5000m的极高之处，他们主要从事登山运动中的向导和搬运工。

永登卓玛等在2006年进行了一项高海拔地区居民的调查，主要研究对象为生活在海拔3440m的夏尔巴人在快速暴露于显著高于其居住海拔的高度时的急性高原反应。调查对象是105名夏尔巴人（44名男性和61名女性），其中104人有过登山经验。在这104名夏尔巴人中，有45人（43.3%）在登山经历中至少有一种急性高原反应症状（头痛、胃肠道症状、乏力、头晕、睡眠困难），他们的平均登山海拔为5518.9m。68名非夏尔巴人中，有16人（23.5%）在平均海拔2750m处报道有急性呼吸系统综合征的症状。此外，我们注意到，夏尔巴女性的SaO_2明显较高。结果表明，夏尔巴人暴露在明显高于其居住海拔的高度时，也可能会罹患急性高原反应[66]。

5.5.2.2 夏尔巴人的心电图

有报道提到了一位著名的48岁喜马拉雅地区夏尔巴男性的心电图，他有着15次攀登8000m以上山峰的非凡职业生涯，以及10次登顶珠穆朗玛峰的世界纪录，包括1次在冬天不使用补充氧气的独特攀登经历。这位出生于海拔3800m村庄的Thame，从小就习惯在尼泊尔东北部偏远的陡峭山区Khumbu地区从事农活。这位高水平的夏尔巴登山者在20余次国际探险中，在海拔超过7000m的高山上的暴露时间惊人地超过了1000小时，但从未患过高原病。研究者在登山者成功登顶珠穆朗玛峰后从高海拔返回9天后在海平面记录心电图（图5.2），追踪显示迷走神经张力轻微变化，但属正常。

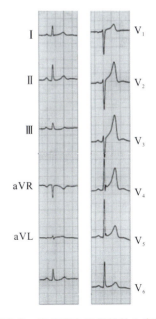

图5.2 48岁夏尔巴男性的心电图

喜马拉雅山地区民族的藏族血统，被赋予的特殊生理特征构成了慢性缺氧适应的最佳人类学模型。相比之下，安第斯山脉的印第安人，早在冰河世纪中期以后就居住在高地了，他们与高海拔的新来者有着共同的非心脏性肺动脉高压。这种异常恶化了通气-灌注过程，并由于右心室负荷过重而导致心排血量下降。低海拔族群在极端海拔高度出现的严重肺源性心脏病心电图类型（右后移 QRS 轴、右束支传导阻滞、T 波倒置）通常在返回后很快得到改善，但有些变化可能会持续 3 个月以上。据观察，生活在海拔近 4000m 的藏族人的肺小血管中缺乏平滑肌，在剧烈运动中缺氧性肺血管收缩减弱，压力上升最小。然而，钟元等报道了位于极高海拔的本地高原人的心电图数据，记录了 4 名在 8600m 以上负重超过 20kg 的藏族人的微小变化（QRS 轴右移趋势）。这表明，即使在珠穆朗玛峰等不利条件下，这些喜马拉雅地区原著居民仍保持着最佳的心肺功能[67]。

5.5.2.3　夏尔巴人肺活量

P. Adrian 等将喜马拉雅山地区与世隔绝的夏尔巴人族群的肺活量测量值与欧洲族群的肺活量值进行了比较，研究了居住在海拔 3840m 的 146 名（男性 64 名，女性 82 名）正常成年夏尔巴人样本和 103 名（女性 37 名，男性 66 名）10—18 岁的青少年样本。青少年男性、成年男性和成年女性夏尔巴人样本的第一秒用力呼气量（forced expiratory volume in first second，FEV_1）均显著高于预测值。夏尔巴青少年女性 FEV_1 和用力肺活量（forced vital capacity，FVC）差异较小。数据显示，夏尔巴人样本在海拔高度的肺活量测量值明显高于高加索儿童样本和欧洲成人样本的肺活量值。在成年样本中，随着男性和女性年龄的增长，FVC 的下降速度明显慢于欧洲样本。这说明夏尔巴人族群的肺量值明显大于欧洲族群，因而推测这是对慢性缺氧和高水平习惯性运动的一种适应[68]。

5.5.2.4　夏尔巴人的血糖

S. Y. Lhamo 等[69]研究了居住在珠穆朗玛峰地区和加德满都谷地的夏尔巴人的血糖调节障碍患病率。在珠穆朗玛峰地区 Chaurikharka 村和加德满都市，分别随机选取了 119 名和 121 名年龄在 30—70 岁的人进行了横断面调查。对他们进行了糖尿病的常规危险因素评估，并进行了口服糖耐量试验。根据 2003 年美国糖尿病协会标准，加德满都市和珠穆朗玛峰地区样本的单纯葡萄糖调节受损（impaired glucose regulation，IGR）、单纯空腹血糖受损（impaired fasting glucose，IFG）和单纯葡萄糖耐量减低（impaired glucose tolerance，IGT）的患病率以及 IFG 合并 IGT 的患病率分别为 55.4% 和 23.5%、42.1% 和 14.3%、1.7% 和 0.8%、11.6% 和 8.4%。以糖耐量正常的受试者为对照组，在调整年龄、性别、体力活动、热量、腰围等因素后，高原地区居民的 IFG、合并 IFG 和 IGT 的比值比分别为 0.19(0.08—0.44)和 0.33(0.09—1.18)。单纯 IFG 在低地夏尔巴人中更常见。不同于合并的 IFG 和 IGT，这种单纯 IFG 差异不能用传统糖尿病危险因素的差异来解释。

5.5.2.5　夏尔巴人的心血管功能

喜马拉雅山谷的居民在肺血管系统方面适应了缺氧环境，但其全身血管功能仍未得到深入研究。R. M. Bruno 等[70]调查了长期生活在尼泊尔高海拔地区夏尔巴人族群的血管功能和结构，并与生活在海平面地区的高加索人族群对照。受试者为 95 名尼泊尔高海拔地区夏尔巴人族群(HA 组)和 64 名高加索人族群(C 组)。R. M. Bruno 等对他们分别进行了心脏超声、肱动脉血流介导性血管扩张(flow mediated dilation，FMD)、颈动脉几何形状和刚度以及主动脉脉冲波速(pulse wave velocity，PWV)检测。在 FMD 降低的 11 例 HA 组成员中重复相同的方案，1 小时 100％氧气给药后，HA 组的 FMD 低于 C 组($5.18\% \pm 3.10\%$：$6.44\% \pm 2.91\%$，$P<0.001$)，充血速度低于 C 组($0.61m/s \pm 0.24m/s$：$0.75m/s \pm 0.28m/s$，$P<0.001$)，然而收缩压高于 C 组($29.4mmHg \pm 5.5mmHg$：$23.6mmHg \pm 4.8mmHg$，$P<0.0001$)。多元回归分析显示，HA 组 FMD 与充血速度相关，C 组 FMD 与肱动脉直径相关。颈动脉内膜中层厚度也低于 C 组($0.509mm \pm 0.121mm$：$0.576mm \pm 0.122mm$，$P<0.0001$)，而 PWV 是相似的，氧气给药没有改变血管变量。研究说明高海拔居民表现出非介导的肱动脉扩张减少，这与充血反应减少有关，提示微循环功能障碍。颈动脉表现为颈动脉内膜中层厚度减少，颈动脉直径增大。

5.5.2.6　夏尔巴儿童和藏族儿童的近视比较

生活在尼泊尔的夏尔巴人和生活在加德满都的藏族有着共同的祖先，但很明显，这些人的教育和环境条件截然不同。有研究者比较了具有相似基因背景但暴露在不同环境下的儿童的近视患病率，对加德满都 555 名藏族儿童和尼泊尔索卢-昆布地区 270 名夏尔巴儿童进行了裸眼视力和屈光不正检测。结果显示，2 组在裸眼视力和近视患病率上有显著差异。92％的夏尔巴儿童的裸眼视力为 20/22(0.89)或更好，而只有 70％的藏族儿童的裸眼视力能达到相同程度。藏族儿童屈光不正范围为 -6.50—$+7.00D$，夏尔巴儿童屈光不正范围为 -1.00—$+3.50D$。夏尔巴儿童近视率为 2.9％，而藏族儿童近视率为 21.7％。结果显示，夏尔巴儿童的近视率较低，这可能得益于他们的田园生活方式。藏族儿童的近视率更高，受教育也更严格。该研究并没有建立近视率与学校教育类型或总体环境之间的因果关系，但结果确实证明了简单的田园生活方式有着更低的近视率(表5.5)[71]。

表5.5 2组儿童屈光不正和近视率比较

屈光不正/D	近视率/%	
	夏尔巴儿童	藏族儿童
−0.25 或更高	7.7	30.3
−0.50 或更高	2.9	21.7
−0.75 或更高	1.8	15.7
−1.00 或更高	0.7	11.5

参考文献

[1] 宇克莉,向小雪,李咏兰,等. 中国夏尔巴人的体质特征研究[J]. 人类学学报,2021,40(5):801-810.

[2] 武保林,聂金甜. 夏尔巴人研究综述[J]. 西藏研究,2017,4(05):29-34.

[3] 西藏自治区人民政府网. 日喀则市概况[EB/OL]. (2020-06-04)[2022-05-31]. https://www.xizang.gov.cn/rsxz/qqjj/rkz/202006/t20200604_142888.html.

[4] 定结县陈塘镇:对通途的渴望[EB/OL]. 西藏日报,(2015-10-18)[2022-05-31]. https://www.sohu.com/a/36333560_160909.

[5] 李天麟. 高原与健康[M]. 北京:北京科学技术出版社,2001.

[6] 席焕久. 藏族的高原适应[J]. 人类学学报,2013,32(3):247-255.

[7] ARGNANI L, COGO A, GUALDI-RUSSO E. Growth and nutritional status of Tibetan children at high altitude[J]. Coll Antropol,2008,32(3):807-812.

[8] 杜晓燕,胡小琪,张倩,等. 四川阿坝州藏汉族儿童青少年生长发育状况分析[J]. 中国学校卫生,2011,32(6):44-746.

[9] GREKSA L P. Growth and development of Andean high altitude residents[J]. High Alt Med Biol,2006,7(2):116-124.

[10] WEINSTEIN K J. Body proportions in ancient Andeans from high and low altitudes[J]. Am J Phys Anthropol,2005,128(3):569-585.

[11] LIPPL F J, NEUBAUER S, SCHIPFER S, et al. Hypobaric hypoxia causes body weight reduction in obese subjects[J]. Obesity (Silver Spring),2010,18(4):675-681.

[12] 赵秀欣,王旭萍. 高原缺氧环境对世居藏族和移居汉族胎儿生长发育的影响[J]. 高原医学杂志,2007,17(3):17.

[13] BAILEY S M, XU J, FENG J H, et al. Tradeoffs between oxygen and energy in tibial growth at high altitude[J]. Am J Hum Biol,2007,19(5):662-668.

[14] TRIPATHY V, GUPTA R. Growth among Tibetans at high and low altitudes in India[J]. Am J Hum Biol, 2007, 19(6): 789-800.

[15] WEITZ C A, GARRUTO R M, CHIN CHEN-TING, et al. Morphological growth and thorax dimensions among Tibetan compared to Han children, adolescents and young adults born and raised at high altitude[J]. Ann Hum Biol, 2004, 31(3): 292-310.

[16] WEINSTEIN K J. Thoracic skeletal morphology and high-altitude hypoxia in Andean prehistory[J]. Am J Phys Anthropol, 2007, 134(1): 36-49.

[17] HOPPELER H, KLEINERT E, SCHLEGEL C, et al. Morphological adaptations of human skeletal muscle to chronic hypoxia[J]. Int J Sports Med, 1990, 11(S1): S3-S9.

[18] KARSER B, HOPPELER H, DESPLANCHES D, et al. Muscle ultructure and biochemistry of lowland Tibetans[J]. J Appl physiol (1985), 1996, 81(1): 419-425.

[19] GUPTA M L, RAO K S, ANAND I S, et al. Lack of smooth muscle in the small pulmonary arteries of the native Ladakhi. Is the Himalayan highlander adapted? [J]. Am Rev Respir Dis, 1992, 145(5): 1201-1204.

[20] SHARMA J C. Dental morphology and odontometry of the Tibetan immigrants[J]. Am J Phys Anthropol, 1983, 61(4): 495-505.

[21] HOLMSTRÖM P, MULDER E, STARFELT V, et al. Spleen Size and Function in Sherpa Living High, Sherpa Living Low and Nepalese Lowlanders[J]. Front Physiol, 2020, 11: 647.

[22] WU T, KAYSER B. High altitude adaptation in Tibetans[J]. High Alt Med Biol, 2006, 7(3): 193-208.

[23] NIERMEYER S, YANG P, SHANMINA, et al. Arterial oxygen saturation in Tibetan and Han infants born in Lhasa, Tibet[J]. N Engl J Med, 1995, 333(19): 1248-1252.

[24] HUANG S Y, SUN S, DROMA T, et al. Internal carotid arterial flow velocity during exercise in Tibetan and Han residents of Lhasa(3658m)[J]. J Appl Physiol, 1992, 73(6): 2638-2642.

[25] ZHUANG J, DROMA T, SUTTON J R, et al. Autonomic regulation of heart rate response to exercise in Tibetan and Han residents of Lhasa (3658m)[J]. J Appl Physiol, 1993, 75(5): 1968-1973.

[26] ZHANG JIANGUO, ZHU HAIFENG, ZHOU ZHAONIAN. Reserved higher vagal tone under acute hypoxia in Tibetan adolescents with long-term migration to sea level[J]. Jpn J Physiol, 2002, 52(1): 51-56.

[27] TYMKO M M, HANSEN A B, TREMBLAY J C, et al. UBC-Nepal expedition: dynamic cerebral autoregulation is attenuated in lowlanders upon ascent to 5050 m[J]. Eur J Appl Physiol, 2020, 120(3): 675-686.

[28] BARACCO R, MOHANNA S, SECLEN S. A comparision of the prevalence of metabolic syndrome and its components in high and low altitude populations in Peru[J]. Metab Syn-

dr Relat Disord, 2007, 5(1): 55-62.

[29] BERTHELSEN L F, FRASER G M, SIMPSON L L, et al. Highs and lows of sympathetic neurocardiovascular transduction: influence of altitude acclimatization and adaptation [J]. Am J Physiol Heart Circ Physiol, 2020, 319(6): H1240-H1252.

[30] GAMBOA J L, GARCIA-CAZARIN M L, ANDRADE F H. Chronic hypoxia increases insulin-stimulated glucose uptake in mouse soleus muscle[J]. Am J Physiol Regul Integr Comp Physiol, 2011, 300(1): 85-91.

[31] 刘兵柱, 朱志全. 高原适应初期对人体部分代谢的影响[J]. 高原医学杂志, 2002, 12(3): 12-14.

[32] RUGGIERO L, HARRISON S W D, RICE C L, et al. Neuromuscular fatigability at high altitude: Lowlanders with acute and chronic exposure, and native highlanders[J]. Acta Physiol (Oxf), 2022, 234(4): e13788.

[33] GARRUTO R M, CHIN CHEN-TING, WEITZ C A, et al. Hematological differences during growth among Tibetans and Han Chinese born and raised at high altitude in Qinghai, China[J]. Am J Phys Anthropol, 2003, 122(2): 171-183.

[34] 马军, 吴双胜, 周学雷, 等. 中国1985—2005年藏族学生身体形态发育及营养状况动态分析[J]. 中华流行病学杂志, 2009, 30(10): 1030-1033.

[35] SHERPA L Y, DEJI, STIGUM H, et al. Obesity in Tibetans aged 30-70 living at different altitudes under the north and south faces of Mt. Everest[J]. Int J Environ Res Public Health, 2010, 7(4): 1670-1680.

[36] XI HUANJIU, ZHANG LUPING, GUO ZIYI, et al. Serum leptin concentration and its effect on puberty in Naqu Tibetan adolescents[J]. J Physiol Anthropol, 2011, 30(3): 111-117.

[37] 卓玛次仁, 岑维濬, 陈勇, 等. 高原病与体液因子的研究[J]. 西藏医药杂志, 2004, 25(80): 34-36.

[38] BARNHOLT K E, HOFFMAN A R, ROCK P B, et al. Endocrine responses to acute and chronic high-altitude exposure (4,300 meters): modulating effects of caloric restriction [J]. Am J Physiol Endocrinol Metab, 2006, 290(6): E1078-E1088.

[39] MOREL O E, AUBERT R, RICHALET J-P, et al. Simulated high altitude selectively decreases protein intake and lean mass gain in rats[J]. Physiol Behav, 2005, 86(1-2): 145-153.

[40] TANNHEIMER M, FUSCH C, BÖNING D, et al. Changes of hematocrit and hemoglobin concentration in the cold Himalayan environment in dependence on total body fluid[J]. Sleep Breath, 2010, 14(3): 193-199.

[41] 庞金荣, 颜中. 西藏高原地区藏族人群血脂水平分析[J]. 中华检验医学杂志, 2010, 9(33): 856-861.

[42] RAY U S, SELVAMURTHY W. Body composition in air and road inductees at high altitude during the initial days of acclimatization[J]. Int J Biometeorol, 1998, 41(3): 120-124.

[43] MACDONALD J H, OLIVER S J, HILLYER K, et al. Body composition at high altitude: a randomized placebo-controlled trial of dietary carbohydrate supplementation[J]. Am J Clin Nutr, 2009, 90(5): 1193-1202.

[44] MEERSON F Z, KRASIKOV S I, CHAVKIN I I, et al. Reversal of withdrawal injuries of the heart and liver by adaptation to intermittent hypoxia when discontinuing ethanol in chronically alcoholized animals[J]. Kardiologiia, 1992, 32(11-12): 78-82.

[45] KHALID M E, ALI M E. Relationship of body weight to altitude in Saudi Arabia[J]. Ann Saudi Med, 1994, 14(4): 300-303.

[46] LUO YONGJUN, GAO WENXIANG, LIU FUYU, et al. Mitochondrial nt3010G-nt3970C haplotype is implicated in high-altitude adaptation of Tibetans[J]. Mitochondrial DNA, 2011, 22(5-6): 181-190.

[47] 刘坤祥, 孙学川, 王胜巍, 等. $HIF-1\beta a$ 基因 C1772T、G1790A 多态性与藏族人群高原低氧适应关系的研究[J]. 生物医学工程学杂志, 2007, 24(3): 654-658.

[48] SIMONSON T S, YANG YINGZHONG, HUFF C D, et al. Genetic evidence for high-altitude adaptation in Tibet[J]. Science, 2010, 329(5987): 72-75.

[49] YI XI, LIANG YU, HUERTA-SANCHEZ E, et al. Sequencing of 50 human exomes reveals adaptation to high altitude[J]. Science, 2010, 329(5987): 75-78.

[50] WANG BINBIN, ZHANG YONG-BIAO, ZHANG FENG, et al. On the origin of Tibetans and their genetic basis in adapting high-altitude environments[J]. PLoS One, 2011, 6(2): e17002.

[51] PENG YI, YANG ZHAOHUI, ZHANG HUI, et al. Genetic variations in Tibetan populations and high-altitude adaptation at the Himalayas[J]. Mol Biol Evol, 2011, 28(2): 1075-1081.

[52] BIGHAM A, BAUCHET M, PINTO D, et al. Identifying signatures of natural selection in Tibetan and Andean populations using dense genome scan data[J]. PLoS Genet, 2010, 6(9): e1001116.

[53] SCHEINFELDT L B, TISHKOFF S A. Living the high life: high altitude adaptation[J]. Genome Biol, 2010, 11(9): 133.

[54] VAN PATOT M C T, GASSMANN M. Hypoxia: adapting to high altitude by mutating $EPAS-1$, the gene encoding HIF-2α[J]. High Alt Med Biol, 2011, 12(2): 157-167.

[55] STORZ J F. Evolution. Genes for high altitudes[J]. Science, 2010, 329(5987): 40-41.

[56] 宋海峰. 我国高原世居藏族低氧适应研究的系统综述[J]. 黄冈职业技术学院学报, 2019, 21(03): 92-94.

[57] HOLDEN J E, STONE C K, CLARK C M, et al. Enhanced cardiac metabolism of plasma glucose in high-altitude natives: adaptation against chronic hypoxia[J]. J Appl Physiol (1985), 1995, 79(1): 222-228.

[58] 吴世政, 吉维忠, 才鼎. 高原脑血管病的研究热点及前景[J]. 中国卒中杂志, 2016, 11

(5)：339-343.

[59] 刘丽娜. 世居高原汉族与藏族男性大学生心功能特点的比较分析[D]. 北京：北京体育大学，2017.

[60] 姜小青. 高原地区世居藏族群众窦性心律特点探究[J]. 卫生职业教育，2014，32（11）：152-153.

[61] 久太，高芬，李凡. 高原世居藏族慢性高原病的临床特点分析[J]. 青海医学院学报，2007，28(2)：128-130.

[62] 白玛康卓，巴桑次仁，次仁央宗，等. 不同海拔地区世居藏族人群高原红细胞增多症患病率的流行病学调查[J]. 第三军医大学学报，2016，38(3)：220-225.

[63] 周晓燕. 青海省泽库县40岁及以上世居藏族人群眼底病的流行病学调查[D]. 兰州：兰州大学，2008.

[64] BHANDARI S, CAVALLERI G L. Population History and Altitude-Related Adaptation in the Sherpa[J]. Front Physiol, 2019, 10：1116.

[65] MCINTOSH S E, TESTA M, WALKER J, et al. Physiological profile of world-record-holder Sherpas[J]. Wilderness Environ Med, 2011, 22(1)：65-71. doi：10.1016/j.wem.2010.12.001. Epub 2010 Dec 4. PMID：21377123.

[66] DROMA Y, HANAOKA M, BASNYAT B, et al. Symptoms of acute mountain sickness in Sherpas exposed to extremely high altitude[J]. High Alt Med Biol, 2006, 7(4)：312-314. doi：10.1089/ham.2006.7.312. PMID：17173517.

[67] GARRIDO E, JAVIERRE C, SEGURA R, et al. ECG of a record Everest Sherpa climber [J]. High Alt Med Biol, 2003, 4(2)：259-260. doi：10.1089/152702903322022866. PMID：12855058.

[68] HAVRYK A P, GILBERT M, BURGESS K R. Spirometry values in Himalayan high altitude residents (Sherpas)[J]. Respir Physiol Neurobiol, 2002, 132(2)：223-232. doi：10.1016/s1569-9048(02)00072-1. PMID：12161334.

[69] LHAMO S Y, SUPAMAI S, VIRASAKDI C. Impaired glucose regulation in a Sherpa indigenous population living in the Everest region of Nepal and in Kathmandu Valley[J]. High Alt Med Biol, 2008, 9(3)：217-222.

[70] BRUNO R M, COGO A, GHIADONI L, et al. Cardiovascular function in healthy Himalayan high-altitude dwellers[J]. Atherosclerosis, 2014, 236(1)：47-53.

[71] GARNER L F, OWENS H, KINNEAR R F, et al. Prevalence of myopia in Sherpa and Tibetan children in Nepal[J]. Optom Vis Sci, 1999, 76(5)：282-285. doi：10.1097/00006324-199905000-00014. PMID：10375242.